ROYALTIES DE PETRÓLEO E FEDERAÇÃO

CLAUDIO MADUREIRA

ROYALTIES DE PETRÓLEO E FEDERAÇÃO

2ª edição ampliada e atualizada pela Lei nº 12.734/2012 e pelo CPC-2015

Belo Horizonte

2019

© 2012 Editora Fórum Ltda.

2019 2ª edição

É proibida a reprodução total ou parcial desta obra, por qualquer meio eletrônico, inclusive por processos xerográficos, sem autorização expressa do Editor.

Conselho Editorial

Adilson Abreu Dallari	Floriano de Azevedo Marques Neto
Alécia Paolucci Nogueira Bicalho	Gustavo Justino de Oliveira
Alexandre Coutinho Pagliarini	Inês Virgínia Prado Soares
André Ramos Tavares	Jorge Ulisses Jacoby Fernandes
Carlos Ayres Britto	Juarez Freitas
Carlos Mário da Silva Velloso	Luciano Ferraz
Cármen Lúcia Antunes Rocha	Lúcio Delfino
Cesar Augusto Guimarães Pereira	Marcia Carla Pereira Ribeiro
Clovis Beznos	Márcio Cammarosano
Cristiana Fortini	Marcos Ehrhardt Jr.
Dinorá Adelaide Musetti Grotti	Maria Sylvia Zanella Di Pietro
Diogo de Figueiredo Moreira Neto (*in memoriam*)	Ney José de Freitas
Egon Bockmann Moreira	Oswaldo Othon de Pontes Saraiva Filho
Emerson Gabardo	Paulo Modesto
Fabrício Motta	Romeu Felipe Bacellar Filho
Fernando Rossi	Sérgio Guerra
Flávio Henrique Unes Pereira	Walber de Moura Agra

CONHECIMENTO JURÍDICO

Luís Cláudio Rodrigues Ferreira
Presidente e Editor

Coordenação editorial: Leonardo Eustáquio Siqueira Araújo
Aline Sobreira de Oliveira

Av. Afonso Pena, 2770 – 15º andar – Savassi – CEP 30130-012
Belo Horizonte – Minas Gerais – Tel.: (31) 2121.4900 / 2121.4949
www.editoraforum.com.br – editoraforum@editoraforum.com.br

Técnica. Empenho. Zelo. Esses foram alguns dos cuidados aplicados na edição desta obra. No entanto, podem ocorrer erros de impressão, digitação ou mesmo restar alguma dúvida conceitual. Caso se constate algo assim, solicitamos a gentileza de nos comunicar através do *e-mail* editorial@editoraforum.com.br para que possamos esclarecer, no que couber. A sua contribuição é muito importante para mantermos a excelência editorial. A Editora Fórum agradece a sua contribuição.

Dados Internacionais de Catalogação na Publicação (CIP) de acordo com a AACR2

M183r   Madureira, Claudio

       Royalties de Petróleo e Federação / Claudio Madureira. 2. ed.– Belo Horizonte : Fórum, 2019.

       228 p.; 14,5cm x 21,5cm

       Edição ampliada e atualizada pela Lei nº 12.734/2012 e pelo CPC - 2015

       ISBN: 978-85-450-0723-4

       1. Direito Constitucional. 2. Direito Financeiro. 3. Direito Processual Civil. Royalties. 3. Petróleo. 4. Gás Natural. I. Título.

                                                                           CDD 341.2
                                                                           CDU 342

Elaborado por Daniela Lopes Duarte - CRB-6/3500

Informação bibliográfica deste livro, conforme a NBR 6023:2018 da Associação Brasileira de Normas Técnicas (ABNT):

MADUREIRA, Claudio. *Royalties de Petróleo e Federação*. 2. ed. Belo Horizonte: Fórum, 2019. 228 p. ISBN 978-85-450-0723-4.

*Para Brunela, Maria Luísa e Ana Maria,
amores de minha vida.*

Se os homens fossem anjos, não haveria necessidade de governo; e se anjos governassem os homens, não haveria necessidade de meio algum externo ou interno para regular a marcha do governo: mas quando o governo é feito por homens e administrado por homens, o primeiro problema é pôr o governo em Estado de poder dirigir o procedimento dos governados e o segundo obrigá-lo a cumprir as suas obrigações.

(Hamilton, Madison e Jay)[1]

[...] a maioria não pode dispor de toda 'legalidade', ou seja, não lhe está facultado, pelo simples facto de ser maioria, tornar disponível o que é indisponível.

(Jose Joaquim Gomes Canotilho)[2]

[...] supõe-se que as Cortes fazem o que é certo, e não o que é popular.

(Owen Fiss)[3]

---

[1] HAMILTON, Alexander; MADISON, James; JAY, John. *O federalista*. Belo Horizonte: Líder, 2003. p. 318.
[2] CANOTILHO, José Joaquim Gomes. *Direito constitucional e teoria da Constituição*. 7. ed. Coimbra: Almedina, 2000. p. 329.
[3] FISS, Owen. O correto grau de independência. *In*: FISS, Owen. *Um novo processo civil*: estudos norte-americanos sobre jurisdição, Constituição e sociedade. Tradução de Daniel Porto Godinho da Silva e Melina de Medeiros Rós. Coordenação da tradução de Carlos Alberto de Salles. São Paulo: Revista dos Tribunais, 2004. p. 155.

SUMÁRIO

PREFÁCIO DA 2ª EDIÇÃO 15

NOTA DO AUTOR 25

INTRODUÇÃO 27

CAPÍTULO 1
IMPORTÂNCIA TEÓRICA E PRÁTICA DA EXTENSÃO DA DISCUSSÃO RELATIVA À DISTRIBUIÇÃO DAS PARTICIPAÇÕES GOVERNAMENTAIS ADVINDAS DA EXPLORAÇÃO E PRODUÇÃO DE PETRÓLEO E GÁS TAMBÉM AOS JURISTAS E AOS APLICADORES DO DIREITO 41

1.1   Notas sobre o controle jurídico das opções políticas majoritárias construídas pelo Parlamento 42

1.2   A democracia deliberativa e a relevância da deliberação pública sobre os temas discutidos em âmbito político-parlamentar 45

1.3   A discussão relativa à constitucionalidade da distribuição das participações governamentais a todas as unidades federadas como objeto de conhecimento de juristas e aplicadores do Direito 47

CAPÍTULO 2
O §1º DO ARTIGO 20 DA CONSTITUIÇÃO E A DISTRIBUIÇÃO ÀS UNIDADES FEDERADAS DAS PARTICIPAÇÕES GOVERNAMENTAIS ADVINDAS DA EXPLORAÇÃO E PRODUÇÃO DE PETRÓLEO E GÁS 49

2.1   Limites semânticos do texto do §1º de artigo 20 da Constituição 53

2.2 Evolução da redação do §1º do artigo 20 da Constituição no âmbito da Assembleia Nacional Constituinte (*mens legislatoris*) 57

2.3 Interpretação correntemente atribuída pela doutrina jurídica e pela jurisprudência do Supremo Tribunal Federal ao §1º do artigo 20 da Constituição (*mens legis*) 75

2.4 Inexistência de razão válida para abandonar a *mens legislatoris* do §1º do artigo 20 da Constituição e para modificar a interpretação correntemente atribuída a esse dispositivo constitucional pela doutrina jurídica e pela jurisprudência do Supremo Tribunal Federal (*mens legis*) 94

CAPÍTULO 3

O PRINCÍPIO DA ISONOMIA E A DISTRIBUIÇÃO ÀS UNIDADES FEDERADAS DAS PARTICIPAÇÕES GOVERNAMENTAIS ADVINDAS DA EXPLORAÇÃO E PRODUÇÃO DE PETRÓLEO E GÁS 101

3.1 Notas sobre o princípio da isonomia 102

3.2. Desequiparação entre Estados e Municípios impactados pela exploração e produção de petróleo e gás e as unidades federadas que não são impactadas pelo exercício dessa atividade econômica 103

3.3 Desequiparação entre Estados e Municípios impactados e não impactados frente ao discrimine estabelecido pela alínea "b" do inciso X do §2º do artigo 155 da Constituição 117

3.4 A distribuição das participações governamentais a todas as unidades federadas como escolha anti-isonômica 119

CAPÍTULO 4

O PRINCÍPIO FEDERATIVO E A DISTRIBUIÇÃO ÀS UNIDADES FEDERADAS DAS PARTICIPAÇÕES GOVERNAMENTAIS ADVINDAS DA EXPLORAÇÃO E PRODUÇÃO DE PETRÓLEO E GÁS 121

4.1 Notas sobre o princípio federativo 122

4.2 A distribuição das participações governamentais a todas as unidades federadas como intervenção ilegítima na autonomia administrativa e financeira dos Estados e Municípios impactados pela exploração e produção de petróleo e gás 125

4.3   A distribuição das participações governamentais advindas da exploração e produção de petróleo e gás a todas as unidades federadas como opção político-legislativa ofensiva ao princípio federativo 130

CAPÍTULO 5

O PRINCÍPIO DA SEGURANÇA JURÍDICA E A DISTRIBUIÇÃO ÀS UNIDADES FEDERADAS DAS PARTICIPAÇÕES GOVERNAMENTAIS ADVINDAS DA EXPLORAÇÃO E PRODUÇÃO DE PETRÓLEO E GÁS 131

5.1   Notas sobre o princípio da segurança jurídica 132
5.2   Segurança jurídica e boa-fé objetiva 133
5.3   Segurança jurídica e intervenção legislativa 135
5.4   A modificação nos critérios de distribuição das participações governamentais relativas a blocos já licitados como opção político-legislativa ofensiva ao princípio da segurança jurídica 140

CAPÍTULO 6

SOLUÇÃO HERMENÊUTICA CAPAZ DE CONFERIR VALIDADE E OPERATIVIDADE À LEGISLAÇÃO BRASILEIRA DE PETRÓLEO E GÁS 141

6.1   A Ciência Jurídica e sua função social 143
6.2   Juridicidade da aplicação dos critérios de distribuição das participações governamentais previstas pelas Leis nº 7.990/1989 e nº 9.479/1997 também ao regime de partilha de produção (Lei nº 12.351/2010): interpretação conforme a Constituição 152

CAPÍTULO 7

O SUPREMO TRIBUNAL FEDERAL COMO ARENA DELIBERATIVA PACIFICADORA DO CONFLITO 163

7.1   Efeito concreto imediato da conclusão do debate político relativo à distribuição das participações governamentais às unidades federadas: condução da resolução do problema ao Supremo Tribunal Federal. 165
7.2   Efeitos do julgamento sobre o ordenamento jurídico: eficácia *erga omnes* das decisões proferidas pelo Supremo Tribunal Federal em controle concentrado de constitucionalidade 169

7.3. Efeitos do julgamento sobre novas iniciativas do poder público e do Parlamento para induzir a distribuição das participações governamentais a todas as unidades federadas: eficácia vinculante dos precedentes e princípio constitucional da vedação de retrocesso 174

7.3.1. A eficácia vinculante dos precedentes como elemento jurídico limitador da eficácia de nova normatização sobre o tema 175

7.3.1.1. Notas sobre o modelo brasileiro de precedentes 176

7.3.1.1.1. Vinculações vertical e horizontal dos precedentes 178

7.3.1.1.2. Compatibilidade entre o modelo de precedentes e o regime constitucional. 181

7.3.1.1.2.1. Inexistência de contrariedade ao princípio democrático, ao princípio da legalidade e ao princípio da separação de poderes. 182

7.3.1.1.2.2. Razões de ordem constitucional que justificam a vinculatividade dos precedentes: os precedentes na dimensão da igualdade e da segurança jurídica. 186

7.3.1.1.3. Limites conceituais à vinculatividade dos precedentes. 190

7.3.1.2. Extensão da vinculatividade dos precedentes também à Administração Pública 194

7.3.1.2.1. Inobservância de precedentes como contrariedade ao princípio da boa-fé e ao dever processual de não litigar contrariamente ao Direito 195

7.3.1.2.2. Inobservância de precedentes como contrariedade ao princípio administrativo da legalidade 196

7.3.1.2.3. Inobservância de precedentes da Administração Pública como contrariedade ao princípio administrativo da eficiência 200

7.3.1.2.4. Extensão da vinculatividade dos precedentes à Administração Pública como efeito concreto da conjugação do modelo de precedentes com o princípio processual da boa-fé, com o dever processual de não litigar contrariamente ao Direito e com os princípios administrativos da legalidade e da eficiência 200

7.3.1.3. Ferramentas jurídicas disponíveis aos intérpretes para induzir a superação dos efeitos de nova normatização editada em contrariedade ao que for decidido pelo Supremo Tribunal Federal 201

7.3.1.3.1. Superação dos efeitos de nova lei porventura editada pela via da propositura de ações de inconstitucionalidade 202

7.3.1.3.2. Superação dos efeitos de nova lei porventura editada pela via da propositura de ações individuais ou coletivas que demandem do Poder Judiciário o exercício de controle difuso de constitucionalidade 203

7.3.1.3.3. A superação dos efeitos de lei nova porventura editada pela via da contenção da litigiosidade do poder público 205

7.3.2. O princípio constitucional da vedação de retrocesso como elemento jurídico limitador da eficácia de nova normatização sobre o tema 213

CONCLUSÕES 215

REFERÊNCIAS 221

PREFÁCIO DA 2ª EDIÇÃO

Muita coisa aconteceu desde a publicação da primeira edição deste livro, em 2012.

Quando ele foi escrito, a discussão sobre a viabilidade – ou não – da distribuição das participações governamentais (em especial dos royalties e da participação especial)[4] resultantes da exploração e produção do petróleo e do gás natural a todas as unidades federadas, sem ter em consideração a situação peculiar vivenciada pelos Estados e Municípios impactados por essa atividade econômica (comumente chamados produtores),[5] ainda estava submetida ao Congresso Nacional.

A questão foi levantada pela primeira vez no ano de 2010, no contexto das deliberações político-parlamentares que conduziram à

---

[4] Os royalties e a participação especial integram o que a Constituição (art. 20, §1º) denominou participação no resultado da exploração de petróleo e gás ou compensação financeira pelo exercício dessa atividade econômica, com os bônus de assinatura e o pagamento pela ocupação ou retenção de área. Por efeito didático, essas retribuições financeiras serão designadas, neste trabalho, também como participações governamentais advindas da atividade de exploração e produção de petróleo e gás, conforme o disposto no artigo 45 da Lei nº 9.478/1997.

[5] A divisão dos Estados e Municípios em produtores e não produtores é imprecisa, porque não reflete as opções político-normativas adotadas pelo ordenamento jurídico brasileiro. É que, o legislador, ao mesmo tempo que atribuiu as participações governamentais recolhidas como resultado da produção em terra (*onshore*) aos Estados e Municípios "onde ocorrer a produção" (daí falar-se em Estados e Municípios produtores), também as conferiu, nesse âmbito (produção em terra) aos Municípios afetados por "operações de embarque e desembarque", além de as haver destinado, relativamente à produção marítima (*offshore*), aos Estados e Municípios confrontantes, aos Municípios compreendidos áreas geoeconômicas àqueles afetados pelas operações de embarque e desembarque (conforme o disposto no artigo 7º da Lei nº 7.990/1989 e nos artigos 48 e 49 da Lei nº 9.478/1997). Por esse motivo, e porque, conforme se terá a oportunidade de adiante demonstrar, tanto a Assembleia Nacional Constituinte (*mens legislatoris*) quanto a doutrina jurídica e a jurisprudência consolidada no Supremo Tribunal Federal (*mens legis*) fixaram que a finalidade das participações governamentais é cobrir, como receitas extraordinárias, os impactos da exploração e produção do petróleo e do gás natural (entre outros recursos naturais, opto, a partir desta segunda edição, por distinguir as unidades federadas, por efeito didático, entre Estados Municípios impactados e não impactados.

edição da Lei nº 12.351/2010. Esse diploma legal instituiu o regime de partilha de produção, "no qual o contratado exerce, por sua conta e risco, as atividades de exploração, avaliação, desenvolvimento e produção e, em caso de descoberta comercial, adquire o direito à apropriação do custo em óleo, do volume da produção correspondente aos royalties devidos, bem como de parcela do excedente em óleo, na proporção, condições e prazos estabelecidos em contrato" (art. 2º, I);[6] e trouxe, em seu corpo, dispositivo legal que previa a distribuição dessa receita pública a todas as unidades federadas, segundo os critérios fixados para a distribuição de recursos dos Fundos de Participação dos Estados e dos Municípios.[7]

Na oportunidade, a ideia não foi adiante, em razão da aposição de veto presidencial à matéria. No entanto, o veto criou um problema operacional. Com efeito, a exclusão do dispositivo que disciplinava a distribuição das participações governamentais à unidades federadas fez com que a Lei nº 12.351/2010 deixasse de atender à imposição

---

[6] A diferença entre o regime denominado partilha de produção e o regime originalmente empregado para a exploração e produção de petróleo e gás no Brasil é sutil, muito embora seus efeitos concretos para as unidades federadas sejam relevantes. Os regimes se diferenciam, em apertada síntese, porque na concessão o produto passa à propriedade da concessionária (Lei nº 9.478/1997, artigo 26), a qual, em contrapartida, obriga-se a pagar retribuições financeiras ao poder público pelo exercício dessa atividade econômica (CRFB, artigo 20, §2º); ao passo que na partilha o produto persiste sob a propriedade da União Federal (CRFB, artigo 20, V e IX), mas as empresas que atuam no ramo adquirem "o direito à apropriação do custo em óleo, do volume da produção correspondente aos royalties devidos, bem como de parcela do excedente em óleo, na proporção, condições e prazos estabelecidos em contrato", como contrapartida por haverem exercido "por sua conta e risco, as atividades de exploração, avaliação, desenvolvimento e produção" (Lei nº 12.351, artigo 2º, VI e VII). Na prática, o regime de partilha de produção (i) incide tão somente sobre área denominada polígono do pré-sal (e não sobre toda a produção no pré-sal), situada entre os Estados de São Paulo e do Espírito Santo, (ii) não comporta o pagamento da participação especial às unidades federadas, que parece haver sido substituída, em seu corpo, pela figura do excedente em óleo, devida exclusivamente à União.

[7] O dispositivo legal que resultou dessa iniciativa tinha a seguinte redação: "Art. 64. Ressalvada a participação da União, bem como a destinação prevista na alínea d do inciso II do art. 49 da Lei nº 9.478, de 6 de agosto de 1997, a parcela restante dos royalties e participação especial oriunda dos contratos de partilha de produção ou de concessão de que trata a mesma Lei, quando a lavra ocorrer na plataforma continental, mar territorial ou zona econômica exclusiva, será dividida entre Estados, Distrito Federal e Municípios da seguinte forma: I - 50% (cinquenta por cento) para constituição de fundo especial a ser distribuído entre todos os Estados e Distrito Federal, de acordo com os critérios de repartição do Fundo de Participação dos Estados - FPE; e II - 50% (cinquenta por cento) para constituição de fundo especial a ser distribuído entre todos os Municípios, de acordo com os critérios de repartição do Fundo de Participação dos Municípios – FPM".

constitucional gravada no §1º do artigo 20 da Carta de 1988,[8] no sentido de que o exercício da atividade de exploração e produção de petróleo e gás (entre outros recursos naturais) pressupõe o seu pagamento a órgãos da União e aos Estados e Municípios (conforme sobressai da literalidade do texto constitucional) impactados por essa atividade econômica (conforme sobressai das discussões político-parlamentares extraídas dos Diários da Assembleia Nacional Constituinte e do consenso hermenêutico que se formou na doutrina jurídica e na jurisprudência do Supremo Tribunal Federal), comprometendo a validade e a aplicabilidade do regime de partilha de produção.[9]

Com isso, o tema voltou ao Parlamento para deliberação, resultando na edição, no ano de 2012 (meses depois da publicação da primeira edição desta obra), da Lei nº 12.734, também objeto de veto presidencial, posteriormente derrubado pelo Congresso Nacional.

Esse diploma legislativo introduziu novos critérios de distribuição dos royalties e da participação especial obtidos a partir da produção marítima (*offshore*) às unidades federadas,[10] aplicáveis não apenas ao regime de partilha de produção (instituído pela Lei nº 12.351/2010), mas também sobre o regime de concessão (disciplinado pela Lei

---

[8] *Ipsis literis*: CRFB. "Art. 20 [...] §1º. É assegurada, nos termos da lei, aos Estados, ao Distrito Federal e aos Municípios, bem como a órgãos da administração direta da União, participação no resultado da exploração de petróleo ou gás natural, de recursos hídricos para fins de geração de energia elétrica e de outros recursos minerais no respectivo território, plataforma continental, mar territorial ou zona econômica exclusiva, ou compensação financeira por essa exploração".

[9] Tivemos a oportunidade de abordar esse problema em trabalho publicado no ano 2014, na *Revista Interesse Público*, no qual sustentamos que até que tivéssemos uma decisão do Supremo Tribunal Federal sobre a matéria a licitação de blocos para exploração e produção de petróleo e gás sob o regime de partilha de produção iria de encontro ao princípio constitucional do desenvolvimento econômico sustentável (CRFB, art. 3º, I, II e IV, art. 170, VI, e art. 225), à consideração (i) de que os critérios de distribuição de royalties previstos pela Lei nº 12.734/2012 são inconstitucionais, (ii) o que faz com que, na sua vigência, o Governo Federal não esteja autorizado a licitar novas áreas para a exploração de petróleo e gás no Brasil, (iii) porque a Constituição (art. 20, §1º) estabelece que a exploração de petróleo e gás somente pode ser realizada mediante a destinação suficiente de participações governamentais aos Estados e Municípios impactados por essa atividade econômica (cf. MADUREIRA, Claudio. Licitações sustentáveis e royalties de petróleo. *Interesse Público*, v. 83, p. 153-193, 2014).

[10] Não houve modificação dos critérios para a distribuição dos royalties resultantes da produção em terra (*onshore*) no que diz respeito a parcela dos Estados e Municípios impactados (atualmente, muito pouco expressiva), mas tão somente para a produção na plataforma continental, no mar territorial e na zona econômica exclusiva (*offshore*), que corresponde a 93% da produção nacional.

nº 9.478/1997) e, por extensão,[11] ao regime de cessão onerosa[12] (regrado pela Lei nº 12.276/2010), na medida em que modifica os parâmetros adotados pelos diplomas que os instituíram. Pelos novos critérios adotados, os Estados e Municípios não impactados pela exploração de petróleo e gás passariam a receber mais participações governamentais do que os Estados e Municípios impactados.[13]

Disso resultou o ajuizamento de cinco ações diretas de inconstitucionalidade, atualmente em tramitação no Supremo Tribunal Federal: a ADIN nº 4.916 (proposta pelo governador do Estado do Espírito Santo), a ADIN nº 4.917 (proposta pelo governador do Estado do Rio de Janeiro), a ADIN nº 4.918 (proposta pela Mesa Diretora da Assembleia Legislativa do Estado do Rio de Janeiro), a ADIN nº 4.920 (proposta pelo governador do Estado de São Paulo) e a ADIN nº 5.038 (proposta pela Associação Brasileira dos Municípios com Terminais Marítimos, Fluviais e Terrestres de Embarque e Desembarque de Petróleo e Gás Natural (Abramt).

Essas ações de inconstitucionalidade (quando analisadas em conjunto) fundamentam-se na compreensão de que as modificações

---

[11] A lei da cessão onerosa (Lei nº 12.276/2010) não foi modificada pela Lei nº 12.724/2012. No entanto, este último diploma legislativo culmina por afetar (reflexamente) a destinação dos royalties (não há pagamento de participação especial na cessão onerosa) às unidades federadas, dada a opção do legislador, no corpo da Lei nº 12.276/2010, por adotar os critérios de distribuição estabelecidos pela Lei nº 9.478/1997 (que disciplina o regime de concessão, e que, além de estabelecer, em seu artigo 49, critérios próprios para a distribuição de royalties [ora modificados Lei nº 12.734/2012], remete, em seu artigo 48, aos parâmetros estabelecidos na Lei nº 7.990/1989 [ora suprimidos pelas modificações introduzidas pela Lei nº 12.734/2012]) para a destinação dessa retribuição financeira aos Estados e Municípios também na cessão onerosa. É o que se verifica do texto do artigo 5º e respectivos parágrafos da Lei nº 12.276/2010, que estabelecem o seguinte: "Art. 5º - Serão devidos royalties sobre o produto da lavra de que trata esta Lei nos termos do art. 47 da Lei no 9.478, de 6 de agosto de 1997. §1º - A parcela do valor dos royalties que representar 5% (cinco por cento) da produção será distribuída segundo os critérios estipulados pela Lei no 7.990, de 28 de dezembro de 1989. §2º - A parcela do valor dos *royalties* que exceder a 5% (cinco por cento) da produção será distribuída nos termos do inciso II do art. 49 da Lei nº 9.478, de 6 de agosto de 1997". Por se tratar de afetação reflexa, e não propriamente de modificação legislativa direta, opto, por efeito didático, por não abordar, neste trabalho, a interferência da Lei nº 12.724/2012 na distribuição das participações governamentais recolhidas pela Petrobras no regime de cessão onerosa.

[12] A cessão onerosa, disciplinada pela Lei nº 12.276/2010, consiste em autorização para que a Petrobras a explore e produza petróleo e gás em áreas não concedidas do pré-sal, sem licitação e mediante pagamento tão somente de royalties (o pagamento das demais participações governamentais foi dispensada por lei), até o volume de cinco bilhões de barris equivalentes de petróleo.

[13] Como será demonstrado na introdução deste trabalho.

impressas pela Lei nº 12.734/2012 nas Leis nº 9.478/1997 e 12.351/2010 têm os seguintes efeitos:

a) contrariam o disposto no §1º do artigo 20 da Constituição, porque determinam a distribuição dos royalties e a participação especial majoritariamente a Estados e Municípios não impactados pela exploração e produção de petróleo e gás, contrariando o consenso legislativo (*mens legislatoris*) e hermenêutico (*mens legis*) que se firmaram sobre o tema, no sentido de que essas retribuições financeiras se destinam a compensar (ou indenizar) os impactos dessa atividade econômica,[14] e por isso constituem receitas originárias dos Estados e Municípios impactados;[15]

---

[14] É que, conforme entendimento há muito consolidado na jurisprudência do Excelso Pretório, a previsão constitucional quanto à distribuição a Estados e Municípios dessas participações governamentais não tem por fundamento a hipotética propriedade dessas unidades federadas sobre o produto extraído, mas, em rigor, a necessidade de compensar (ou indenizar) os Estados e Municípios impactados pela exploração de determinados recursos naturais pelos reflexos dessa atividade econômica sobre as suas contas públicas e sobre o modo de vida de suas respectivas populações, ou seja, de atribuir a essas unidades federadas a necessária contraprestação pelos riscos e pelos custos inerentes à atividade extrativista. Nesse sentido de posicionou o Tribunal Constitucional (i) no RE nº 228.800 (Relator Ministro Sepúlveda Pertence, 1ª Turma, DJ de 16.11.2011), citado na petição de fls. 550-561, contexto em que o Ministro Relator assentou, em seu Voto, que essa "compensação financeira se vincula [...] não à exploração em si, mas aos problemas que gera", uma vez que "a exploração de recursos minerais e de potenciais de energia elétrica é atividade potencialmente geradora de um sem-número de problemas para os entes públicos, especialmente ambientais [...], sociais e econômicos, advindos do crescimento da população e da demanda por serviços públicos"; no AgRg em AI nº 453.025 (Relator Ministro Gilmar Mendes, 2ª Turma, DJ de 09.06.2006), contexto em que o Ministro Relator assentou, em seu Voto, "a causa à compensação não é a propriedade do bem, pertencente exclusivamente à União, mas sim a sua exploração e o dano por ela causado"; (iii) no RE nº 381.830 (Relator Ministro Marco Aurélio, 1ª Turma, DJE de 15.09.2011); e (iv) na MC na ADIN nº 4917, contexto em que a Ministra Carmen Lúcia (Relatora do processo) observou, entre outras coisas, (i) que titulariza o direito assegurado pelo §1º do artigo 20 da Constituição, consistente no recebimento de compensação financeira pela exploração de recursos naturais, "o Estado e o Município, em cujo território se tenha exploração de petróleo ou de gás natural ou que seja confrontante com área marítima na qual se dê esta atividade (em plataforma continental, mar territorial ou zona econômica exclusiva)"; bem que (ii) "esse direito "decorre de sua condição territorial e dos ônus que têm de suportar ou empreender pela sua geografia e, firmado nesta situação, assumir em sua geoeconomia, decorrentes daquela exploração", e que disso provém "a garantia constitucional de que participam no resultado ou compensam-se pela exploração de petróleo ou gás natural".

[15] No ponto, o Excelso Pretório assentou, por ocasião do julgamento do MS nº 24312, Relatora Ministra Ellen Gracie, DJ de 19.12.2003, que "embora os recursos naturais da plataforma continental e os recursos minerais sejam bens da União (CF, art. 20, V e IX), *a participação ou compensação aos Estados, Distrito Federal e Municípios no resultado da exploração de petróleo, xisto betuminoso e gás natural são receitas originárias destes últimos entes federativos*" (grifamos). A propósito, Kiyoshi Harada leciona que as "receitas originárias são aquelas que resultam da atuação do Estado, sob o regime de direito privado, na exploração de

b) ofendem o princípio da isonomia (CRFB, art. 5º, caput), porque conferem tratamento normativo mais benéfico a unidades federadas (Estados e Municípios não impactados) que se encontram em melhor posição (não sofrem impactos da atividade extrativista) frente à situação normatizada, prejudicando, com isso, os Estados e Municípios impactados pela exploração e produção de petróleo e gás;[16]

c) ofendem o princípio federativo (CRFB, art. 1º e art. 60, §4º, I), porque a iniciativa do legislador por suprimir, por meio de lei federal (Lei nº 12.734/2012), parte do pagamento dessas receitas aos Estados e Municípios impactados restringe a sua autonomia para a execução dos seus próprios recursos orçamentários, que, em vez de serem aplicados em benefício das suas respectivas populações, precisarão ser alocados, forçadamente, para cobrir os riscos e custos de atividade extrativista exercida por particulares, mas sob autorização e em benefício do ente federal;[17]

d) ofendem o princípio da segurança jurídica (art. 5º, *caput* e inciso XXXVI), porque pretendem afetar relações jurídicas consolidadas sob a égide do regime normativo original.[18]

Com a propositura dessas ações de inconstitucionalidade, a discussão, que até então estava circunscrita ao Parlamento, portanto ao âmbito das deliberações político-normativas, transporta-se para o campo da aplicação do Direito.

Nesse ambiente, a ministra Carmen Lúcia, do Supremo Tribunal Federal, provocada pelas formulações jurídicas encartadas nas precitadas ações de inconstitucionalidade deferiu medida cautelar na

---

atividade econômica", ou seja, "as resultantes do domínio privado do Estado" (HARADA, Kiyoshi. *Direito financeiro e tributário*. 18. ed. São Paulo: Atlas, 2009. p. 35), ao passo que as receitas derivadas decorrem do "*jus imperii* do Estado, que lhe faculta impor sobre as relações econômicas praticadas pelos particulares, assim como sobre seus bens, o tributo que, na atualidade, se constitui em principal fonte da receita pública" (HARADA. Op. cit., p. 42-43). Conforme Roberto Wagner Lima Nogueira, são exemplos de receitas originárias as doações, os bens vacantes, a prescrição aquisitiva, o preço público, os ingressos comerciais (p. ex.: Correios e loterias), e também a "compensação financeira na forma do art. 20, §1º da Constituição Federal" (NOGUEIRA, Roberto Wagner Lima. *Direito financeiro e justiça tributária*. Rio de Janeiro: Lumen Juris, 2004. p. 95). Veja-se o Capítulo 2.

[16] Veja-se o Capítulo 3.
[17] A propósito, reitere-se a existência de consensos legislativo e hermenêutico no sentido de que as participações governamentais são receitas originárias dessas unidades federadas e, por isso, pertencem a elas. Veja-se o Capítulo 4.
[18] Veja-se o Capítulo 5.

ADIN nº 4.917, suspendendo a aplicação dos dispositivos da Lei nº 12.734/2012 que passariam a afetar a distribuição dos royalties e da participação especial recolhidos com base nos contratos de concessão então em execução.

Não houve determinação judicial pela suspensão da aplicação das modificações impressas pela Lei nº 12.734/2012 na Lei nº 12.351/2010 (que disciplina o regime de partilha de produção). Com efeito, o dispositivo da decisão liminar expressa que, "na esteira dos precedentes, em face da urgência qualificada comprovada no caso, dos riscos objetivamente demonstrados da eficácia dos dispositivos e dos seus efeitos, de difícil desfazimento", estava deferindo "a medida cautelar para suspender os efeitos dos arts. 42-B; 42-C; 48, II; 49, II; 49-A; 49-B; 49-C; §2º do art. 50; 50-A; 50-B; 50-C; 50-D; e 50-E da Lei Federal nº 9.478/1997, com as alterações promovidas pela Lei nº 12.734/2012", portanto de dispositivos aplicáveis tão somente ao regime de concessão.

Mas isso não quer dizer, em absoluto, que a ministra Carmen Lúcia tenha considerado constitucionais os dispositivos da Lei nº 12.734/2012 que modificaram a Lei nº 12.351/2010, visto que a decisão liminar deixa muito claro o posicionamento dela no sentido de que é ilegítima a distribuição de participações governamentais a Estados e Municípios não impactados pela exploração e produção de petróleo e gás, conforme sobressai das afirmações da citada ministra, no sentido de que:

    a) "titulariza o direito assegurado pelo parágrafo 1º do artigo 20 da Constituição, consistente no recebimento de compensação financeira pela exploração de recursos naturais [...] o Estado e o Município, em cujo território se tenha exploração de petróleo ou de gás natural ou que seja confrontante com área marítima na qual se dê esta atividade (em plataforma continental, mar territorial ou zona econômica exclusiva)";

    b) esse direito "decorre de sua condição territorial e dos ônus que têm de suportar ou empreender pela sua geografia e, firmado nesta situação, assumir em sua geoeconomia, decorrentes daquela exploração"; e

    c) disso provém "a garantia constitucional de que participam no resultado ou compensam-se pela exploração de petróleo ou gás natural".[19]

---

[19] STF, ADIN 4.917-MS, Plenário, Relatora Ministra Carmen Lúcia. Decisão monocrática.

O que aconteceu, na verdade, foi que, ao tempo do ajuizamento daquelas ações de inconstitucionalidade ainda não havia produção de petróleo e gás sob o regime de partilha de produção, o que teria conduzido o governador do Estado do Rio de Janeiro (autor da ADIN nº 4.917) a deixar de formular pedido de medida cautelar suspendendo a aplicação das modificações impressas pela Lei nº 12.734/2012 na Lei nº 12.351/2010. Destarte, à míngua da formulação de requerimento expresso no sentido de concessão de liminar também quanto à distribuição das participações governamentais recolhidas como resultado da exploração e produção de petróleo e gás sob o regime de partilha de produção, a ministra Carmen Lúcia não estava autorizada a ingressar nesse particular da *vexata quaestio*.

O problema é que, desde então, iniciou-se a produção em áreas licitadas sob o regime de partilha de produção. Atualmente, operam nesse regime de produção os campos de Mero, Sudoeste de Sapinhoá, Noroeste de Sapinhoá e Nordeste de Sapinhoá, situados na Bacia de Santos e que pagam participações governamentais aos Estados do Rio de Janeiro e de São Paulo.

Paralelamente a isso foram retomadas as movimentações políticas sobre o tema. O movimento se iniciou na Confederação Nacional de Municípios,[20] que adiante procurou unir forças com os governadores dos Estados do Nordeste[21] para obter do Supremo Tribunal Federal prioridade no julgamento das ações de inconstitucionalidade que impugnam a Lei nº 12.734/2012. Com isso, o seu julgamento foi marcado para 20 de novembro de 2019.

Enfim, muita coisa aconteceu, mesmo, desde 2012.

A única coisa que não aconteceu (apesar de ansiosamente aguardado e taxativamente apregoado na primeira edição)[22] foi o

---

[20] Disponível em: https://www.cnm.org.br/comunicacao/noticias/royalties-cnm-e-governadores-nordestinos-unem-forcas-para-sensibilizar-o-stf. Acesso em: 13 jul. /2019.

[21] Disponível em: http://www.stf.jus.br/portal/cms/verNoticiaDetalhe.asp?idConteudo=402651. Acesso em: 13 jul. 2019.

[22] A propósito, na primeira edição foi exposto que consideramos "sumamente importante a ampliação desse debate, de modo a que também participem das discussões relativas ao tema os juristas (aqui entendidos como professores de Direito, que descrevem as proposições prescritivas colhidas do ordenamento em seus trabalhos doutrinários) e pelos aplicadores do Direito (assim compreendidos todos aqueles que conferem aplicabilidade a essas proposições prescritivas – dos representantes das partes aos juízes e Tribunais –, e que colaboram para a formação da jurisprudência), visto que "a ideia de democracia não lhes impõe a necessária confirmação das escolhas firmadas pelo Parlamento, que, muito embora sejam construídas pelos legítimos representantes do povo, somente são

estabelecimento de debate, no plano da Ciência, sobre a tese jurídica sustentada neste trabalho. Pelo menos, não se conhece publicação de trabalho científico que tenha levantado objeções ao que foi afirmado no texto originalmente publicado em 2012.

Porém, ainda há espaço para esse debate, quer no plano da Ciência, quer no campo da aplicação do Direito.

Neste último contexto, merecem destaque, como novas arenas deliberativas disponíveis para a adequada resolução do conflito, não apenas o ambiente em que se dará o julgamento das ações de inconstitucionalidade mencionadas, mas, talvez, a deflagração futura de discussões jurídicas acerca da eficácia do julgamento (que, ao que tudo indica, se encaminha para a decretação da inconstitucionalidade da Lei nº 12.734/2012)[23] sobre novas investidas das forças políticas que se uniram para obter a distribuição das participações governamentais resultantes da exploração e produção de petróleo e gás a todas as unidades federadas.

A finalidade da construção, sete anos depois da publicação do texto original, esta segunda edição é (novamente) procurar fomentar o debate do tema no plano da Ciência, com o propósito de orientar (em maior ou menor medida) o seu enfrentamento (pelos intérpretes) no campo da aplicação do Direito. Porém, esse debate, que na primeira edição esteve circunscrito à discussão relativa à constitucionalidade (ou inconstitucionalidade) da destinação das participações governamentais resultantes da exploração e produção de petróleo e gás de forma indistinta a todas as unidades federadas (portanto, sem ter em consideração a situação peculiar vivenciada pelos Estados e Municípios impactados por essa atividade econômica), passa a abarcar, nesta segunda edição, algo que consideramos ainda mais importante do que saber quem tem razão no conflito: a investigação sobre se o ordenamento

---

válidas, sobre a óptica do Direito, na medida em que se compatibilizam com o texto da Constituição", para concluir, ao final, que a intenção, com a publicação deste livro não é "apresentar respostas definitivas às indagações formuladas [...], ou construir uma única via interpretativa capaz de solucionar o problema [mas, na verdade] "suscitar o debate público sobre o tema, transportando-o também para o âmbito das preocupações dos juristas e dos aplicadores do Direito".

[23] Ao menos há decisões anteriores da Suprema Corte, invocadas pela ministra Carmen Lúcia quando do deferimento do pedido liminar, no sentido de que as participações governamentais resultantes da exploração e produção de petróleo e gás destinam-se à compensação (ou indenização) das unidades federadas impactadas pelos reflexos dessa atividade econômica sobre as suas contas públicas e sobre o modo de vida de suas respectivas populações (conforme se terá a oportunidade de adiante expor).

jurídico brasileiro comporta ferramentas adequadas a que (em concreto) o julgamento dos pedidos formulados nas ADINs nº 4.916, 4.917, 4.918, 4.920 e 5.038 induza não somente um desfecho para aqueles processos, para abarcar, também, a pacificação desse relevante conflito federativo, único desfecho capaz de restabelecer a paz e a harmonia entre os Poderes da República e, sobretudo, entre ao entes que compõem a federação brasileira.

Trancoso/BA, inverno de 2019.

O autor

NOTA DO AUTOR

Os estudos que conduziram à elaboração desta segunda edição se associam às atividades de ensino e pesquisa desenvolvidas pelo autor no Curso de Mestrado em Direito da UFES (área de concentração: "Justiça, Processo e Constituição"), permeando, mais especificamente, a linha de pesquisa "Sistemas de justiça, constitucionalidade e tutelas de direitos individuais e coletivos", que propõe "a leitura do fenômeno processual atenta às necessidades de concretização da justiça, do processo justo e da tutela jurisdicional adequada e efetiva" e procura discutir temáticas relacionadas ao exercício da jurisdição e os princípios de justiça presentes na Constituição Brasileira, com os propósitos (i) de "criticar o paradigma meramente formalista do processo por meio da discussão da concepção de processo como meio adequado de garantia dos direitos fundamentais erigidos em estatura constitucional" (objetivo geral) e (no que concerne especificamente às temáticas abordadas na segunda edição deste trabalho, que procura empregar o modelo brasileiro de precedentes judiciais para procurar impor limites a que novos consensos majoritários que possam surgir no Parlamento afetem direitos e interesses dos Estados e Municípios impactados pela exploração e produção de petróleo e gás e de suas respectivas populações) (ii) de "analisar os institutos e as técnicas processuais a partir do confronte de suas aplicações ao objetivo de justiça e de preservação das garantias constitucionais daqueles que se sujeitam aos processos judiciais, seja na qualidade de autor, seja na qualidade de réu" (objetivo específico associado à pesquisa).

INTRODUÇÃO

O Brasil é uma Federação. A Constituição de 1988 refere-se a essa circunstância logo em seu artigo 1º,[1] que estabelece que a República Federativa do Brasil é formada pela união indissolúvel dos Estados, do Distrito Federal e dos Municípios. Tamanha é a importância desse dado da estruturação do Estado brasileiro que a Carta Política estabelece, no inciso I do §4º do seu artigo 60,[2] que sequer serão objeto de deliberação parlamentar propostas de Emendas Constitucionais tendentes a abolir a forma federativa de Estado.

A Federação Brasileira é composta pela União Federal, pelos Estados, pelo Distrito Federal e pelos Municípios (CRFB, art. 18)[3]-[4].

Há, pois, no Brasil, "uma organização político-administrativa de três

---

[1] CRFB. "Art. 1º A República Federativa do Brasil, formada pela união indissolúvel dos Estados e Municípios e do Distrito Federal, constitui-se em Estado Democrático de Direito e tem como fundamentos [...]."

[2] CRFB. "Art. 60. A Constituição poderá ser emendada mediante proposta: [...] §4º – Não será objeto de deliberação a proposta de emenda tendente a abolir: I – a forma federativa de Estado."

[3] CRFB. "Art. 18. A organização político-administrativa da República Federativa do Brasil compreende a União, os Estados, o Distrito Federal e os Municípios, todos autônomos, nos termos desta Constituição."

[4] Nesse contexto, o Distrito Federal apresenta-se como figura híbrida, que assume caracteres próprios de Estados e Municípios. A propósito, confira-se a seguinte passagem doutrinária da obra de Michel Temer: "O Distrito Federal é pessoa jurídica de direito público, com capacidade legislativa, administrativa e judiciária. É, hoje, tal como a União, Estados e Municípios, autônomo politicamente. Titulariza competências próprias, legisla sobre elas e as administra por meio de autoridades próprias. Com efeito, o Distrito Federal tem uma Câmara Legislativa onde estão os deputados distritais (art. 32, §§2º e 3º); é dirigido pelo Governador e pelo Vice-Governador (art. 32, §2º); a ele são atribuídas as competências legislativas nomeadas aos Estados e Municípios (art. 32, §1º)" (TEMER, Michel. *Elementos de direito constitucional*. 5. ed. São Paulo: Revista dos Tribunais, 1988. p. 102). Por esse motivo, essa unidade federada estará abarcada nas considerações tecidas doravante neste trabalho, nas referências feitas aos Estados e Municípios.

níveis, com elevado grau de descentralização do poder político, o que representa maiores possibilidades de participação democrática densificadoras do poder decisório dos cidadãos sobre os destinos da comunidade política em que estão inseridos", como observa Fernando Gonzaga Jayme.[5]

Também se opera nesse âmbito a descentralização das competências.[6] Com efeito, cada um desses entes federados tem competências próprias, todas elas descritas no texto constitucional. Cumpre-lhes, dentro de suas respectivas áreas de atuação, prover as necessidades básicas da população, como saúde, educação, moradia, saneamento básico, infraestrutura viária etc.

Algumas dessas competências são específicas, por exemplo, a competência dos Municípios para dispor sobre assuntos de interesse local (artigo 30, I)[7] e a competência da União Federal para assegurar a defesa nacional (artigo 21, III),[8] para organizar e manter os serviços oficiais de estatística, geografia, geologia e cartografia (artigo 21, XV),[9] para planejar e promover a defesa contra as calamidades públicas, especialmente contra secas e inundações (artigo 21, XVIII),[10] para executar os serviços de polícia marítima, aeroportuária e de fronteiras (artigo 21, XXII)[11] e para organizar, manter e executar a inspeção do trabalho (artigo 21, XXIV).[12] Outras, entretanto, são competências comuns, passíveis de serem exercidas conjuntamente pela União Federal, pelos Estados e pelos Municípios, e dizem respeito, ainda a título exemplificativo, à promoção do acesso do cidadão à saúde e à

---
[5] JAYME, Fernando Gonzaga. Comentários aos arts. 18 e 19. In: BONAVIDES, Paulo; MIRANDA, Jorge; AGRA, Walber de Moura. Comentários à Constituição Federal de 1988. Rio de Janeiro: Forense, 2009. p. 531.
[6] No ensejo, José Luiz Quadros de Magalhães leciona que "o Estado federal é a forma de organização territorial que permite a maior descentralização", dispondo que, nele, "ocorre a descentralização de competências administrativas, legislativas, judiciais e constitucionais" (MAGALHÃES, José Luiz Quadros de. Comentários ao art. 1º. In: BONAVIDES, Paulo; MIRANDA, Jorge; AGRA, Walber de Moura. Comentários à Constituição Federal de 1988. Rio de Janeiro: Forense, 2009. p. 10).
[7] CRFB. "Art. 30. Compete aos Municípios: I – legislar sobre assuntos de interesse local."
[8] CRFB. "Art. 21. Compete à União: [...] III – assegurar a defesa nacional."
[9] CRFB. "Art. 21. Compete à União: [...] XV – organizar e manter os serviços oficiais de estatística, geografia, geologia e cartografia de âmbito nacional."
[10] CRFB. "Art. 21. Compete à União: [...] XVIII – planejar e promover a defesa permanente contra as calamidades públicas, especialmente as secas e as inundações."
[11] CRFB. "Art. 21. Compete à União: [...] XXII – executar os serviços de polícia marítima, aeroportuária e de fronteiras."
[12] CRFB. "Art. 21. Compete à União: [...] XXIV – organizar, manter e executar a inspeção do trabalho."

assistência pública, assim como à proteção das pessoas com deficiência (artigo 23, II),[13] à promoção do acesso à cultura, à educação e à ciência (artigo 23, V),[14] à proteção do meio ambiente e ao combate à poluição em qualquer de suas formas (artigo 23, VI),[15] à preservação das florestas, da fauna e da flora (artigo 23, VII), à promoção do acesso a programas de construção de moradias e à melhoria das condições habitacionais e de saneamento básico (artigo 23, IX),[16] ao combate às causas da pobreza e aos fatores de marginalização, com a promoção da integração social dos setores desfavorecidos (artigo 23, X),[17] entre outras.

Isso somente é possível porque o artigo 18 da Constituição também prevê a autonomia das unidades federadas. Como as autonomias política[18] e administrativa[19] dos Estados e Municípios pressupõem a autonomia financeira[20] desses entes, os constituintes também tiveram o cuidado de especificar as fontes de recursos que devem ser empregadas para o atendimento às mencionadas necessidades da população, que decorrem, em especial, das receitas tributárias, mas que também podem abranger receitas de outras naturezas. Enfim, os constituintes, quando especificaram na Constituição as prestações a que se obrigam a União

---

[13] CRFB. "Art. 23. É competência comum da União, dos Estados, do Distrito Federal e dos Municípios: [...] II – cuidar da saúde e assistência pública, da proteção e garantia das pessoas portadoras de deficiência."

[14] CRFB. "Art. 23. É competência comum da União, dos Estados, do Distrito Federal e dos Municípios: [...] V – proporcionar os meios de acesso à cultura, à educação e à ciência."

[15] CRFB. "Art. 23. É competência comum da União, dos Estados, do Distrito Federal e dos Municípios: [...] VI – proteger o meio ambiente e combater a poluição em qualquer de suas formas."

[16] CRFB. "Art. 23. É competência comum da União, dos Estados, do Distrito Federal e dos Municípios: [...] IX – promover programas de construção de moradias e a melhoria das condições habitacionais e de saneamento básico."

[17] CRFB. "Art. 23. É competência comum da União, dos Estados, do Distrito Federal e dos Municípios: [...] X – combater as causas da pobreza e os fatores de marginalização, promovendo a integração social dos setores desfavorecidos."

[18] De acordo com Fernando Gonzaga Jayme, "a autonomia política das unidades federadas afirma-se pelo fato de que as constituições estaduais e as leis orgânicas municipais são consideradas *pro futuro*, exclusivamente como um ato de vontade originária, de modo que é possível à coletividade modificá-las sem a necessidade de autorização" (JAYME. Comentários aos arts. 18 e 19, p. 532).

[19] Manifestada, segundo Jayme, "pelo poder de autogoverno conferido a todos os entes federativos", e pela "divisão de competências entre eles, observando-se, nessa repartição, o critério de que o poder central não será exercido quando as autoridades locais forem competentes para atuar" (JAYME. Op. cit., p. 532).

[20] Relacionadas à descentralização financeira, que pressupõe a distribuição de receitas a todos os entes federativos, conferindo-lhes a possibilidade de "investir os recursos públicos de acordo com as prioridades e os projetos eleitos", como expressa Jayme na sequência (JAYME. Op. cit., p. 532).

Federal, os Estados e Municípios, estabeleceram também como essas unidades federadas deveriam obter os recursos financeiros necessários.

No que se refere às receitas tributárias, a Constituição dispôs, em seus artigos 153,[21] 154,[22] 155[23] e 156,[24] sobre os impostos que podem ser instituídos por cada uma das unidades federadas, e lhes conferiu, ainda, a instituição de taxas e contribuições de melhorias (artigo 145),[25] e também de contribuições destinadas ao custeio da seguridade social (artigo 195[26] c/c artigo 40),[27] entre outras espécies tributárias.[28]

---

[21] CRFB. "Art. 153. Compete à União instituir impostos sobre: I – importação de produtos estrangeiros; II – exportação, para o exterior, de produtos nacionais ou nacionalizados; III – renda e proventos de qualquer natureza; IV – produtos industrializados; V – operações de crédito, câmbio e seguro, ou relativas a títulos ou valores mobiliários; VI – propriedade territorial rural; VII – grandes fortunas, nos termos de lei complementar."

[22] CRFB. "Art. 154. A União poderá instituir: I – mediante lei complementar, impostos não previstos no artigo anterior, desde que sejam não-cumulativos e não tenham fato gerador ou base de cálculo próprios dos discriminados nesta Constituição; II – na iminência ou no caso de guerra externa, impostos extraordinários, compreendidos ou não em sua competência tributária, os quais serão suprimidos, gradativamente, cessadas as causas de sua criação."

[23] CRFB. "Art. 155. Compete aos Estados e ao Distrito Federal instituir impostos sobre: I – transmissão causa *mortis* e doação, de quaisquer bens ou direitos; II – operações relativas à circulação de mercadorias e sobre prestações de serviços de transporte interestadual e intermunicipal e de comunicação, ainda que as operações e as prestações se iniciem no exterior; III – propriedade de veículos automotores."

[24] CRFB. "Art. 156. Compete aos Municípios instituir impostos sobre: I – propriedade predial e territorial urbana; II – transmissão inter-vivos, a qualquer título, por ato oneroso, de bens imóveis, por natureza ou acessão física, e de direitos reais sobre imóveis, exceto os de garantia, bem como cessão de direitos a sua aquisição; III – serviços de qualquer natureza, não compreendidos no art. 155, II, definidos em lei complementar."

[25] CRFB. "Art. 145. A União, os Estados, o Distrito Federal e os Municípios poderão instituir os seguintes tributos: I – impostos; II – taxas, em razão do exercício do poder de polícia ou pela utilização, efetiva ou potencial, de serviços públicos específicos e divisíveis, prestados ao contribuinte ou postos a sua disposição; III – contribuição de melhoria, decorrente de obras públicas."

[26] CRFB. "Art. 195. A seguridade social será financiada por toda a sociedade, de forma direta e indireta, nos termos da lei, mediante recursos provenientes dos orçamentos da União, dos Estados, do Distrito Federal e dos Municípios, e das seguintes contribuições sociais: I – do empregador, da empresa e da entidade a ela equiparada na forma da lei, incidentes sobre: a) a folha de salários e demais rendimentos do trabalho pagos ou creditados, a qualquer título, à pessoa física que lhe preste serviço, mesmo sem vínculo empregatício; b) a receita ou o faturamento; c) o lucro; II – do trabalhador e dos demais segurados da previdência social, não incidindo contribuição sobre aposentadoria e pensão concedidas pelo regime geral de previdência social de que trata o art. 201; III – sobre a receita de concursos de prognósticos; IV – do importador de bens ou serviços do exterior, ou de quem a lei a ele equiparar."

[27] CRFB. "Art. 40. Aos servidores titulares de cargos efetivos da União, dos Estados, do Distrito Federal e dos Municípios, incluídas suas autarquias e fundações, é assegurado regime de previdência de caráter contributivo e solidário, mediante contribuição do respectivo ente público, dos servidores ativos e inativos e dos pensionistas, observados critérios que preservem o equilíbrio financeiro e atuarial e o disposto neste artigo."

[28] A União Federal também pode instituir, nos termos da Constituição, contribuições sociais gerais, contribuições especiais de intervenção no domínio econômico (artigo 143, §§2º e 4º),

Os constituintes também previram a repartição do resultado da arrecadação de tributos federais com os Estados (artigo 157[29] e artigo 159, I, "a")[30] e com os Municípios (artigo 158, I e II;[31] artigo 159, I, "b"[32] e artigo 159, parágrafo 3º),[33] e a repartição dos tributos estaduais com os Municípios (artigo 158, III e IV).[34]

Destaca-se, desse contexto, que as receitas destinadas aos Fundos de Participação dos Estados e dos Municípios (artigo 159, I, "a" e "b") não são distribuídas com base na sua efetiva participação na formação do produto da arrecadação, pois sua finalidade é promover o equilíbrio socioeconômico entre as unidades federadas (artigo 161, II).[35] A respeito dessas receitas, Carlos Valder do Nascimento e André Portella lecionam que "em lugar de se repassar os recursos de um determinado imposto

---

contribuições especiais instituídas em benefício de categorias profissionais (OAB e demais conselhos de classe) e econômicas (IBAA, IBC e Sebrae) e empréstimos compulsórios (artigo 148). De seu turno, os Municípios e o Distrito Federal podem instituir, ainda, a chamada contribuição de iluminação pública (artigo 149-A).

[29] CRFB. "Art. 157. Pertencem aos Estados e ao Distrito Federal: I – o produto da arrecadação do imposto da União sobre renda e proventos de qualquer natureza, incidente na fonte, sobre rendimentos pagos, a qualquer título, por eles, suas autarquias e pelas fundações que instituírem e mantiverem; II – vinte por cento do produto da arrecadação do imposto que a União instituir no exercício da competência que lhe é atribuída pelo art. 154, I."

[30] CRFB. "Art. 159. A União entregará: I – do produto da arrecadação dos impostos sobre renda e proventos de qualquer natureza e sobre produtos industrializados quarenta e oito por cento na seguinte forma: a) vinte e um inteiros e cinco décimos por cento ao Fundo de Participação dos Estados e do Distrito Federal."

[31] CRFB. "Art. 158. Pertencem aos Municípios: I – o produto da arrecadação do imposto da União sobre renda e proventos de qualquer natureza, incidente na fonte, sobre rendimentos pagos, a qualquer título, por eles, suas autarquias e pelas fundações que instituírem e mantiverem; II – cinquenta por cento do produto da arrecadação do imposto da União sobre a propriedade territorial rural, relativamente aos imóveis neles situados, cabendo a totalidade na hipótese da opção a que se refere o art. 153, §4º, III."

[32] CRFB. "Art. 159. A União entregará: I – do produto da arrecadação dos impostos sobre renda e proventos de qualquer natureza e sobre produtos industrializados quarenta e oito por cento na seguinte forma: [...] b) vinte e dois inteiros e cinco décimos por cento ao Fundo de Participação dos Municípios."

[33] CRFB. "Art. 159. A União entregará: [...] §3º – Os Estados entregarão aos respectivos Municípios vinte e cinco por cento dos recursos que receberem nos termos do inciso II, observados os critérios estabelecidos no art. 158, parágrafo único, I e II."

[34] CRFB. "Art. 158. Pertencem aos Municípios: [...] III – cinquenta por cento do produto da arrecadação do imposto do Estado sobre a propriedade de veículos automotores licenciados em seus territórios; IV – vinte e cinco por cento do produto da arrecadação do imposto do Estado sobre operações relativas à circulação de mercadorias e sobre prestações de serviços de transporte interestadual e intermunicipal e de comunicação."

[35] CRFB. "Art. 161. Cabe à lei complementar: [...] II – estabelecer normas sobre a entrega dos recursos de que trata o art. 159, especialmente sobre os critérios de rateio dos fundos previstos em seu inciso I, objetivando promover o equilíbrio sócio-econômico entre Estados e entre Municípios."

ao ente em cujo território se realizou o fato gerador, [...] transferem-se tais recursos a um fundo e a partir de então elegem-se parâmetros que determinarão a forma e o valor dos repasses, assim como os entes contemplados".[36]

Tal não ocorre, entretanto, quando se tem em vista a distribuição de outras fontes de receitas. A título de exemplo, três quartos dos recursos provenientes da distribuição aos Municípios da parcela que lhes toca do ICMS arrecadado pelos seus respectivos Estados (artigo 158, IV) é feita observando-se a proporção do valor adicionado nas operações relativas à circulação de mercadorias e nas prestações de serviços nos territórios dos Municípios beneficiados (artigo 158, parágrafo único).[37] De igual modo, a parcela do IPI distribuída pela União Federal aos Estados e ao Distrito Federal (artigo 159, II),[38] e também o quinhão desse montante que é destinado pelos Estados aos seus Municípios (artigo 159, §3º), guardam proporcionalidade com o valor das respectivas exportações de produtos industrializados.

Este estudo debruça-se sobre um tipo bastante específico de receita não tributária destinada pelos constituintes às unidades federadas. Seu objetivo é procurar compreender o modo como deve se processar a distribuição a Estados e Municípios dos royalties e da participação especial decorrentes da exploração e produção do petróleo e do gás natural,[39] tendo em vista o disposto no §1º do artigo 20 da Constituição, que lhes assegura (juntamente com órgãos da Administração Direta da União) (i) a "participação no resultado da exploração de petróleo ou

---

[36] NASCIMENTO, Carlos Valder do; PORTELLA, André. Comentários aos arts. 157 ao 162. In: BONAVIDES, Paulo; MIRANDA, Jorge; AGRA, Walber de Moura. Comentários à Constituição Federal de 1988. Rio de Janeiro: Forense, 2009. p. 1898.

[37] CRFB. "Art. 158. Pertencem aos Municípios: [...] Parágrafo único. As parcelas de receita pertencentes aos Municípios, mencionadas no inciso IV, serão creditadas conforme os seguintes critérios: I – três quartos, no mínimo, na proporção do valor adicionado nas operações relativas à circulação de mercadorias e nas prestações de serviços, realizadas em seus territórios; II – até um quarto, de acordo com o que dispuser lei estadual ou, no caso dos Territórios, lei federal."

[38] CRFB. "Art. 159. A União entregará: [...] II – do produto da arrecadação do imposto sobre produtos industrializados, dez por cento aos Estados e ao Distrito Federal, proporcionalmente ao valor das respectivas exportações de produtos industrializados."

[39] Como foi exposto no Prefácio desta segunda edição, os royalties e a participação especial integram o que a Constituição (art. 20, §1º) denominou participação no resultado da exploração de petróleo e gás ou compensação financeira pelo exercício dessa atividade econômica, juntamente com os bônus de assinatura e o pagamento pela ocupação ou retenção de área, que, por efeito didático, também serão designados neste trabalho como participações governamentais advindas da atividade de exploração e produção de petróleo e gás (veja-se o artigo 45 da Lei nº 9.478/1997).

gás natural" (entre outros recursos naturais) "no respectivo território, plataforma continental, mar territorial ou zona econômica exclusiva" ou (ii) a "compensação financeira por essa exploração". Em específico, investigamos se a distribuição desses recursos deve guardar relação com a participação dos Estados e Municípios no resultado dessa atividade econômica, como ocorre na repartição dos produtos do ICMS e do IPI (entre outras espécies tributárias),[40] ou se pode fundar-se em critérios semelhantes àqueles estabelecidos para a distribuição das receitas financeiras destinadas aos Fundos de Participação dos Estados e dos Municípios.

O Parlamento fez uma opção política, quando editou a Lei nº 12.734/2012, vetada pela Presidência da República por razões jurídicas e que apenas ingressou no ordenamento por força da derrubada do veto pelo Congresso Nacional. Em apertada síntese, esse diploma legislativo (i) destina a maior parte dos royalties e da participação especial decorrentes da exploração e produção de petróleo e gás a unidades federadas que não são impactadas pelo exercício dessa atividade econômica (comumente designadas como Estados e Municípios não produtores), reduzindo, com isso, o aporte de recursos financeiros distribuídos (a esse título) às unidades federadas impactadas (comumente designadas como Estados e Municípios produtores);[41] e (ii) procura estender seus efeitos a operações relativas a áreas já licitadas, e que já se encontram em produção.

---

[40] No ensejo, Carlos Valder do Nascimento e André Portella observam que também seguem esse critério de repartição as receitas obtidas com a tributação pelo IR e pelo IPVA (NASCIMENTO; PORTELLA. Op. cit., p. 1898).

[41] Conforme foi exposto no Prefácio a esta segunda edição, a divisão dos Estados e Municípios em produtores e não produtores é imprecisa, porque não reflete as opções político-normativas adotadas pelo ordenamento jurídico brasileiro. É que, o legislador, ao mesmo tempo que atribuiu às participações "governamentais recolhidas como resultado da produção em terra" (*onshore*) aos Estados e Municípios onde ocorrer a produção (daí falar-se em Estados e Municípios produtores), também as conferiu, nesse âmbito (produção em terra) aos Municípios afetados por "operações de embarque e desembarque", além de as haver destinado, relativamente à produção marítima (*offshore*) aos Estados e Municípios "confrontantes", Municípios compreendidos por áreas geoeconômicas afetadas pelas "operações de embarque e desembarque" (conforme o disposto no artigo 7º da Lei nº 7.990/1989 e nos artigos 48 e 49 da Lei nº 9.478/1997). Por esse motivo, e porque, conforme se terá a oportunidade de adiante demonstrar, tanto a Assembleia Nacional Constituinte (*mens legislatoris*) quanto a doutrina jurídica e a jurisprudência consolidada no Supremo Tribunal Federal (*mens legis*) fixaram que a finalidade das participações governamentais é cobrir, como receitas extraordinárias, os impactos da exploração e produção do petróleo e do gás natural (entre outros recursos naturais, neste trabalho optou-se por classificar as unidades federadas, por efeito didático, como Estados Municípios impactados e não impactados).

A técnica empregada pelo legislador foi a estipulação de novos percentuais para a distribuição dos royalties[42] relativos às operações regidas pela Lei nº 12.351/2010 (regime de partilha de produção)[43] e para a distribuição dos royalties[44] e da participação especial relativos às operações regidas pela Lei nº 9.478/1997 (regime de concessão),[45] sendo que, para as operações relativas ao regime de concessão, previu-se, ainda, a redução anual dos percentuais fixados, até 2020.[46]

---

[42] Não há pagamento de participação especial no regime de partilha de produção.

[43] Nesse regime de produção "o contratado exerce, por sua conta e risco, as atividades de exploração, avaliação, desenvolvimento e produção e, em caso de descoberta comercial, adquire o direito à apropriação do custo em óleo, do volume da produção correspondente aos royalties devidos, bem como de parcela do excedente em óleo, na proporção, condições e prazos estabelecidos em contrato" (Lei Federal nº 12.351/2010, art. 2º, I).

[44] A disposições da Lei nº 9.478/1997 relativas ao pagamento de royalties também são aplicáveis à cessão onerosa (de igual modo não há pagamento da participação especial nesse regime de produção), regido pela Lei nº 12.276/2010, que consiste em autorização para que a Petrobras a explore e produza petróleo e gás em áreas não concedidas do pré-sal, sem licitação e mediante pagamento tão somente de royalties, até o volume de cinco bilhões de barris equivalentes de petróleo. É que a lei da cessão onerosa (Lei nº 12.276/2010), conquanto não tenha sido modificada pela Lei nº 12.724/2012, acabou sendo reflexamente afetada por esse diploma legal no que concerne à destinação dos royalties às unidades federadas, dada a opção do legislador, no artigo 5º e respectivos parágrafos da Lei nº 12.276/2010, por adotar os critérios de distribuição estabelecidos pela Lei nº 9.478/1997 (que disciplina o regime de concessão, e que, por sua vez, além de estabelecer, em seu artigo 49, critérios próprios para a distribuição de royalties, ora modificados pela Lei nº 12.734/2012, remete, em seu artigo 48, aos parâmetros estabelecidos na Lei nº 7.990/1989, ora suprimidos pelas modificações introduzidas pela Lei nº 12.734/2012). Destarte, por se tratar de afetação meramente reflexa, e não propriamente de modificação legislativa direta, optou-se, por efeito didático, como mencionado no Prefácio a esta segunda edição, por não abordar, neste trabalho, a interferência da Lei nº 12.724/2012 na distribuição das participações governamentais recolhidas pela Petrobras no regime de cessão onerosa.

[45] A diferença entre esse regime (partilha de produção) e o regime originariamente empregado para a exploração e produção de petróleo e gás no país é sutil, muito embora seus efeitos concretos para as unidades federadas sejam relevantes. Os regimes se diferenciam, em apertada síntese, em função de na concessão o produto passar à propriedade da concessionária (Lei nº 9.478/1997, artigo 26), que, em contrapartida, obriga-se a pagar retribuições financeiras ao poder público pelo exercício dessa atividade econômica (CRFB, artigo 20, §2º); ao passo que na partilha o produto persiste sob a propriedade da União Federal (CRFB, artigo 20, V e IX), mas as empresas que atuam no ramo adquirem "o direito à apropriação do custo em óleo, do volume da produção correspondente aos royalties devidos, bem como de parcela do excedente em óleo, na proporção, condições e prazos estabelecidos em contrato", como contrapartida por haverem exercido, "por sua conta e risco, as atividades de exploração, avaliação, desenvolvimento e produção" (Lei nº 12.351/2010, artigo 2º, VI e VII). Na prática, o regime de partilha de produção (i) incide tão somente sobre área denominada polígono do pré-sal (e não sobre toda a produção no pré-sal), situada entre os Estados de São Paulo e do Espírito Santo, (ii) não comporta o pagamento da participação especial às unidades federadas, que parece haver sido substituída, em seu corpo, pela figura do excedente em óleo, devida exclusivamente à União Federal.

[46] Conforme a redação conferida pela Lei nº 12.734/2012 ao artigo 42-B e §§1º, 2º, 3º e 4º, ao artigo 42-C e aos inciso IV e §1º do artigo 49 da Lei nº 12.351/2012, bem como ao artigo 48

Esses números encontram-se consolidados nas seguintes tabelas, apresentadas no parecer do senador Vital do Rego,[47] do Estado da Paraíba, relator da matéria no Senado da República:

Tabela 1: Proposta do Substitutivo para repartição dos royalties de 2012 a 2020[48]

ROYALTIES	2010	2011	2012	2013	2014	2015	2016	2017	2018	2019	2020
Total	100%	100%	100%	100%	100%	100%	100%	100%	100%	100%	100%
União	30%	30%	20%	20%	20%	20%	20%	20%	20%	20%	20%
Total dos confrontantes	61,25%	61,25%	40%	38%	36%	34%	32%	29%	27%	26%	26%
Estados confrontantes	26,25%	26,25%	20%	20%	20%	20%	20%	20%	20%	20%	20%
Municípios confrontantes	26,25%	26,25%	17%	15%	13%	11%	9%	7%	5%	4%	4%
Municípios afetados	8,75%	8,75%	3%	3%	3%	3%	3%	2%	2%	2%	2%
Fundo especial	8,75%	8,75%	40%	42%	44%	46%	48%	51%	53%	54%	54%
FPE	7%	7%	20%	21%	22%	23%	24%	25%	26,50%	27%	27%
FPM	1,75%	1,75%	20%	21%	22%	23%	24%	25,50%	26,50%	27%	27%

---

da Lei nº 9.478/1997 e §4º, ao artigo 49 e §§1º, 2º, 3º e 6º, ao artigo 49-A e parágrafo único, ao artigo 49-B e parágrafo único, ao artigo 49-C e parágrafo único, aos §§2º, 4º e 6º do artigo 50, ao artigo 50-A e parágrafo único, ao artigo 50-B e parágrafo único, ao artigo 50-C e parágrafo único, ao artigo 50-D e parágrafo único, ao artigo 50-E e parágrafo único, ao artigo 50-F e parágrafo único da Lei nº 9.478/1997.

[47] Disponível em: http://www.senado.gov.br/noticias/agencia/pdfs/parecer_%20royalties.pdf. Acesso em: 23 out. 2011.
[48] Disponível em: http://www.senado.gov.br/noticias/agencia/pdfs/parecer_%20royalties.pdf. Acesso em: 23 out. 2011. p. 17-18.

Tabela 2: Proposta do Substitutivo para repartição da participação especial de 2012 a 2020[49]

ROYALTIES	2010	2011	2012	2013	2014	2015	2016	2017	2018	2019	2020
Total	100%	100%	100%	100%	100%	100%	100%	100%	100%	100%	100%
União	50%	50%	42%	43%	44%	45%	46%	46%	46%	46%	46%
Total dos confrontantes	50%	50%	39%	37%	34%	31%	29%	27%	25%	24%	24%
Estados confrontantes	40%	40%	34%	32%	29%	26%	24%	22%	20%	20%	20%
Municípios confrontantes	10%	10%	5%	5%	5%	5%	5%	5%	5%	4%	4%
Municípios afetados	0%	0%	0%	0%	0%	0%	0%	0%	0%	0%	0%
Fundo especial	0%	0%	19%	20%	22%	24%	25%	27%	29%	30%	30%
FPE	0%	0%	9,50%	10%	11%	12%	12,50%	13,50%	14,50%	15%	15%
FPM	0%	0%	9,50%	10%	11%	12%	12,50%	13,50%	14,50%	15%	15%

Deles se extrai, com relativa facilidade, que as unidades federadas impactadas pela exploração e produção de petróleo e gás passarão a receber menos participações governamentais do que as unidades federadas que não são impactadas por essa atividade econômica, a quem serão distribuídos os recursos destinados aos chamados "fundos especiais".

Consideramos, todavia, que as modificações legislativas introduzidas pela Lei nº 12.734/2012 violam regras e princípios insculpidos na Carta de 1988, uma análise que, neste trabalho, será desenvolvida em quatro frentes.

---

[49] Disponível em: http://www.senado.gov.br/noticias/agencia/pdfs/parecer_%20royalties.pdf. Acesso em: 23 out. 2011. p. 18.

Em primeiro lugar, procuraremos identificar a natureza jurídica dessas receitas, como forma de verificar a compatibilidade dessa opção política com o texto do §1º do artigo 20 da Constituição. Para tanto, será lançado um olhar sobre as manifestações dos constituintes por ocasião da concepção do texto desse dispositivo constitucional, extraídas do Diário da Assembleia Nacional Constituinte[50] (*mens legislatoris*), sobre a interpretação que lhe é atribuída pela doutrina e pela jurisprudência do Supremo Tribunal Federal (*mens legis*) e sobre o ambiente fático que emoldura a sua aplicação na fase atual do desenvolvimento da indústria do petróleo e do gás natural, como forma de aferir se a descoberta de jazidas no pré-sal orienta, como elemento histórico, o abandono da opinião dos constituintes (*mens legislatoris*) e a modificação da interpretação consolidada sobre o tema (*mens legis*).

Também serão investigadas as modificações legislativas introduzidas pela Lei nº 12.734/2012 é compatível com o princípio da isonomia. Mais especificamente, buscaremos verificar se o Direito brasileiro admite a atribuição do mesmo tratamento legislativo às unidades federadas impactadas pela produção de petróleo e gás e àquelas que não sofrem os reflexos do exercício dessa atividade econômica quando da distribuição de royalties e participação especial.

Averiguaremos, ainda, a opção político-normativa encartada nesse diploma legal é compatível com o princípio federativo. Quanto ao particular, será tomada como premissa de análise a constatação, à luz da Constituição, de que a supressão de parte considerável dos royalties e da participação especial destinados aos Estados e Municípios impactados pela exploração e produção do petróleo e do gás natural obriga essas unidades federadas a empregarem suas receitas ordinárias (destinadas à cobertura das necessidades básicas de suas respectivas populações com saúde, educação, moradia, saneamento básico, infraestrutura viária etc.) para custear os reflexos do exercício dessa atividade econômica, com repercussões sobre a autonomia financeira de tais entes.

De igual modo, intenciona-se demonstrar que a Lei nº 12.734/2012 também é compatível com o princípio da segurança jurídica em razão de procurar impor a aplicação de um novo regime de distribuição de receitas a campos de petróleo e gás que já se encontram em produção,

---

[50] BRASIL. *Diário da Assembleia Nacional Constituinte*. Brasília: Câmara dos Deputados. Disponível em: http://imagem.camara.gov.br/constituinte_principal.asp. Acesso em: 23 out. 2011.

que destinam as participações governamentais em maior proporção aos Estados e Municípios não impactados, fator que frustraria a expectativa dos Estados e Municípios impactados quanto ao recebimento de receitas que já integram os seus respectivos orçamentos e planos plurianuais, atingindo, assim, relações jurídicas já consolidadas.

Concluída a análise da validade constitucional da distribuição dos royalties e da participação especial advindos da exploração e produção de petróleo e gás majoritariamente a Estados e Municípios não impactados (portanto, sem ter em consideração a situação peculiar vivenciada pelos Estados e Municípios impactados), procuraremos enfrentar as consequências jurídicas do impasse que se formou no país a partir da edição da Lei nº 12.734/2012. É que, dado o veto aposto pela Presidência da República aos critérios de distribuição orginalmente previstos pela Lei nº 12.351/2010, esse diploma legislativo passou a não ostentar regra jurídica que discipline a distribuição dos royalties e da participação especial aos Estados e Municípios (como determina o §1º do artigo 20 da Constituição). Há, pois, na hipótese, lacuna no ordenamento jurídico-positivo, que, na linha do que sustenta-se neste trabalho, não foi suprida pela edição de norma válida (dada a inconstitucionalidade da Lei nº 12.734/2012). Por esse motivo, apresentar-se-á, no sexto capítulo, proposta teórica tendente a conferir operatividade à legislação aplicável à atividade petrolífera, como forma de possibilitar, ao mesmo tempo, exploração e produção de petróleo e gás no país e o cumprimento da regra constitucional segundo a qual a essa hipótese fática deve corresponder a distribuição de participações governamentais aos Estados e Municípios impactados pela indústria do petróleo e do gás natural.

Por fim, serão analisados os efeitos do ajuizamento e do julgamento das ações de inconstitucionalidade que impugnam o texto da Lei nº 12.734/2012[51] sobre o ordenamento jurídico e sobre novas iniciativas do poder público e do Parlamento com o propósito de procurar induzir

---

[51] Conforme destacado no Prefácio desta segunda edição, as modificações introduzidas pela Lei nº 12.734/2012 nas Leis nº 9.478/1997 e 12.351/2010 foram impugnadas junto ao Supremo Tribunal Federal mediante a propositura de cinco Ações Diretas de Inconstitucionalidade; a saber: a ADIN nº 4.916 (proposta pelo governador do Estado do Espírito Santo), a ADIN nº 4.917 (proposta pelo governador do Estado do Rio de Janeiro), a ADIN nº 4.918 (proposta pela Mesa Diretora da Assembleia Legislativa do Estado do Rio de Janeiro), a ADIN nº 4.920 (proposta pelo governador do Estado de São Paulo) e a ADIN nº 5.038 (proposta pela Associação Brasileira dos Municípios com Terminais Marítimos, Fluviais e Terrestres de Embarque e Desembarque de Petróleo e Gás Natural (Abramt).

a distribuição das participações governamentais a todas as unidades federadas. Neste ponto, procuraremos demonstrar que a eficácia *erga omnes* das decisões proferidas pelo Supremo Tribunal Federal em controle concentrado de constitucionalidade, a eficácia vinculante dos precedentes e o princípio constitucional da vedação de retrocesso limitam esses efeitos. Desses elementos resulta a proposição, no último capítulo deste trabalho, de que o Excelso Pretório se apresenta, frente ao conflito, como arena deliberativa última e pacificadora da controvérsia federativa que se instaurou entre os Estados e Municípios impactados e não impactados pela exploração e produção de petróleo e gás.

A discussão proposta é relevante, e certamente merece a atenção da comunidade jurídica.

CAPÍTULO 1

IMPORTÂNCIA TEÓRICA E PRÁTICA DA EXTENSÃO DA DISCUSSÃO RELATIVA À DISTRIBUIÇÃO DAS PARTICIPAÇÕES GOVERNAMENTAIS ADVINDAS DA EXPLORAÇÃO E PRODUÇÃO DE PETRÓLEO E GÁS TAMBÉM AOS JURISTAS E AOS APLICADORES DO DIREITO

É sumamente importante a ampliação desse debate, de modo a que também participem das discussões relativas ao tema os juristas (aqui entendidos como professores de Direito, que descrevem as proposições prescritivas colhidas do ordenamento em seus trabalhos doutrinários)[52] e os aplicadores do Direito (assim compreendidos todos

---

[52] Como se terá a oportunidade de expor adiante, no último capítulo deste trabalho, a Ciência Jurídica, campo da atuação do jurista, tem por objeto de análise as normas jurídicas que compõem o ordenamento (Direito). As normas são editadas, como regra, pelo Parlamento, qualificam-se como proposições prescritivas em razão de emitirem comandos que devem ser obedecidos pelos seus destinatários. Analisando-as, o jurista enuncia proposições descritivas, por meio das quais procura descrever o Direito, criando um sistema. Sob certa óptica, o jurista não deve descrever o modo como se dá a aplicação do Direito (decidibilidade), mas apenas e tão somente estudar normas editadas por autoridades consideradas competentes por regramento superior, segundo o procedimento estabelecido por norma superior (Cf., por todos: KELSEN, Hans. *Teoria pura do direito*. Tradução de João Baptista Machado. 7 ed. São Paulo: Martins Fontes, 2006).
É fato, contudo, que a questão da decidibilidade foi aprofundada com o passar dos anos; com destaque para o magistério de Miguel Reale (REALE, Miguel. *Lições preliminares de direito*. 24. ed. São Paulo: Saraiva 1998); e (REALE, Miguel. *Teoria tridimensional do direito*. São Paulo: Saraiva, 1968), que trabalha a aplicação do Direito sobre estrutura tricotômica, que considera a interação entre norma, fato e valor; perspectiva teórica que confere maior abertura ao sistema criado no âmbito da Ciência Jurídica, e que transporta o olhar do jurista, nessa sua atividade descritiva, também para a aplicação do Direito.

aqueles que conferem aplicabilidade a essas proposições prescritivas – dos representantes das partes aos juízes e Tribunais[53] –, e que colaboram para a formação da jurisprudência).[54] Com efeito, a ideia de democracia não lhes impõe a necessária confirmação das escolhas firmadas pelo Parlamento, que, muito embora sejam construídas pelos legítimos representantes do povo, somente são válidas, sobre a óptica do Direito, na medida em que se compatibilizam com o texto da Constituição.[55]

1.1 Notas sobre o controle jurídico das opções políticas majoritárias construídas pelo Parlamento

Foi Carl Schmitt quem disse que "a crença no sistema parlamentar, numa *government by discussion*, pertence ao mundo intelectual do liberalismo" e não à democracia, enfatizando, adiante, que "o liberalismo e a democracia devem ser separados, para que se reconheça a imagem heterogeneamente montada que constituiu a moderna democracia de massas".[56] Essa compreensão é deveras importante, pois a circunstância de a democracia ter como suporte inelimível o princípio majoritário não significa que o princípio democrático admite o absolutismo (ou o domínio) da maioria,[57] como leciona José Joaquim Gomes Canotilho.

---

[53] Como sustentado alhures (MADUREIRA, Claudio Penedo. *Direito, processo e justiça*: o processo como mediador adequado entre o direito e a justiça. Salvador: JusPodivm, 2014), o Direito aplicado aos casos concretos é uma obra coletiva, produto da interação entre todos os agentes processuais, que colaboram entre si, quando da apresentação dos seus respectivos argumentos, para a construção da norma individual solucionadora da contenda. Assim, não apenas os juízes e Tribunais, mas também os representantes das partes colaboram para a construção do juízo externado na sentença, e, no limite, para a formação dos precedentes judiciais que compõem a jurisprudência.

[54] Sobre o assunto, ler também MITIDIERO, Daniel Francisco. *Colaboração no processo civil*: pressupostos sociais, lógicos e éticos. São Paulo: Revista dos Tribunais, 2009.

[55] Até porque, como disse Cappelletti, "não há meio termo entre estas duas alternativas. Ou a Constituição é uma lei fundamental, superior e não mutável pelos meios ordinários, ou ela é colocada no mesmo nível dos atos legislativos ordinários e, como estes, pode ser alterada ao gosto do Poder Legislativo. Se é correta a primeira alternativa, então é preciso concluir que um ato legislativo contrário à Constituição não é lei; se é correta, ao contrário, a segunda alternativa, então quer dizer que as Constituições escritas outra coisa não são que absurdas tentativas de limitar um poder que é, por sua natureza, ilimitável" (CAPPELLETTI, Mauro. *O controle judicial de constitucionalidade das leis no direito comparado*. Tradução de Aroldo Plinio Goncalves. 2. ed. Porto Alegre: Sergio Antonio Fabris, 1992. p. 47-48).

[56] SCHMITT, Carl. *A crise da democracia parlamentar*. Tradução de Inês Lohbauer. São Paulo: Scritta, 1996. p. 10.

[57] CANOTILHO, José Joaquim Gomes. *Direito constitucional e teoria da Constituição*. 7. ed. Coimbra: Almedina, 2000. p. 329.

A propósito, Canotilho adverte que "a maioria não pode dispor de toda 'legalidade', ou seja, não lhe está facultado, pelo simples facto de ser maioria, tornar disponível o que é indisponível", o que implica reconhecer que o direito da maioria sempre estará em concorrência com o direito das minorias, notadamente no que se refere aos direitos, liberdades e garantias e, em geral, a toda a disciplina constitucionalmente fixada, contexto em que "o princípio da constitucionalidade sobrepõe-se ao princípio maioritário".[58]

Exatamente por esse motivo é que não se pode ter por absoluta a separação entre os Poderes, contexto em que o Parlamento assume o papel do Legislativo, mas com limitações,[59] o que torna relativo o racionalismo situado na base da ideia do balanceamento (próprio da teoria republicana) e diferencia esse sistema daquele racionalismo absoluto do Iluminismo (próprio da teoria liberal),[60] como leciona Carl Schmitt.[61] Dentro dessa óptica republicana, que é inerente ao sistema jurídico brasileiro,[62] a separação entre os poderes torna-se essencial para a busca da justiça, que vai aqui entendida como um ideal objetivo, desvinculado do sentimento popular, pois, como disse Owen Fiss,

---

[58] CANOTILHO. Idem, 2000. p. 329.

[59] A propósito, confira-se também essa outra passagem da obra de Canotilho: "Embora se defenda a inexistência de uma separação absoluta de funções, dizendo-se simplesmente que a uma função corresponde um titular principal, sempre se coloca o problema de saber se haverá um núcleo essencial caracterizador do princípio da separação e absolutamente protegido pela Constituição. Em geral, afirma-se que a nenhum órgão podem ser atribuídas a outro. Quer dizer: o princípio da separação exige, a título principal, a correspondência entre órgão e função e só admite excepções quando não for sacrificado o seu núcleo essencial" (CANOTILHO. Op. cit., 2000. p. 559).

[60] Canotilho pontua a distinção entre essas duas abordagens teóricas na seguinte passagem de sua obra: "A teoria liberal assenta nos seguintes postulados: (1) a política é um meio para a prossecução de fins, estando estes fins radicados numa esfera de liberdade social preexistente à própria política; (2) o processo democrático serve para colocar o Estado ao serviço da sociedade, reduzindo-se este Estado a um aparelho administrativo e estruturando-se a sociedade como um sistema econômico baseado no comércio entre pessoas privadas; (3) a política deve orientar-se no sentido de prosseguir estes interesses privados perante um aparelho administrativo que se transformou em poder especializado de prossecução de fins colectivos. [...] Segundo a teoria republicana a política é uma dimensão constitutiva da formação da vontade democrática e por isso: (1) assume a forma de um compromisso ético-político referente a uma identidade colectiva no seio da comunidade; (2) não existe espaço social fora do espaço político traduzindo-se a política numa forma de reflexão do bem comum; (3) a democracia é, desta forma, a auto-organização política da comunidade no seu conjunto" (CANOTILHO. Op. cit., 2000. p. 1414-1415).

[61] SCHMITT. Op. cit., p. 38-39.

[62] Afinal, o Brasil se apresenta como uma República Federativa, como se depreende do texto do artigo 1º da Constituição de 1988 ("Art. 1º A República Federativa do Brasil, formada pela união indissolúvel dos Estados e Municípios e do Distrito Federal, constitui-se em Estado Democrático de Direito e tem como fundamentos [...].").

"supõe-se que as Cortes fazem o que é certo, e não o que é popular".[63] Essa forma de independência, argumenta o professor norte-americano, "também permite que o Judiciário, ao se manter em consonância com a doutrina de separação de poderes, aja como uma força em contrapeso no Estado, verificando a ocorrência de abusos de poder por parte do Legislativo e Executivo".[64] Essa é, pois, a conformação e a missão do "sistema de freios e contrapesos", que constitui, nas palavras de Paulo Bonavides, a primeira correção essencial que se impôs ao princípio democrático, como decorrência, até certo ponto empírica, da prática constitucional.[65]

Por isso é que, como há muito observaram os *federalistas* Hamilton, Madson e Jay, os Tribunais têm "o dever de declarar nulos todos os atos contrários ao manifesto espírito da Constituição", pois, a ser de outro modo, "todas as restrições contra os privilégios ou concessões particulares serão inúteis".[66] O Poder Judiciário é, pois, instituição estratégica nas democracias contemporâneas, cuja atuação não se limita às funções meramente declarativas do Direito, e por isso deve se impor, entre os Poderes da República, como uma agência indutora de um efetivo sistema de *checks and balances* e da garantia individual e cidadã,[67] conforme lecionam os cientistas políticos Luiz Werneck Vianna, Maria Alice Resende de Carvalho, Manuel Palácios Cunha Melo e Marcelo Baumann Burgos.

Não se questiona, entre nós, a legitimação democrática do Poder Judiciário para proceder ao controle da constitucionalidade das leis. Essa atividade lhe é conferida pela própria Constituição, que, enquanto norma fundante, encontra-se plenamente autorizada a estabelecer

---

[63] FISS, Owen. O correto grau de independência. In: FISS, Owen. *Um novo processo civil*: estudos norte-americanos sobre jurisdição, Constituição e sociedade. Tradução de Daniel Porto Godinho da Silva e Melina de Medeiros Rós. Coordenação da tradução de Carlos Alberto de Salles. São Paulo: Revista dos Tribunais, 2004. p. 155. Até porque, conforme leciona Raffaele De Giorgi, "a ideia de representação parlamentar exprime publicamente os temas da política, organizando as decisões de modo a produzir consenso, não obstante o dissenso sobre os princípios" (DE GIORGI, Raffaele. *Direito, democracia e risco*: vínculos com o futuro. Porto Alegre: Sergio Antonio Fabris, 1998. p. 41).

[64] FISS. Op. cit., 2004b. p. 155.

[65] BONAVIDES, Paulo. *Do Estado liberal ao Estado social*. 8. ed. São Paulo: Malheiros, 2007. p. 74.

[66] HAMILTON, Alexander; MADISON, James; JAY, John. *O federalista*. Belo Horizonte: Líder, 2003. p. 471.

[67] VIANNA, Luiz Werneck; MELO, Manuel Palácios Cunha; BURGOS, Marcelo Baumann. *A judicialização da política e das relações sociais no Brasil*. Rio de Janeiro: Revan, 1999. p. 24.

os contornos da atuação de cada um dos Poderes da República, concebendo, nesse contexto, mecanismos que impeçam a edição de leis que a contradigam, entre os quais se destaca o controle judicial da constitucionalidade das leis. Assim não fosse, não estaria o Supremo Tribunal Federal, dia após dia, a exercê-lo, seja de forma indireta (controle difuso), quando processa recursos extraordinários interpostos no corpo de ações judiciais mantidas entre particulares, ou entre eles e a Administração Pública, seja de forma direta, ou abstratamente (controle concentrado), quando aprecia ações de inconstitucionalidade.

1.2 A democracia deliberativa e a relevância da deliberação pública sobre os temas discutidos em âmbito político-parlamentar

Nisso não reside qualquer ofensa à democracia. Canotilho alude, em sua obra, a diversas dimensões do princípio democrático, dispondo, adiante, que somente a partir delas é que "se conseguirá explicar a relevância dos vários elementos que as teorias clássicas procuravam unilateralmente transformar em *ratio* e *ethos* da democracia".[68]

Nessa senda, o professor português refere-se à democracia representativa, que ele qualifica, entre outros fatores, pela existência de órgãos representativos, eleições periódicas, pluralismo partidário, separação de poderes, e à democracia participativa, que ele coliga à "estruturação de processos que ofereçam aos cidadãos efectivas possibilidades de aprender a democracia, participar nos processos de decisão, exercer controlo crítico na divergência de opiniões".[69] Em outra passagem, após discorrer sobre as particularidades da aplicação do Direito de nosso tempo, refere-se, ainda, à democracia deliberativa, cujos contornos principais seriam a existência de uma política deliberativa assente na ideia de virtude cívica, assim como a possibilidade de que se promova a igualdade entre os participantes no processo político, o consentimento universal nas disputas normativas por meio da razão prática e os direitos de participação dos cidadãos na vida pública, pela via do controle dos seus representantes.[70]

---

[68] CANOTILHO. Op. cit., 2000. p. 288.
[69] Ibid.
[70] Canotilho refere-se, ainda, à "democracia discursiva", que atribui a Habermas, e que, em sua opinião, distingue-se do "republicanismo liberal norte-americano", e da "democracia

Sobre essa última acepção de democracia, André Ramos Tavares acentua que "uma das obras contemporâneas que mais influenciou o debate sobre o assunto, considerada como referencial obrigatório, é a de Amy Gutmann e Dennis Thompson".[71] Para esses professores norte-americanos "a democracia deliberativa afirma a necessidade de justificar decisões tomadas por cidadãos e seus representantes", em um contexto em que se espera "que ambos justifiquem as leis que eles imporiam um ao outro".[72]

---

deliberativa", por não se assentar "em direitos universais do homem (ou direitos preexistentes na perspectiva liberal) nem na moral social de uma comunidade determinada (como sustenta a visão republicana), mas em regras de discussão, formas de argumentar, institucionalização de processos [...], cujo fim é proporcionar uma solução nacional e universal a questões problemáticas, morais e éticas da sociedade" (CANOTILHO. Op. cit., 2000. p. 1416-1417). Mas é possível compreender a "democracia deliberativa" e a "democracia discursiva" como uma mesma acepção de democracia, designada simplesmente como "democracia deliberativa". André Ramos Tavares, tendo em vista essa distinção entre a "democracia discursiva" e a "democracia deliberativa", admite que dessas opções terminológicas possam "ocasionar confusões conceituais de correntes de armadilhas da linguagem" (TAVARES, André Ramos. Democracia deliberativa: elementos, aplicações e implicações. *Revista Brasileira de Estudos Constitucionais – RBEC*, Belo Horizonte, ano 1, n. 1 p. 79, nota de rodapé, jan./mar. 2007), e a elas se refere como sendo uma só categoria, quando, adiante, observa que a "democracia deliberativa é também conhecida como dialógica, consensual, inclusiva ou discursiva" (TAVARES. Op. cit., p. 79). Demais disso, Habermas, identificado por Canotilho como precursor da "democracia discursiva", refere-se reiteradamente a uma "política deliberativa", por ele classificada como o âmago do processo democrático, e que ele procura distinguir da concepção do Estado tido como protetor de uma sociedade econômica e do conceito republicano de uma comunidade ética institucionalizada na forma de Estado (HABERMAS, Jürgen. *Direito e democracia entre facticidade e validade*. Tradução de Flávio Beno Siebeneichler. Rio de Janeiro: Tempo Brasileiro, 2003. v. 2, p. 18). Tal não bastasse, mesmo Alexy, celebrizado pelo desenvolvimento da teoria do discurso, designa essa dimensão do princípio democrático como "democracia deliberativa", dispondo taxativamente que "o princípio do discurso exige a democracia deliberativa" (ALEXY, Robert. A institucionalização da razão. In: ALEXY, Robert. *Constitucionalismo discursivo*. Tradução de Luís Afonso Heck. Porto Alegre: Livraria do Advogado, 2007. p. 35). Para Alexy, "a democracia deliberativa é mais que um procedimento para a produção de uma compensação de interesses ótima abaixo do limite de ditadura ou guerra civil", pois, "nela, o plano dos interesses e do poder é coberto por um plano dos argumentos, no qual todos os participantes lutam por uma solução política correta" (ALEXY. Op. cit., 2007a. p. 35). Portanto, neste trabalho optou-se por abordá-las como expressões sinônimas.

[71] TAVARES. Op. cit., p. 81.
[72] GUTMAN, Amy; THOMPSON, Dennis. O que significa democracia deliberativa. Tradução de Bruno Oliveira Maciel. *Revista Brasileira de Estudos Constitucionais – RBEC*, Belo Horizonte, ano 1, n. 1, p. 19, jan./mar. 2007. Esse texto, publicado no primeiro número da Revista Brasileira de Estudos Constitucionais, editado sob a coordenação de André Ramos Tavares e Pedro Buck, compõe o primeiro capítulo da obra "Why deliberative democracy?" (GUTMAN, Amy; THOMPSON, Dennis. *Why deliberative democracy?*. Princeton: Princeton University Press, 2004).

Ainda acerca dessa acepção de democracia, Claudio Pereira de Souza Neto leciona que "a democracia deliberativa surge, nas duas últimas décadas do século XX, como alternativa às teorias da democracia então predominantes, as quais a reduziam a um processo de agregação de interesses particulares, cujo objetivo seria a escolha de elites governantes".[73] Conforme Souza Neto, a democracia deliberativa contrapõe-se a essas "teorias agregativas", e assume como premissa a compreensão de que o processo democrático não pode se restringir à prerrogativa popular de eleger representantes (já que a experiência histórica demonstra que democracia assim concebida, pode ser amesquinhada e manipulada), devendo, portanto, "envolver, além da escolha de representantes, também a possibilidade efetiva de se deliberar publicamente sobre as questões a serem decididas".[74]

1.3 A discussão relativa à constitucionalidade da distribuição das participações governamentais a todas as unidades federadas como objeto de conhecimento de juristas e aplicadores do Direito

No plano da Ciência, é absolutamente relevante o enfrentamento da discussão relativa à validade constitucional da proposição parlamentar de distribuir os royalties e a participação especial advindos da exploração e produção de petróleo e gás a todas as unidades federadas, sobretudo em vista do texto da Lei nº 12.734/2012, que determina a distribuição majoritariamente a Estados e Municípios que não são impactados por essa atividade econômica. Com efeito, se os cidadãos e seus representantes devem justificar as leis que querem impor uns aos outros (Gutmann e Thompson), e se (como cediço) os

---

[73] SOUZA NETO, Claudio Pereira de. Deliberação pública, constitucionalismo e cooperação democrática. *Revista Brasileira de Estudos Constitucionais – RBEC*, Belo Horizonte, ano 1, n. 1, p. 104, jan./mar. 2007. A propósito, o historiador Sérgio Buarque de Holanda, adverte, referindo-se ao caso brasileiro, que "a democracia no Brasil sempre foi um lamentável mal-entendido", dispondo, no ensejo, que "uma aristocracia rural e semifeudal importou-a e tratou de acomodá-la, onde fosse possível, aos seus direitos ou privilégios, os mesmos privilégios que tinham sido, no Velho Mundo, o alvo da luta da burguesia contra os aristocratas", e que "assim puderam incorporar à situação tradicional, ao menos como fachada ou decoração externa, alguns lemas que pareciam os mais acertados para a época e eram exaltados nos livros e nos discursos" (HOLANDA, Sérgio Buarque de. *Raízes do Brasil*. 26. ed. São Paulo: Companhia das Letras, 1995. p. 146).

[74] SOUZA NETO. Op. cit., p. 104.

debates realizados no Parlamento baseiam-se (como regra) em argumento políticos, não abarcando (conforme se verificou na hipótese analisada por este livro) os aspectos jurídicos subjacentes às escolhas realizadas pelos parlamentares, é importante que a doutrina jurídica se apresente como foro qualificado para a deliberação pública sobre o tema (Souza Neto), para que não sejam olvidados, nesse contexto, os aspectos jurídicos. Inclusive, como forma de simular, e também de orientar, a sua discussão, em sede própria, pelos aplicadores do Direito. Nesse caso, ou seja, na hipótese de o Poder Judiciário vir a ser chamado a se manifestar sobre o tema (como ocorreu a partir da propositura das ADINs nº 4.916, 4.917, 4.918, 4.920 e 5.038), também ele, Judiciário, apresentar-se-á como arena deliberativa[75] adequada à tal discussão.

---

[75] Para utilizar a expressão consagrada por Luigi Bobbio (BOBBIO, Luigi. As arenas deliberativas. *Revista Brasileira de Estudos Constitucionais – RBEC*, Belo Horizonte ano 1, n. 1, p. 144-170, jan./mar. 2007).

CAPÍTULO 2

O §1º DO ARTIGO 20 DA CONSTITUIÇÃO E A DISTRIBUIÇÃO ÀS UNIDADES FEDERADAS DAS PARTICIPAÇÕES GOVERNAMENTAIS ADVINDAS DA EXPLORAÇÃO E PRODUÇÃO DE PETRÓLEO E GÁS

A distribuição das participações governamentais advindas da exploração e produção do petróleo e do gás natural a todas as unidades federadas, sem ter em conta a situação particular vivenciada pelos Estados e Municípios afetados pelo exercício dessa atividade econômica (Estados e Municípios impactados), viola o §1º do artigo 20 da Constituição, que (como dito) assegura "aos Estados, ao Distrito Federal e aos Municípios [e também a órgãos da administração direta da União], participação no resultado da exploração de petróleo ou gás natural [entre outros recursos naturais] no respectivo território, plataforma continental, mar territorial ou zona econômica exclusiva, ou compensação financeira por essa exploração".

Esse é o contexto em que se inserem os royalties e a participação especial pagos às unidades federadas como decorrência da exploração e produção de petróleo e gás. No ensejo, cumpre citar Rodrigo Caramori Petry, ao lecionar que "as empresas envolvidas na exploração de petróleo e gás natural estão sujeitas a uma série de cobranças, chamadas genericamente de 'participações governamentais'", dispondo que a principal dessas participações "é denominada royalties, cuja cobrança é administrada pela Agência Nacional do Petróleo, Gás Natural e Biocombustíveis (ANP), com base na Lei nº 9.478/1997 e seu regulamento (Decreto nº 2.705/1998)";[76] e dispõe, ainda, que "a Lei do Petróleo em vigor também prevê no inc. III de seu art. 45 uma outra cobrança a ser paga pelas concessionárias nas atividades ligadas ao petróleo e gás", chamada "participação especial", que se apresenta como "espécie de adicional da participação comum (os royalties, comentados no item anterior), arrecadada em benefício dos Estados, dos Municípios e de órgãos da União Federal",[77] e que "será devida apenas nos casos de grande volume de produção ou de rentabilidade na exploração e produção de petróleo e gás".[78] A propósito, Luiz Henrique Travassos Machado observa que essas duas modalidades de participações governamentais, que são pagas aos Estados e Municípios, e também a órgãos da Administração direta da União Federal, pela exploração e produção de petróleo e gás no país, "são responsáveis pela quase totalidade dos recursos distribuídos a esse título, correspondendo a cerca de 95,75% entre janeiro de 2005 e julho de 2010".[79]

O primeiro diploma legal a disciplinar o pagamento dessas retribuições financeiras aos Estados e Municípios, após a promulgação da Constituição de 1988, foi a Lei nº 7.990/1989, que também dispõe sobre aspectos[80] da "Compensação pela Utilização de Recursos Hídricos"[81] e institui a "Compensação Financeira pela Exploração de Recursos

---

[76] PETRY, Rodrigo Caramori. Compensações financeiras, participações e outras cobranças estatais sobre empresas dos setores de mineração, energia, petróleo e gás. *Revista Tributária e de Finanças Públicas*, São Paulo, ano 17, n. 89, nov./dez. 2009. p. 263.
[77] PETRY. Idem, p. 268.
[78] PETRY. Ibidem, p. 269.
[79] MACHADO, Luiz Henrique Travassos. Federalismo e os *royalties* do petróleo. *Revista Tributária e de Finanças Públicas*, São Paulo, ano 19, n. 98, p. 44, maio/jun. 2011.
[80] Como se infere de seus artigos 3º, 4º e 5º.
[81] Atualmente regida, nos termos seguintes, pelo artigo 17 da Lei Federal nº 9.648/1998, que tem redação dada pela Lei Federal nº 9.984/2000: "Art. 17. A compensação financeira pela utilização de recursos hídricos de que trata a Lei nº 7.990, de 28 de dezembro de 1989, será de seis inteiros e setenta e cinco centésimos por cento sobre o valor da energia elétrica produzida, a ser paga por titular de concessão ou autorização para exploração de potencial hidráulico aos Estados, ao Distrito Federal e aos Municípios em cujos territórios se localizarem instalações destinadas à produção de energia elétrica, ou que tenham áreas invadidas por águas dos respectivos reservatórios, e a órgãos da administração direta da União. §1º Da compensação financeira de que trata o *caput*: – seis por cento do valor da energia produzida serão distribuídos entre os Estados, Municípios e órgãos da administração direta da União, nos termos do art. 1º da Lei nº 8.001, de 13 de março de 1990, com a redação dada por esta Lei; II – setenta e cinco centésimos por cento do valor da energia produzida serão destinados ao Ministério do Meio Ambiente, para aplicação na implementação da Política Nacional de Recursos Hídricos e do Sistema Nacional de Gerenciamento de Recursos Hídricos, nos termos do art. 22 da Lei nº 9.433, de 8 de janeiro

Minerais" (comumente designada como CFEM).[82] No que se refere especificamente à atividade de exploração e produção de petróleo e gás, o artigo 8º da Lei nº 7.990/1989 (que tem redação dada pela Lei nº 8.001/1990) disciplina como será paga a compensação financeira devida pela sua extração e a designa taxativa e textualmente "indenização". Nos precisos termos da lei:

> Art. 8º O pagamento das compensações financeiras previstas nesta Lei, inclusive o da *indenização* pela exploração do petróleo, do xisto betuminoso e do gás natural será efetuado, mensalmente, diretamente aos Estados, ao Distrito Federal, aos Municípios e aos órgãos da Administração Direta da União, até o último dia útil do segundo mês subsequente ao do fato gerador, devidamente corrigido pela variação do Bônus do Tesouro Nacional (BTN), ou outro parâmetro de correção monetária que venha a substituí-lo, vedada a aplicação dos recursos em pagamento de dívida e no quadro permanente de pessoal (grifamos).

Dispondo desse modo, o legislador recuperou a qualificação atribuída pela redação originária do artigo 27 da Lei nº 2.004/1957 às participações governamentais advindas da atividade de exploração e produção de petróleo e gás. Eis a redação literal do dispositivo:

> Art. 27. A Sociedade e suas subsidiárias *ficam obrigadas a pagar* aos Estados e Territórios onde fizerem a lavra de petróleo e xisto betuminoso e a extração de gás, *indenização correspondente a 5% (cinco por cento) sobre o valor do óleo extraído ou do xisto ou do gás* (grifamos).

Esse ato legislativo inaugurou uma nova fase na regulamentação legislativa dessa atividade econômica, como observa Gustavo Kaercher Loureiro, da Universidade de Brasília, no seu excelente estudo sobre as participações governamentais na indústria do petróleo e do gás

---

de 1997, e do disposto nesta Lei. §2º A parcela a que se refere o inciso II do §1º constitui pagamento pelo uso de recursos hídricos e será aplicada nos termos do art. 22 da Lei nº 9.433, de 1997".

[82] Como se infere do texto de seu artigo 6º: "A compensação financeira pela exploração de recursos minerais, para fins de aproveitamento econômico, será de até 3% (três por cento) sobre o valor do faturamento líquido resultante da venda do produto mineral, obtido após a última etapa do processo de beneficiamento adotado e antes de sua transformação industrial".

natural.[83] Loureiro faz uma análise histórica da legislação que regula a exploração de recursos naturais, abordando a disciplina jurídica dessa atividade econômica desde o Período Colonial até a Constituição de 1988. Dessa análise se pode inferir que, desde sempre, a legislação tratou as participações governamentais advindas da exploração de recursos naturais como indenização.

Essa descrição taxativa e textual da retribuição financeira paga aos Estados e Municípios como indenização foi mantida na redação dada ao artigo 27 da Lei nº 2.004/1953 e pelas Leis nº 3.257/1957[84] e 7.453/1985.[85] Na verdade, somente em 1989, com a edição da Lei nº 7.990/1989, é que o texto desse artigo 27 da Lei nº 2.004/1953 deixou de empregar o termo "indenização", passando a qualificar a referida contraprestação simplesmente como compensação financeira. Confira-se a redação atual do preceito:

> Art. 27. A sociedade e suas subsidiárias *ficam obrigadas a pagar a compensação financeira* aos Estados, Distrito Federal e Municípios, correspondente a 5% (cinco por cento) sobre o valor do óleo bruto, do xisto betuminoso e do gás extraído de seus respectivos territórios, onde se fixar a lavra do petróleo ou se localizarem instalações marítimas ou terrestres de embarque ou desembarque de óleo bruto ou de gás natural, operados pela Petróleo Brasileiro S.A. – PETROBRÁS, obedecidos os seguintes critérios: [...]. (Redação dada pela Lei nº 7.990, de 1989) (grifamos).

Mas isso não quer dizer, em absoluto, que a partir de então a retribuição financeira paga aos Estados e Municípios como decorrência da atividade de exploração e produção de petróleo e gás deixou de ser considerada indenização.

---

[83] A propósito, cf. LOUREIRO, Gustavo Kaercher. *Participações governamentais na indústria do petróleo*: evolução normativa. Porto Alegre: SAFE, 2012.

[84] Lei 2.004. "Art. 27. A sociedade e suas subsidiárias ficam obrigadas a pagar *indenização* correspondente a 4% (quatro por cento) sôbre o valor do óleo extraído ou do xisto ou do gás aos Estados e Territórios onde fizerem a lavra do petróleo e xisto betuminoso e a extração de gás, de indenização de 1% (um por cento) aos Municípios onde fizerem a mesma lavra ou extração. (Redação dada pela Lei nº 3.257, de 1957)" (grifos nossos).

[85] Lei 2.004. "Art. 27 - A Sociedade e suas subsidiárias ficam obrigadas a pagar *indenização* correspondente a 4% (quatro por cento) aos Estados ou Territórios e 1% (um por cento) aos Municípios, sobre o valor do óleo, do xisto betuminoso e do gás extraídos de suas respectivas áreas, onde se fizer a lavra do petróleo. (Redação dada pela Lei nº 7.453, de 1985)" (grifos nossos).

Em primeiro lugar, porque a Lei nº 8.001/1990 incorporou ao ordenamento jurídico-positivo nova referência ao caráter indenizatório da referida retribuição financeira, o que se infere da simples leitura da redação atual do artigo 8º da Lei nº 7.990/1989 (referenciado) que tem redação dada por esse novo diploma.[86] Conquanto a Lei nº 8.001/1990 seja norma posterior, e por isso represente a última expressão da vontade legislativa, não se opera, na hipótese, a revogação tácita do artigo 27 da Lei nº 2.004/1953, na redação que lhe dá a Lei nº 7.990/1989, precisamente porque a expressão "compensação financeira", empregada nesse dispositivo, não é semanticamente incompatível com o vocábulo "indenização", empregado na redação original do mesmo artigo 27 da Lei nº 2.004/1953 e na redação atual do artigo 8º da Lei nº 7.990/1989. Demais disso, a redação conferida pela Lei nº 8.001/1990 ao artigo 8º da Lei nº 7.990/1998 reforça a noção de que a referida retribuição financeira ostenta natureza indenizatória.

Em segundo lugar, porque, como se terá a oportunidade de adiante demonstrar, a Constituição de 1988, quando disciplinou a matéria no §1º do seu artigo 20, qualificou as participações governamentais devidas às unidades federadas pela exploração de recursos naturais como espécie de indenização. Essa conclusão decorre claramente dos limites semânticos do texto desse dispositivo constitucional, e também das deliberações parlamentares relativas à sua construção em âmbito político (*mens legislatoris*) e da interpretação que correntemente lhe é atribuída pela doutrina e pela jurisprudência do Supremo Tribunal Federal (*mens legis*).

2.1 Limites semânticos do texto do §1º de artigo 20 da Constituição

A leitura do §1º do artigo 20 da Constituição revela que o constituinte originário conferiu aos Estados e aos Municípios a participação

---

[86] Lei nº 7.990. "Art. 8º O pagamento das compensações financeiras previstas nesta Lei, inclusive o da indenização pela exploração do petróleo, do xisto betuminoso e do gás natural será efetuado, mensalmente, diretamente aos Estados, ao Distrito Federal, aos Municípios e aos órgãos da Administração Direta da União, até o último dia útil do segundo mês subsequente ao do fato gerador, devidamente corrigido pela variação do Bônus do Tesouro Nacional (BTN), ou outro parâmetro de correção monetária que venha a substituí-lo, vedada a aplicação dos recursos em pagamento de dívida e no quadro permanente de pessoal."

no resultado da exploração e produção do petróleo e do gás natural (entre outros recursos naturais), no respectivo território, plataforma continental, mar territorial ou zona econômica exclusiva, ou a compensação financeira pelo exercício dessa atividade econômica.[87] Diante do texto da Constituição, duas interpretações são possíveis: ou se admite que o termo "respectivo", contido no §1º do seu artigo 20, refere-se apenas ao território, o que, em tese, autorizaria a distribuição a todos os Estados e Municípios dos royalties e da participação especial na plataforma continental, no mar territorial ou na zona econômica exclusiva; ou se admite que tal vocábulo refere-se não apenas ao território, mas também à plataforma continental, ao mar territorial e à zona econômica exclusiva correspondentes a esse território, o que indica que essas retribuições financeiras devem ser distribuídas tão somente (ou, quando menos, preponderantemente) aos Estados e Municípios confrontantes com campos de petróleo e gás situados na costa brasileira (Estados e Municípios impactados). Essa circunstância é destacada por Gustavo Kaercher Loureiro, na seguinte passagem doutrinária:

> A bem guardar, gramaticalmente, o termo em questão pode reger tanto apenas o "território" quanto o que se segue ("plataforma continental", "mar territorial" e "zona econômica exclusiva"). Na primeira hipótese, a

---

[87] CRFB. "Art. 20 [...] §1º. É assegurada, nos termos da lei, aos Estados, ao Distrito Federal e aos Municípios, bem como a órgãos da administração direta da União, participação no resultado da exploração de petróleo ou gás natural, de recursos hídricos para fins de geração de energia elétrica e de outros recursos minerais no respectivo território, plataforma continental, mar territorial ou zona econômica exclusiva, ou compensação financeira por essa exploração". Observe-se, a propósito, a distinção conceitual entre a participação no resultado da exploração de petróleo e gás e compensação financeira pelo exercício dessa atividade econômica é irrelevante para os fins a que se propõe esta Ação Direta de Inconstitucionalidade. A uma, porque, como leciona Kiyoshi Harada, "a lei optou pelo regime da compensação financeira por ser o mais prático do ponto de vista operacional, o que permite concluir "que a compensação financeira surge como sucedâneo da participação no resultado da exploração de recursos naturais" (HARADA. Op. cit., p. 55). Nesse mesmo sentido se posiciona Regis Fernandes de Oliveira, para quem "o constituinte não foi técnico ou juridicamente preciso, ao utilizar os termos constantes do §1º do art. 20 da Constituição", porque "ambos quiseram referir-se à mesma coisa", ou, em síntese, "o constituinte utilizou duas palavras, sem dar-lhes conteúdo específico e jurídico, querendo dizer que, nas hipóteses mencionadas, haverá divisão dos resultados da produção" (OLIVEIRA, Regis Fernandes de. *Curso de direito financeiro*. São Paulo: Revista dos Tribunais, 2007. p. 219-220). A duas, porque, como se verá adiante, tanto os constituintes quanto os intérpretes da Constituição, com destaque para os posicionamentos da doutrina e da jurisprudência do Supremo Tribunal Federal, qualificam essa retribuição financeira como espécie de indenização, que visa a compensar os Estados e Municípios afetados pela exploração de recursos naturais pelos reflexos dessa atividade econômica sobre suas contas públicas e sobre o modo de vida de suas respectivas populações, ou seja, pelos riscos e custos inerentes à atividade extrativista.

Lei de que fala a norma constitucional deveria reconhecer uma vinculação precisa entre exploração, participação e território estadual/municipal; menos rígido poderia ser este vínculo em se tratando de distribuir a participação oriunda da exploração na plataforma continental, pois que a Constituição não exigiria o nexo (o "respectivo" não rege a plataforma continental). De consequência, poder-se-ia pensar em uma distribuição total dos recursos, entre todos os sujeitos aí referidos, em condições de absoluta igualdade. Já pela segunda interpretação, alcançando o termo "respectivo" todas as localizações indicadas, manter-se-ia o tratamento diferenciado em qualquer circunstância. Direito possui o Estado ou Município em cujo território ou em cuja plataforma continental se realiza a exploração.[88]

A propósito, Loureiro observa que contra a prevalência dessa segunda interpretação pode ser objetado que "juridicamente não existe plataforma continental estadual ou municipal", de maneira que o termo "respectivo", mencionado no texto do §1º do artigo 20 da Constituição, deveria significar apenas o território, fator que, em tese, autorizaria o legislador a repartir como lhe aprouvesse o resultado da exploração de recursos naturais fora do respectivo território, ou seja, na plataforma continental, no mar territorial ou na zona econômica exclusiva.[89] Mas adverte, em resposta à semelhante objeção, que, "rigor por rigor, sequer 'órgão da União' possui uma sua plataforma continental".[90] Assim, sob essa óptica, nenhum dos destinatários desse dispositivo constitucional poderia ser beneficiado pelas retribuições financeiras devidas pela exploração de recursos naturais na plataforma continental, no mar territorial ou na zona econômica exclusiva.

Acrescente-se a isso que os órgãos da União Federal tampouco possuem território. Destarte, essa interpretação conduziria à total inaplicabilidade do dispositivo aos órgãos da União Federal (que formalmente não têm território, plataforma continental, mar territorial ou zona econômica exclusiva) e à sua aplicação apenas parcial aos Estados e Municípios (que formalmente não têm plataforma continental, mar territorial ou zona econômica exclusiva).

Aliás, a prevalência dessa interpretação impediria, em qualquer hipótese, o recebimento de participações governamentais por Estados

---

[88] LOUREIRO. *Participações governamentais na indústria do petróleo: Evolução Normativa*, p. 170-171.
[89] Idem.
[90] Ibidem.

e Municípios não impactados pela exploração e produção de petróleo e gás. A uma, porque essa atividade econômica não é desenvolvida em seus respectivos territórios,[91] o que obsta o recebimento dos royalties e da participação especial decorrentes da sua produção em terra (*onshore*). A duas, porque, como os Estados e Municípios impactados, essas unidades federadas também não possuem plataforma continental, mar territorial ou zona econômica exclusiva, de modo que a mesma consequência que se pretende impor aos Estados e Municípios impactados também lhes seria aplicável. A três, porque é imprecisa a afirmação de que, sob esse ponto de vista, o legislador poderia distribuir esses recursos como melhor lhe aprouvesse. Com efeito, a prevalecer essa interpretação, a Constituição teria fechado as portas para o pagamento a Estados e Municípios (a todos eles) de participações governamentais advindas da exploração de recursos naturais fora dos seus respectivos territórios, e, como se sabe, não pode a lei, quando do disciplinamento da distribuição desses recursos, contrariar a Constituição, dada a posição de supremacia assumida por essa Carta Política na ordem jurídica.[92]

A rigor, a lógica da interpretação segundo a qual os Estados e Municípios impactados em razão de não possuírem plataforma continental, mar territorial ou zona econômica exclusiva somente podem ser compensados – nos termos do §1º do artigo 20 da Constituição – pela exploração de recursos naturais em seus respectivos territórios, quando aplicada aos órgãos da União Federal e às demais unidades federadas esvazia por completo o sentido da expressão "plataforma continental, mar territorial ou zona econômica exclusiva", o que, por si só, revela o equívoco dessa interpretação, uma vez que, tal como a lei, também a Constituição não contém palavras inúteis. Neste ponto, Loureiro observa que, "conquanto não tenha sido feliz a redação [porque "deixa na dúvida o alcance do termo 'respectivo], a 'respectiva plataforma continental' não se refere a uma juridicamente impossível circunstância, mas está, simplesmente, a indicar a ideia precisa [que teria se perdido ao longo do processo de construção do texto constitucional] de Estado/ Município 'litorâneo' ou 'confrontante'".[93] Até porque nos documentos

---

[91] Se houvesse exploração de recursos naturais em seus territórios, essas unidades federadas seriam afetadas pelo exercício dessa atividade econômica, e por isso passariam a ser qualificadas como Estados e Municípios impactados.
[92] Cf. HESSE, Konrad. *A força normativa da Constituição*. Tradução de Gilmar Ferreira Mendes. Porto Alegre: Sergio Antonio Fabris, 1991.
[93] LOUREIRO. Op. cit., p. 171.

que retratam a deliberação político-parlamentar tendente à construção do texto desse dispositivo constitucional "não aparece, em momento algum, intenção de uma partilha absoluta na plataforma continental".[94] Essas considerações são suficientes para demonstrar, a par dos limites semânticos do texto do §1º do artigo 20 da Constituição, que os royalties e a participação especial advindos da exploração e produção de petróleo e gás devem ser distribuídos exclusivamente, ou quando menos preponderantemente, às unidades federadas impactadas por essa atividade econômica. No entanto, para que não haja dúvidas sobre o encaminhamento que deve ser dado ao tema, recorrer-se-á, nos tópicos que se seguem, a duas fontes interpretativas da maior importância: a palavra dos autores da Constituição (*mens legislatoris*); e a interpretação correntemente atribuída ao dispositivo constitucional analisado pela doutrina e pelo Supremo Tribunal Federal (*mens legis*).

2.2 Evolução da redação do §1º do artigo 20 da Constituição no âmbito da Assembleia Nacional Constituinte (*mens legislatoris*)

Gustavo Kaercher Loureiro discorre sobre a evolução da redação dada pelos constituintes ao §1º do artigo 20 da Constituição ao longo do processo de deliberação da Assembleia Nacional Constituinte.[95] Como introdução a essa sua exposição, Loureiro apresenta uma síntese de como se processaram os trabalhos dos constituintes para chegar ao texto final da Carta de 1988; a saber:

> Sem um texto básico comum de onde iniciar, o conjunto dos Constituintes/Congressistas foi organizado em oito grandes grupos temáticos, denominados Comissões, por sua vez subdivididos em três grupos de menor amplitude, as Subcomissões, dedicadas a temas específicos da grande área da respectiva Comissão. Cada uma delas, independentemente das demais, discutia e elaborava o seu respectivo texto, na área que lhe dizia respeito.
>
> No interior desses grupos, a ordem dos trabalhos era, grosso modo, a seguinte:

---

[94] *Idem*.
[95] LOUREIRO. Op. cit.

1.) texto proposto pelo relator da Subcomissão (Anteprojeto do Relator da Subcomissão);
2.) discussão e emendas ao texto proposto;
3.) Anteprojeto da Subcomissão, encaminhado à Comissão.

Na Comissão a ordem era semelhante, finalizando-se com o Projeto da Comissão.

Passada esta fase de dispersão, os textos todos foram levados à Comissão de Sistematização, relatada pelo Constituinte Bernardo Cabral. Ali a ordem era a seguinte:

1.) Anteprojeto de Constituição;
2.) discussões e emendas de mérito ao Anteprojeto;
3.) emendas de adequação ao Anteprojeto;
4.) Projeto de Constituição;
5.) Emendas de Plenário e Populares;
6.) Substitutivo 1 do Relator;
7.) Discussão e emendas ao Substitutivo 1;
8.) Substitutivo 2 do Relator.

Apresentado tal Substitutivo 2, ia-se para o Plenário onde se discutiam e votavam três grandes propostas: (i.) o chamado 'Projeto A', que (ii.) dava origem ao 'Projeto B' que, por sua vez, (iii.) desembocava no 'Projeto C'. Este iria para a Comissão de Redação, para ajustes de correção do texto, do que resultava o Projeto D – este objeto, apenas, de votação.

Esta, sucintamente, a ordem dos trabalhos e as fases pelas quais passaram as diferentes propostas, até a redação final do dispositivo.[96] (grifamos)

No caso específico do dispositivo analisado, Loureiro observa que os trabalhos se iniciaram na "Subcomissão da União, Distrito Federal e Territórios e foram levados à Comissão da Organização do Estado",[97] ressaltando, na sequência, que o texto original apresentado pelo Relator da Subcomissão foi o seguinte:

Art. 3º Incluem-se entre os bens da União Federal: [...]
§1º É assegurada aos Estados e Municípios *litorâneos* a participação no resultado da exploração econômica da plataforma continental e do mar territorial e patrimonial, na forma prevista em lei complementar.

---

[96] LOUREIRO. Op. cit., p. 152-153.
[97] LOUREIRO. *idem*, p. 154.

§2º É assegurada aos Estados, ao Distrito Federal e aos Municípios, nos termos da lei complementar, a participação no resultado da exploração econômica dos recursos minerais do subsolo, ressalvado o disposto no §3º deste artigo (grifamos).[98]

Loureiro destaca, com base na redação originária, a intenção dos constituintes de ampliar a base imponível das contraprestações pagas pela exploração de recursos naturais, já que o dispositivo projetado não se restringia apenas ao petróleo, "mas fazia devida a 'participação' quando da 'exploração econômica da plataforma continental', assim como quando da 'exploração econômica dos recursos minerais do subsolo', com o que criava, também para a mineração, um *royalty* 'federativo'".[99] E registra que a proposta não falava em indenização, como se colhe da redação original do artigo 27 da Lei nº 2.004/1953,[100] "mas em 'participação no resultado da exploração econômica', expressão mais ampla e genérica que evoca outras ideias que não, necessariamente, aquela de prejuízo".[101]

Com a continuação dos trabalhos no âmbito da Assembleia Nacional Constituinte, três aspectos principais foram debatidos nas discussões que conduziram à redação atual do §1º do artigo 20 da Constituição; a saber: (i) a necessidade da atribuição de recursos à União Federal; (ii) a necessidade de ampliação (para alguns), ou de redução (para outros), do rol de recursos naturais sujeitos ao pagamento de retribuições financeiras; e (iii) a inclusão de alternativa à participação no resultado, doravante classificada como compensação financeira.[102] Mas, conforme Loureiro, "em momento algum [...] fugiu-se da ideia de beneficiar especificamente os Estados/Municípios afetados".[103]

Ainda no âmbito interno da Subcomissão da União, Distrito Federal e Territórios, o §2º do dispositivo projetado recebeu outra redação, proveniente da aprovação da Emenda 2A0089-4, de autoria do Senador Alfredo Campos, constituinte pelo Estado de Minas Gerais,

---

[98] *Ibid.*
[99] *Ibid.*
[100] Lei 2.004. "Art. 27. A Sociedade e suas subsidiárias ficam obrigadas a pagar aos Estados e Territórios onde fizerem a lavra de petróleo e xisto betuminoso e a extração de gás, indenização correspondente a 5% (cinco por cento) sobre o valor do óleo extraído ou do xisto ou do gás."
[101] LOUREIRO. Op. cit., p. 155.
[102] LOUREIRO. *Idem*, p. 156.
[103] *Ibid.*

apresentada em 17 de maio de 1987. Loureiro ressalta que essa Emenda "incluía a expressão faltante (mas aparentemente subentendida) do 'respectivo território', e ampliava a base da incidência da participação, de 'recursos minerais do subsolo' para 'recursos naturais, renováveis ou não renováveis'".[104] Assim, o Anteprojeto da Subcomissão da União, Distrito Federal e Territórios, posteriormente levado à Comissão da Organização do Estado (que a abrangia), continha, quanto ao particular, o seguinte texto:

> Art. 3º Incluem-se entre os bens da União: [...]
>
> §1º É assegurada aos Estados e Municípios litorâneos a participação no resultado da exploração econômica da plataforma continental e do mar territorial e patrimonial, na forma prevista em lei complementar.
>
> §2º É assegurada aos Estados, ao Distrito Federal e aos Municípios, nos termos da lei complementar, a participação no resultado da exploração econômica e do aproveitamento dos recursos naturais, renováveis ou não renováveis, bem assim dos recursos minerais do subsolo, *em seu território*. (grifamos).[105]

Esse texto foi acolhido pela Comissão da Organização do Estado, que não lhe fez emendas ou propostas de alteração. De concreto, a única modificação depreendida nesse contexto foi que o dispositivo, no Anteprojeto da Comissão, foi renumerado, tornando-se, por questão de adequação da redação, artigo 7º e §§1º e 2º.[106]

A fase seguinte das deliberações da Assembleia Nacional Constituinte desenvolveu-se na Comissão de Sistematização. Loureiro observa que, nessa etapa, "o texto sofreu ligeiras alterações (eliminou-se a exigência de lei complementar no §1º) e foi renumerado para art. 48, §§1º e 2º".[107]

Na sequência, foi elaborado o Projeto de Constituição, também a encargo da Comissão de Sistematização. Nessa fase, conforme Loureiro, "o texto ainda permaneceu como estava, tendo sido novamente renumerado, agora para art. 52, §§1º e 2º".[108]

---

[104] Ibid.
[105] Ibid.
[106] LOUREIRO. OP. cit., p.157.
[107] Ibid.
[108] Ibid.

Foi nessa etapa que ocorreram os debates sobre os três pontos citados anteriormente (atribuição de recursos à União Federal, ampliação ou redução do rol de recursos naturais sujeitos ao pagamento de retribuições financeiras e inclusão da compensação financeira como alternativa à participação no resultado). Desses debates sobressaem manifestações formais de constituintes que deixam claro que a inclusão desse dispositivo no texto da Constituição de 1988 tem por objetivo a compensação (ou indenização) das unidades federadas afetadas pelos reflexos da atividade de exploração de determinados recursos naturais sobre as suas contas públicas e sobre o modo de vida de suas respectivas populações,[109] colhidas por Loureiro do Diário da Assembleia Nacional Constituinte.[110]

Neste particular, merece destaque o posicionamento do parlamentar Prisco Viana, constituinte pelo Estado da Bahia. Viana obteve de seus pares a inclusão da Marinha do Brasil entre os beneficiários dos pagamentos pela exploração de recursos naturais na plataforma continental, pela via da inclusão da expressão "órgãos da administração direta da União" no §1º do artigo 52 do Projeto de Constituição.[111]

Ocorre que o Primeiro Substitutivo do relator, o constituinte Bernardo Cabral, quando acolheu essa proposta defendida pelo constituinte Prisco Viana, modificou sensivelmente o texto do dispositivo,[112] que passou a assumir a seguinte redação:

> Art. 30. Incluem-se entre os bens da União: [...]
>
> §1º A lei disporá sobre a forma e condições de participação, por instituições de direito público federais, estaduais e municipais, nos resultados da exploração econômica e do aproveitamento dos recursos naturais, renováveis ou não, da plataforma continental e do mar territorial.
>
> §2º É assegurada aos Estados, ao Distrito Federal e aos Municípios, nos termos da lei, participação no resultado da exploração econômica e do aproveitamento de todos os recursos naturais, renováveis ou não renováveis, bem assim dos recursos minerais *em seu território*. (grifamos)[113]

---

[109] *Ibid.*
[110] BRASIL. Diário da Assembleia Nacional Constituinte. Op. cit.
[111] LOUREIRO. Op. cit., p. 157.
[112] *Idem*, p. 159.
[113] *Ibid.*

No ensejo, Loureiro destaca que, sob essa redação, "apartavam-se mais as hipóteses (território/plataforma continental)". Nas palavras deste autor, "no caso de exploração da plataforma continental, os beneficiários eram genericamente indicados como 'instituições de direito público federais, estaduais e municipais', que participariam segundo 'forma e condições' estabelecidas em lei federal", ao passo que "para a exploração no território a Constituição garantia a participação dos Estados/Municípios diretamente interessados ('em seu território'), sem, inclusive, a participação da União".[114]

Mas essa redação não durou muito tempo.[115] Com efeito, o texto novamente foi alterado com o Segundo Substitutivo do mesmo relator, passando a assumir a seguinte redação:

Art. 19. Incluem-se entre os bens da União: [...]

§1º É assegurada aos Estados, ao Distrito Federal e aos Municípios, nos termos da lei, participação no resultado da exploração econômica e do aproveitamento de todos os recursos naturais, *em seus territórios, bem como da plataforma continental e do mar territorial, respectivos*. (grifamos)[116]

Loureiro observa que essa nova redação promoveu um retorno à ideia original, estampada no Anteprojeto da Subcomissão da União, Distrito Federal e Territórios, posteriormente acolhido pela Comissão da Organização do Estado, e que foi reproduzido, na sequência, no Anteprojeto de Constituição e no Projeto de Constituição, ambos ao encargo da Comissão de Sistematização, no sentido de conferir "aos Estados e Municípios litorâneos a participação no resultado da exploração econômica da plataforma continental e do mar territorial e patrimonial" (§1º do artigo 3º da redação originária) e "aos Estados, ao Distrito Federal e aos Municípios [...] a participação no resultado da exploração econômica e do aproveitamento dos recursos naturais [...] em seu território" (§2º do artigo 3º da redação originária). Mas destaca que isso foi feito por meio da construção de um "texto único, que juntava as duas hipóteses de aproveitamento".[117]

---

[114] LOUREIRO. Op. cit., p.159.
[115] *Ibid.*
[116] *Ibid.*
[117] *Ibid.*

Essa modificação reforça a tese segundo a qual a compensação financeira deva ser direcionada exclusivamente aos Estados e Municípios impactados pela exploração de recursos naturais. É que, conforme Loureiro:

> Para preservar a vinculação ao ente público diretamente interessado no caso de exploração fora do território, o Relator acrescentou um "respectivos" que claramente regia a "plataforma continental e mar territorial" (e não o território, eis que a vinculação, aí, já estava expressa: "aproveitamento de todos os recursos naturais, em seus territórios").
> Conquanto juridicamente imprecisa – pois entes subnacionais não tinham plataforma continental e mar territorial, como se encarregaria de confirmar a própria Constituição – é compreensível a referência, que parece estar expressando a ideia de "Estado/Município confrontante" ou "adjacente".[118]

A propósito, Loureiro destaca o debate travado entre os parlamentares Oswaldo Lima Filho, constituinte pelo Estado de Pernambuco, e Sandra Cavalcanti, constituinte pelo Estado do Rio de Janeiro, que considera bastante ilustrativo para a compreensão do alcance do termo "respectivo" na redação atual do §1º do artigo 20 da Constituição.[119]

Lima Filho propunha a eliminação no dispositivo da referência à plataforma continental e do vocábulo "respectivos", e postulava um retorno ao sistema consagrado na primeira regra relativa a este problema, colhida do artigo 27 da Lei nº 2.004/1953, que previa o pagamento da compensação financeira apenas pelo petróleo e pelo gás natural explorados em terra, embora admitindo a ampliação da sua base de incidência para abarcar também os recursos minerais.[120] Eis a proposta de redação apresentada por esse constituinte pernambucano:

> Art. 19 [...]
> §1º É assegurado aos Estados, ao Distrito Federal e aos Municípios, nos termos da lei, participação no resultado da exploração econômica dos recursos minerais, em seu território.[121]

---

[118] LOUREIRO. Op. cit., p. 160.
[119] Ibid.
[120] Idem, p. 11-12.
[121] Ibidem, p. 160.

Cavalcanti critica essa proposição de Lima Filho, em especial no que se refere à exclusão da referência à plataforma continental, lembrando que a expressão "recurso mineral em território" não abarca, por exemplo, o petróleo explorado *offshore* em todo o país.[122] Nas palavras deste autor, "os Estados que não têm forma terrestre de exploração de petróleo ficariam fora da participação desta produção e de uma riqueza econômica que, no caso, por exemplo, do meu Estado, significa para nós uma riqueza importantíssima".[123]

Como resultado dessa discussão, ficaram mantidos o termo "respectivos" e a referência à plataforma continental.[124] Mas, por lapso do relator Bernardo Cabral, ainda não havia sido incorporado ao texto a participação da União Federal, concebida como forma de beneficiar a Marinha do Brasil, conforme anteriormente solicitado pelo constituinte Prisco Viana e devidamente acolhido pelo relator no Primeiro Substitutivo.[125]

Isso ensejou uma nova manifestação do constituinte Prisco Viana, reiterando a necessidade de se incluir a Marinha do Brasil no texto, sob a expressão "órgãos da administração direta da União".[126] Loureiro destaca que Viana, nesse seu pronunciamento, "aproveita para observar a importância da positivação, na Constituição, desse direito dos 'Estados e Municípios produtores'".[127] Eis o teor da manifestação do parlamentar baiano, colhida por Loureiro do Diário da Assembleia Nacional Constituinte:[128]

> Explico, Sr. Presidente: primeiro, o interesse de que conste do texto constitucional esse dispositivo. Votei aqui, no Congresso Nacional, pelo menos quatro projetos de lei tratando de regulamentação da indenização aos Estados e Municípios produtores de petróleo, na forma de *royalty*. O Executivo, por três vezes, vetou esta proposta por inconstitucional.

---

[122] LOUREIRO. Op. cit., p. 160.
[123] *Idem*, p. 161.
[124] *Ibid.*
[125] Recobre-se, a propósito, a redação construída naquela oportunidade: "Art. 30 [...] §1º - A lei disporá sobre a forma e condições de participação, por instituições de direito público federais, estaduais e municipais, nos resultados da exploração econômica e do aproveitamento dos recursos naturais, renováveis ou não, da plataforma continental e do mar territorial. §2º - É assegurada aos Estados, ao Distrito Federal e aos Municípios, nos termos da lei, participação no resultado da exploração econômica e do aproveitamento de todos os recursos naturais, renováveis ou não renováveis, bem assim dos recursos minerais em seu território. Cf. LOUREIRO. Op. cit., p. 161.
[126] LOUREIRO. Op. cit., p. 161.
[127] *Ibid.*
[128] BRASIL. Diário da Assembleia Nacional Constituinte, 13 maio 1987, p. 1.490.

De fato, a Constituição em vigor deixa dúvidas quanto a esse direito dos Estados e Municípios. *O que se quer, agora, é deixar bastante claro, bem definido, que esses Estados que pagam um alto preço pela exploração de petróleo em seus territórios, tenham esta indenização. A lei atualmente em vigor, sancionada pelo Excelentíssimo Senhor Presidente José Sarney, em fins do ano de 1985, estabelece a participação dos Estados, dos Municípios e da Marinha de Guerra do Brasil. O que pretendo com essa emenda é preservar a participação da Marinha de Guerra neste processo.* [...] Portanto, o que venho pedir, neste instante, aos Srs. Constituintes da Comissão de Sistematização, é que aprovem a inserção desta expressão no texto do substitutivo: *"e órgãos da administração direta da União"*, por quem estaremos mantendo a situação que hoje tem a Marinha e garantindo a continuidade dos seus programas de reaparelhamento naval, técnico e científico (grifamos).[129]

Essa observação de Prisco Viana induziu conclusão de Loureiro no sentido de que o objetivo desse dispositivo constitucional é retirar da avaliação discricionária da União Federal a atribuição – ou não – de retribuição financeira aos Estados e Municípios impactados pela exploração e produção de petróleo e gás (entre outros recursos naturais), até então mantida à disposição do ente federal, que poderia ou não conferir-lhes (por lei) contraprestação financeira pela extração desses recursos naturais, por serem o petróleo e o gás natural bens de sua titularidade.[130] Assim, como essa emenda do constituinte Prisco Viana foi devidamente aprovada,[131] não há razão para supor que à União Federal seja dado distribuir esses recursos a outros Estados e Municípios que não aqueles que sejam afetados pela exploração de recursos naturais.

Muito mais debatida foi a segunda questão levantada no processo de discussão da redação do §1º do artigo 20 da Constituição, afeta à ampliação ou redução do rol de recursos naturais sujeitos à retribuição. Esse debate, conforme Loureiro, "não só deu a oportunidade de reiterar o alcance da regra, que vinculava o benefício à área onde a produção ocorreria [...], mas também mostrava que tal ampliação da lista de bens estava relacionada com uma necessidade de resguardo da isonomia federativa".[132]

---

[129] LOUREIRO. Op. cit., p. 162.
[130] Ibid.
[131] Ibid.
[132] Ibid.

Quanto ao pormenor, o parlamentar José Lins, constituinte pelo Estado do Ceará, opunha-se ao que considerava um abuso do Estado, consistente na pretensão de auferir benefícios econômicos pela exploração de todos os recursos naturais do país.[133] Para José Lins, a retribuição financeira de que trata o §1º do artigo 20 da Constituição deveria limitar-se à exploração de petróleo e gás, como se verifica do seguinte trecho da sua manifestação, destacado por Loureiro a partir do que restou assentado no Diário da Assembleia Nacional Constituinte:[134]

> Ora, Sr. Presidente, isto significa que o Estado será sócio de todos os empreendimentos que digam respeito à exploração de riquezas de qualquer natureza em seus territórios. [...] Ora, Sr. Presidente, o que se deseja, certamente, são os *royalties* que a Petrobrás pagará sobre o petróleo que extrair em *determinados territórios* ou sobre o gás natural que explorar *na costa* da Bahia ou do Rio de Janeiro. Isso nada tem a ver com o texto do parágrafo. Este é um caso especial que foi objeto de uma lei própria para isso, ao passo que o parágrafo, tal como está redigido, estatizará todas as atividades extrativas ou exploratórias que se realizem dentro do território (grifamos).[135]

Dessa fala do constituinte José Lins sobressai que o que se desejava nas discussões empreendidas na Assembleia Nacional Constituinte acerca da elaboração do texto desse dispositivo constitucional era promover o pagamento de participações governamentais sobre o produto da exploração de recursos naturais em determinados territórios e na costa de determinadas unidades federadas.

Também o parlamentar José Serra, constituinte pelo Estado de São Paulo, manifestou-se contra a amplitude da base econômica abrangida pelo dispositivo, que considerava excessiva.[136] Serra defendeu, então, na Assembleia Nacional Constituinte, a necessidade de se identificar precisamente o tipo de recurso natural ensejador do benefício, como se depreende do seguinte excerto, colhido por Loureiro do Diário da Assembleia Nacional Constituinte:[137]

---

[133] Idem, p. 163.
[134] BRASIL. Diário da Assembleia Nacional Constituinte, Suplemento C, de 27 jan. 1988, p. 1.484.
[135] LOUREIRO. Op. cit., p. 162.
[136] Idem, p. 164.
[137] BRASIL. Diário da Assembleia Nacional Constituinte, Suplemento C, de 27 jan. 1988, p. 1.488.

Creio que este é o primeiro e bastante sério problema: estamos incluindo com este parágrafo na Constituição um dispositivo de extraordinária amplitude, porque *assegura aos Estados, Municípios e Distrito Federal*, nos termos da lei é bem verdade, *a participação nos resultados da exploração econômica e aproveitamento de todos os recursos naturais* em seus territórios, da plataforma continental e da plataforma submarina. *Todos os recursos naturais! Estamos colocando isso numa Constituição e muitos dos companheiros Constituintes que aqui estão ficam pensando no petróleo, no Município que fica pauperizado a partir da exploração de certos recursos minerais e outros, como no caso dos companheiros do Paraná, em áreas inundadas dentro de seu Estado por hidrelétricas.* Só que através desse dispositivo, nós perpetuaremos uma possibilidade de cobrança de um quase tributo porque é um quase tributo – não é juridicamente mas é do ponto de vista econômico – a exploração de todos os recursos naturais renováveis e não-renováveis, inclusive da agricultura, da atmosfera, da atividade da pesca... Não obstante requerer lei, através de processos de negociação ao longo dos anos, nós podemos realmente estruturar todo um sistema tributário paralelo, sem a disciplina e sem os critérios que formam a organização do Sistema Tributário. Esta é a razão essencial da minha oposição a este artigo e esta é a razão pela qual venho aqui explicitar porque me parece um dever que essa posição seja explicitada (grifamos).[138]

Por tais razões, Serra propôs nova redação para o dispositivo constitucional, a saber:

§1º Lei Complementar disporá sobre a forma e condições de participação da União, Estados, Distrito Federal e Municípios nos resultados da exploração econômica das jazidas de petróleo e gás natural, localizada em seus territórios, inclusive na plataforma continental e no mar territorial.[139]

Essa redação proposta por Serra, e também a sua manifestação, colhida do Diário da Assembleia Nacional Constituinte, revelam que, mesmo para os que questionavam a ampliação da extensão da retribuição financeira em discussão, estava claro que essa retribuição paga a Estados e Municípios deveria abarcar a exploração de recursos naturais (para Serra, só do petróleo e do gás natural) "em seus territórios, inclusive na plataforma continental e no mar territorial" (como consta da literalidade do texto proposto), precisamente porque "muitos

---

[138] LOUREIRO. Op. cit, p. 164.
[139] LOUREIRO. Op. cit., p. 167.

dos companheiros Constituintes que aqui estão ficam pensando no petróleo, no Município que fica pauperizado a partir da exploração de certos recursos minerais e outros, como no caso dos companheiros do Paraná, em áreas inundadas dentro de seu Estado por hidrelétricas", como disse Serra.

As críticas de José Lins e de José Serra foram rebatidas pelo parlamentar Pimenta da Veiga, constituinte pelo Estado de Minas Gerais, que defendeu na Assembleia Nacional Constituinte uma efetiva distribuição de rendas aos diferentes entes federativos, segundo as suas peculiaridades, ou seja, segundo as suas respectivas riquezas.[140] Para Pimenta da Veiga, o benefício específico do petróleo e do gás natural aos Estados e Municípios impactados, que então passava a ser encampado pela Constituição, deveria ser alargado para outros recursos naturais, de modo a espraiar riqueza.[141] Confira-se, a propósito, a literalidade da sua manifestação quanto a esse particular, colhida por Loureiro do Diário da Assembleia Nacional Constituinte:[142]

> Não socorre razão ao Constituinte José Lins. *O que se pretende apenas é proteger o interesse do Município e do Estado contra uma injusta espoliação que ocorre hoje, quando suas riquezas são retiradas, não ficando ao Estado e ao Município pouco mais do que nada.* [...] Não é apenas essa a situação de Minas Gerais, mas é de grande interesse a manutenção do texto do relator, pois garante o direito, além de Minas Gerais, do Pará, do Maranhão, de Goiás, de Mato Grosso, de Mato Grosso do Sul, *especialmente dos Estados produtores de petróleo*, a Bahia, o Rio de Janeiro, São Paulo, Ceará, para não dizer daqueles que têm grandes *extensões* alagadas por usinas hidrelétricas, como o Paraná e novamente Minas Gerais (grifos nossos).[143]

Loureiro extrai desses pronunciamentos que os constituintes não cogitaram instituir participação igualitária a todos os entes da Federação na exploração e produção de petróleo e gás, mas ampliar o rol dos recursos naturais ensejadores do benefício, para alcançar o maior número possível de Estados e Municípios da Federação.[144] Prova disso é que as propostas restritivas formuladas nessa fase, manifestadas pelos

---

[140] *Idem*, p. 164.
[141] *Ibid.*
[142] BRASIL. Diário da Assembleia Nacional Constituinte, Op. cit., p. 1.484.
[143] LOUREIRO. Op. cit., p. 164.
[144] LOUREIRO. Op. cit., p. 165.

parlamentares José Lins e José Serra, foram rejeitadas pela maioria que se formou na Assembleia Nacional Constituinte.[145] Com efeito, a única proposta aprovada nessa etapa foi a do constituinte Prisco Viana,[146] que (como exposto) pugnava pela inclusão da expressão "órgãos da administração direta da União" entre os destinatários das retribuições financeiras concebidas pelo dispositivo, como o objetivo específico de remunerar a Marinha do Brasil pelo policiamento marítimo nas áreas de exploração de petróleo e gás no litoral brasileiro.[147]

Com isso, o Projeto A de Constituição, ainda relatado pelo constituinte Bernardo Cabral, apresentou o dispositivo constitucional analisado sob a seguinte redação:

> Art. 22. Incluem-se entre os bens da União [...] §1º É assegurada aos Estados, ao Distrito Federal, aos Municípios e órgãos da Administração Direta da União, nos termos da lei, participação no resultado da exploração econômica e do aproveitamento de todos os recursos naturais *em seus territórios*, bem como na plataforma continental e no mar territorial *respectivos* (grifos nossos).[148]

A propósito, merece destaque o fato de que esse texto deixava bastante clara a opinião dos constituintes no sentido de que as retribuições financeiras tratadas no dispositivo decorrem da exploração de recursos naturais não apenas no território, mas também na plataforma continental e no mar territorial correspondentes a esse território. Tal se infere, sem maiores dificuldades, da utilização, no dispositivo, de fórmula semântica pouco usual, e talvez desnecessária, consistente na utilização, ao final do período, do termo "respectivos".

Adiante, o parlamentar Renato Johnsson, constituinte pelo Estado do Paraná, apresentou a Proposta de Emenda 2P00963-8, que, conforme Loureiro, "estabelecia uma articulada ordenação de diferentes hipóteses de exploração de (diferentes) recursos naturais, que ensejavam diferentes retornos econômicos, mais precisamente, 'participações' e 'compensações', conforme o caso".[149] Eis a proposta de redação apresentada pelo constituinte paranaense:

---
[145] *Ibid.*
[146] *Ibid.*
[147] BRASIL. Diário da Assembleia Nacional Constituinte, Op. cit., p. 1.490. Cf. LOUREIRO. Op. cit., p. 162.
[148] LOUREIRO. *Op. cit.*, p. 165.
[149] *Ibid.*

Art. 22. Incluem-se entre os bens da União: [...]

§1º É assegurada, na forma da lei, à União ou a órgão de sua administração direta, aos Estados, ao Distrito Federal e aos Municípios, participação no resultado da exploração econômica de petróleo e de gás natural em seus territórios, bem como de recursos minerais da plataforma continental e da zona econômica que lhes corresponda.

§2º É assegurada, na forma da lei, compensação financeira, aos Estados e Municípios cujos territórios forem afetados pela utilização de recursos naturais para fins de geração de energia elétrica.

§3º A União transferirá aos Estados e Municípios afetados os recursos financeiros que a ela couberem a título de compensação em aproveitamentos de recursos hídricos realizados por acordos internacionais.[150]

Renato Jonhsson justificou essa sua proposta por meio da seguinte manifestação, colhida por Loureiro do Diário da Assembleia Nacional Constituinte:[151]

A redação dada pelo §1º do Projeto é excessivamente abrangente pois engloba todos os recursos naturais. Assim a nova redação preserva no seu §1º a participação financeira no resultado da exploração econômica do petróleo e nos §§2º e 3º contempla compensação financeira pela exploração econômica dos recursos naturais para fim de energia elétrica. *As unidades da Federação e os Municípios devem auferir uma renda a título de compensação pelo uso de recursos naturais* para a produção de eletricidade, que frequentemente é consumida e utilizada em grande medida fora de seus limites. A emenda procura assegurar que o aproveitamento de recursos naturais beneficie efetivamente e mais amplamente as Unidades da Federação e os Municípios onde eles se localizam. *Os recursos naturais integram o conjunto de fatores produtivos no qual se deve apoiar o processo de desenvolvimento econômico e social das comunidades. A receita correspondente a essa compensação propiciará recursos financeiros aos Municípios e às Unidades da Federação* — para projetos de desenvolvimento — *cujos recursos naturais deixam de propiciar, plenamente, os benefícios ao desenvolvimento das comunidades em que eles se localizam.* (grifos nossos).[152]

Em síntese, Renato Jonhsson postula a extensão da retribuição financeira projetada pelo dispositivo constitucional analisado também à utilização de recursos hídricos para a produção de energia elétrica.

---

[150] *Idem*, p. 166.
[151] BRASIL. Diário da Assembleia Nacional Constituinte, Op. cit., p. 8.068.
[152] LOUREIRO. Op. cit., p. 166.

Essa sua manifestação reforça a tese de que era assente na Assembleia Nacional Constituinte a noção segundo a qual a retribuição financeira de que trata o dispositivo constitucional analisado tem por finalidade compensar (ou indenizar) os Estados e Municípios impactados pela exploração de determinados recursos naturais pelos reflexos dessa atividade econômica sobre as suas contas públicas e sobre o modo de vida de suas respectivas populações. E isso porque, nas palavras do constituinte paranaense, "as unidades da Federação e os Municípios devem auferir uma renda a título de compensação pelo uso de recursos naturais [porque] os recursos naturais integram o conjunto de fatores produtivos no qual se deve apoiar o processo de desenvolvimento econômico e social das comunidades [de modo que] a receita correspondente a essa compensação propiciará recursos financeiros aos Municípios e às Unidades da Federação", com espécie de compensação também às receitas tributárias que esses "recursos naturais deixam de propiciar, plenamente, [...] ao desenvolvimento das comunidades em que eles se localizam".

A proposta, como se sabe, acabou acolhida pela Assembleia Nacional Constituinte, o que se demonstra pela circunstância de o texto atual do §1º do artigo 20 da Constituição também atribuir retribuição financeira pela exploração de recursos hídricos para a produção de energia elétrica e prever, ao lado da participação no resultado, o pagamento de compensação financeira pela exploração de recursos naturais. Mas o texto inicial construído após essa intervenção do constituinte Renato Jonhsson tinha redação diferente, embora muito próxima da sua conformação atual; a saber:

> Art. 22 [...] §1º É assegurada, nos termos da lei, aos Estados, ao Distrito Federal, aos Municípios e a órgãos da administração direta da União, compensação financeira ou participação no resultado da exploração de recursos hídricos para fins de geração de energia elétrica, de petróleo ou gás natural e de outros recursos minerais em *seus territórios*, bem como na plataforma continental, no mar territorial e na zona econômica exclusiva *respectivos* (grifos nossos).[153]

Fica mantido, aqui, o mesmo sentido da redação anterior acolhida nos trabalhos da Assembleia Nacional Constituinte, que constava do

---

[153] LOUREIRO. Op. cit., p. 167.

Projeto A de Constituição, e que dispunha ser "assegurada aos Estados, ao Distrito Federal, aos Municípios e órgãos da Administração Direta da União, nos termos da lei, participação no resultado da exploração econômica e do aproveitamento de todos os recursos naturais em seus territórios, bem como na plataforma continental e no mar territorial respectivos".

No entanto, quando da elaboração do Projeto B de Constituição, o texto do dispositivo constitucional analisado sofreu pequenas modificações, que se relacionam exclusivamente a aspectos semânticos, em especial o deslocamento do termo "respectivo" do final para o meio da frase, passando a assumir, então, a seguinte redação:

> Art. 20. São bens da União [...] §1º É assegurada, nos termos da lei, aos Estados, ao Distrito Federal e aos Municípios, bem como a órgãos da Administração direta da União, participação no resultado da exploração de petróleo ou gás natural, de recursos hídricos para fins de geração de energia elétrica e de outros recursos minerais no respectivo território, plataforma continental, mar territorial ou zona econômica exclusiva, ou compensação financeira por essa exploração.

Esse foi, como se sabe, o texto que prevaleceu na redação final da Constituição de 1988, e que foi estampado no §1º de seu artigo 20, donde se infere que não ocorreram novas modificações nas etapas subsequentes (construção do Projeto C pela Comissão de Sistematização e do Projeto D pela Comissão de Redação, assim como da votação do texto em Plenário). Loureiro expressa que, com essas modificações, "estavam criadas as condições para futuras dificuldades hermenêuticas em torno do §1º do art. 20 da Constituição, causadas, sobretudo, por 'migrações' e deslocamentos do termo 'respectivo' que acabou finalmente sendo arranjado de modo diferente e menos preso à hipótese que, aí, explicitamente regulava (plataforma continental e mar territorial)".[154] No entanto, não se pode interpretá-lo à desconsideração da vontade dos constituintes (*mens legislatoris*), expressada nas manifestações dantes referidas, proferidas pelos parlamentares Prisco Viana, Oswaldo Lima Filho, Sandra Cavalcanti, José Lins, José Serra e Renato Johnsson, todas elas colhidas por Gustavo Kaercher Loureiro do Diário da Assembleia Nacional Constituinte.[155]

---

[154] LOUREIRO. Op. cit., p. 156.
[155] *Ibid.*

Essas manifestações, e também a evolução do texto construído pelos constituintes ao longo das suas deliberações sobre o tema, revelam que a intenção do legislador (*mens legislatoris*) era compensar (ou indenizar), de alguma forma, os Estados e Municípios impactados pela exploração de determinados recursos naturais pelos reflexos dessa atividade econômica sobre as suas contas públicas e sobre o modo de vida de suas respectivas populações. É o que se verifica, com muita nitidez, dessa outra manifestação encontrada por Loureiro no Diário da Assembleia Nacional Constituinte,[156] formulada pelo parlamentar Sérgio Spada, constituinte pelo Estado do Paraná:

> A Assembleia Nacional Constituinte, na semana passada, historicamente corrigiu uma injustiça que vinha sendo cometida há muito tempo contra Estados produtores de energia elétrica e contra Estados fornecedores de matéria prima, mais especificamente o minério. Venho do Estado do Estado do Paraná, onde constatei, com os próprios olhos, perante a população do Estado, o seu reconhecimento a *essa votação histórica que ocorreu na semana passada, onde ficou definido que ficará assegurada, na futura Constituição, através do seu próprio texto, uma compensação financeira pelos danos, pelos prejuízos que esses Estados*, como é o caso de Paraná, de Minas Gerais, do Pará e da Bahia *que perdem inúmeros quilômetros quadrados de terra e recebem como herança as crateras pela exploração do minério* (grifamos).[157]

Também resta evidente da evolução das deliberações da Assembleia Nacional Constituinte, quando da construção do texto do dispositivo constitucional analisado, que essa retribuição financeira paga a Estados e Municípios não se repousa exclusivamente sobre a exploração de recursos naturais em seus territórios, mas também abarca a atividade extrativista empreendida na plataforma continental, no mar territorial e na zona econômica exclusiva correspondente a esse território. Tal se infere, sem maiores dificuldades, da redação que lhe foi conferida pela Assembleia Nacional Constituinte após a integração ao texto do dispositivo da Emenda apresentada pelo constituinte Renato Johnsson, que dispunha que "é assegurada, nos termos da lei, aos Estados, ao Distrito Federal, aos Municípios e a órgãos da administração direta da União, compensação financeira ou participação no resultado da

---

[156] BRASIL. Diário da Assembleia Nacional Constituinte, *Idem*, p. 1.091.
[157] LOUREIRO. Op. cit., p. 167.

exploração de recursos hídricos para fins de geração de energia elétrica, de petróleo ou gás natural e de outros recursos minerais em seus territórios, bem como na plataforma continental, no mar territorial e na zona econômica exclusiva respectivos". É que, a rigor, a redação final dada ao dispositivo (constante do Projeto B de Constituição, que acabou mantida no Projeto C, e também no Projeto D, aprovado pelo Plenário da Assembleia Nacional Constituinte) apenas corporifica o transporte do termo "respectivo" do final para o meio da frase. Semelhante alteração de forma no texto do dispositivo constitucional analisado não tem o condão de modificar a interpretação autêntica que lhe foi conferida pelos próprios constituintes. Do contrário, estar-se-ia a derrogar a expressão máxima da soberania popular, estampada no Preâmbulo da Constituição, de que o poder constituinte emana do povo, que esteve representado, quando da elaboração da Carta Política de 1988, por parlamentares representantes de seus Estados, então "reunidos em Assembleia Nacional Constituinte para instituir um Estado Democrático, destinado a assegurar o exercício dos direitos sociais e individuais, a liberdade, a segurança, o bem-estar, o desenvolvimento, a igualdade e a justiça como valores supremos de uma sociedade fraterna, pluralista e sem preconceitos, fundada na harmonia social e comprometida, na ordem interna e internacional, com a solução pacífica das controvérsias."

Mesmo que assim não fosse, idêntica conclusão decorre da circunstância de a retribuição financeira de que trata o dispositivo analisado fundar-se, para os constituintes, na afetação dos Estados e Municípios pelo exercício de atividades de exploração de recursos naturais em benefício da União Federal. Fincada essa premissa, e considerando que a exploração de recursos naturais, em especial do petróleo e do gás natural, na plataforma continental, no mar territorial e na zona econômica exclusiva tem a potencialidade de afetar as contas públicas de Estados e Municípios e o modo de vida de suas respectivas populações,[158] é evidente que a intenção dos constituintes foi no

---

[158] Nesse sentido se posiciona Kiyoshi Harada, quando assevera, em sede doutrinária, que a retribuição financeira de que trata o §1º do artigo 20 da Constituição é devida "mesmo em se tratando de extração de petróleo ou gás natural, do mar territorial ou da plataforma continental", pois "sempre haverá instalações marítimas ou terrestres, de embarque ou desembarque" (HARADA. Op. cit., p. 52). Outro não é o entendimento de Regis Fernandes de Oliveira, quando se refere, em doutrina, à compensação financeira relativa "às explorações feitas no mar territorial e na zona econômica exclusiva", com relação às quais considera "irrelevante que a lei não disponha a respeito, uma vez que o §1º da art. 20 da Constituição Federal não faz exceção" (OLIVEIRA. Op. cit., p. 212).

sentido de retribuí-los também pela exploração de recursos naturais fora dos seus respectivos territórios, isto é, na plataforma continental correspondente a esses territórios, no mar territorial correspondente a esses territórios e na zona econômica exclusiva correspondente a esses territórios.

2.3 Interpretação correntemente atribuída pela doutrina jurídica e pela jurisprudência do Supremo Tribunal Federal ao §1º do artigo 20 da Constituição (*mens legis*)

Não refuta essa conclusão o argumento segundo o qual a circunstância de o petróleo e o gás natural serem propriedade da União Federal (CRFB, artigo 20, V e IX),[159] e não dos Estados e Municípios, desnaturaria a tese de vinculação das participações governamentais devidas pela sua exploração e produção às unidades federadas impactadas. A propósito, Gustavo Kaercher Loureiro leciona que:

> [...] ainda que o bem seja da União, os benefícios econômicos que advêm de sua exploração por terceiros (privados), não são apropriáveis exclusivamente por ela – seja na forma de "participação", seja na forma de "compensação" – em razão de quanto se encontra disposto na norma do §1º do art. 20 da Constituição.[160]

Conforme Loureiro, a afirmação de que o petróleo é propriedade da União Federal

> [...] pouco ajuda a resolver a questão [porque] a propriedade da riqueza mineral não é nem pressuposto do recebimento (exclusivo) de rendas nem, aparentemente, dá um "direito maior" ao seu *dominus* [de modo que] nesse arranjo que pode ser considerado *sui generis*, a propriedade federal parece servir, sobretudo, para legitimar uma ação de conformação setorial (normativa/fiscalizadora) do ente central, mas não uma sua maior participação no resultado da respectiva exploração.[161]

---

[159] CRFB. "Art. 20. São bens da União: [...] V – os recursos naturais da plataforma continental e da zona econômica exclusiva; [...] IX – os recursos minerais, inclusive os do subsolo."
[160] LOUREIRO. Op. cit., p. 169.
[161] Ibid.

Nesse mesmo sentido se posicionou o Plenário do Supremo Tribunal Federal no contexto do julgamento do Mandado de Segurança nº 24312/DF, relatado pela ministra Ellen Gracie. Na oportunidade, o Tribunal Constitucional assentou que, muito embora os recursos naturais da plataforma continental e os recursos minerais sejam bens da União Federal, as participações governamentais de que trata o §1º do artigo 20 da Constituição são receitas originárias dos Estados e Municípios (inclusive do Distrito Federal, se for o caso).[162] A propósito, Kiyoshi Harada leciona que as

> [...] receitas originárias são aquelas que resultam da atuação do Estado, sob o regime de direito privado, na exploração de atividade econômica [ou seja] as resultantes do domínio privado do Estado [ao passo que as receitas derivadas decorrem do] *jus imperii* do Estado, que lhe faculta impor sobre as relações econômicas praticadas pelos particulares, assim como sobre seus bens, o tributo que, na atualidade, se constitui em principal fonte da receita pública.[163]

De acordo com Roberto Wagner Lima Nogueira, são exemplos de receitas originárias as doações, os bens vacantes, a prescrição aquisitiva, o preço público, os ingressos comerciais (por exemplo, Correios e loterias), e também a "compensação financeira na forma do art. 20, §1º da Constituição Federal".[164]

---

[162] Eis o que consta da ementa do julgamento: "Mandado de Segurança. Ato concreto. Cabimento. *Exploração de petróleo, xisto betuminoso e gás natural. Participação, em seu resultado, dos Estados, distrito federal e Municípios.* Constituição Federal, *art. 20, §1º.* Competência do Tribunal de Contas do Estado do Rio de Janeiro para a fiscalização da aplicação dos recursos oriundos desta exploração no território fluminense. 1 – Não tendo sido atacada lei em tese, mas ato concreto do Tribunal de Contas da União que autoriza a realização de auditorias nos Municípios e Estado do Rio de Janeiro, não tem aplicação a Súmula 266 do STF. 2 - *Embora os recursos naturais da plataforma continental e os recursos minerais sejam bens da União* (CF, art. 20, V e IX), *a participação ou compensação aos Estados, Distrito Federal e Municípios no resultado da exploração de petróleo, xisto betuminoso e gás natural são receitas originárias destes últimos entes federativos* (CF, art. 20, §1º). 3 - É inaplicável, ao caso, o disposto no art. 71, VI da Carta Magna que se refere, especificamente, ao repasse efetuado pela União – mediante convênio, acordo ou ajuste – de recursos originariamente federais. 4 – Entendimento original da Relatora, em sentido contrário, abandonado para participar das razões prevalecentes. 5 - Segurança concedida e, ainda, declarada a inconstitucionalidade dos arts. 1º, inc. XI e 198, inc. III, ambos do Regimento Interno do Tribunal de Contas da União, além do art. 25, parte final, do Decreto nº 1, de 11 de janeiro de 1991" (STF. MS 24312/DF. Relator(a): Min. ELLEN GRACIE, Julgamento: 19.02.2003. Órgão Julgador: Tribunal Pleno. Publicação: *DJ* 19.12.2003, PP-00050, EMENT VOL-02137-02 PP-00350).

[163] HARADA. Op. cit. p. 35-43.

[164] NOGUEIRA. Op. cit., p. 95.

Demais disso, conforme entendimento há muito consolidado na jurisprudência do Excelso Pretório, a previsão constitucional quanto à distribuição de participações governamentais a Estados e Municípios não tem por fundamento a sua hipotética relação de domínio (propriedade) sobre o produto extraído, mas, em rigor, a necessidade de compensar (ou indenizar) os Estados e Municípios impactados pela exploração de determinados recursos naturais (petróleo ou gás, recursos minerais e recursos hídricos para a geração de energia elétrica) pelos reflexos dessa atividade econômica sobre as suas contas públicas e sobre o modo de vida de suas respectivas populações, ou seja, de atribuir a essas unidades federadas a necessária contraprestação pelos riscos e pelos custos inerentes à atividade extrativista.

Assim se manifestou a Primeira Turma do Supremo Tribunal Federal por ocasião do julgamento do Recurso Extraordinário nº 228.800/DF.[165] Nesse julgamento, a Corte Suprema procurou determinar a natureza jurídica da Compensação Financeira pela Exploração de Recursos Minerais, comumente designada como CFEM. Na oportunidade, o Tribunal identificou a CFEM com as retribuições financeiras disciplinadas pelo §1º do artigo 20 da Constituição, dispondo que essa retribuição, dada a sua destinação constitucional, não tem natureza tributária, mas de simples receita patrimonial (ou originária), e que a sua cobrança é constitucional, porque se amolda ao conceito de "participação no produto da exploração dos aludidos recursos minerais". Em seu voto, o ministro Sepúlveda Pertence, relator do processo, assentou que:

---

[165] Confira-se a ementa do julgado: "*Bens da União*: (recursos minerais e potenciais hídricos de energia elétrica): *participação dos entes federados no produto ou compensação financeira por sua exploração* (CF, art. 20, e §1º): *natureza jurídica*: constitucionalidade da legislação de regência (L. 7.990/89, arts. 1º e 6º e L. 8.001/90). 1. O tratar-se de prestação pecuniária compulsória instituída por lei não faz necessariamente um tributo da *participação nos resultados* ou da *compensação financeira* previstas *no art. 20, §1º, CF*, que *configuram receita patrimonial*. 2. A obrigação instituída na L. 7.990/89, sob o título de 'compensação financeira pela exploração de recursos minerais' (CFEM) não corresponde ao modelo constitucional respectivo, que não comportaria, como tal, a sua incidência sobre o faturamento da empresa; não obstante, *é constitucional, por amoldar-se à alternativa de 'participação no produto da exploração' dos aludidos recursos minerais*, igualmente prevista no art. 20, §1º, da Constituição" (STF. RE 228800/DF. Relator(a): Min. SEPÚLVEDA PERTENCE. Julgamento: 25.09.2001. Órgão Julgador: Primeira Turma. Publicação: DJ 16.11.2001, PP-00021, EMENT VOL-02052-03 PP-00471).

[...] essa compensação financeira se vincula [...] não à exploração em si, mas aos problemas que geral, [uma vez que] a exploração de recursos minerais e de potenciais de energia elétrica é atividade potencialmente geradora de um sem número de problemas para os entes públicos, especialmente ambientais [...], sociais e econômicos, advindos do crescimento da população e da demanda por serviços públicos.

Em referência a esse julgamento, Romeu Thomé observa que o Tribunal Constitucional, na oportunidade, "abraçou a tese segundo a qual a natureza jurídica da CFEM, também designada *royalty ad valorem*, é indenizatória".[166]

Outro não foi o posicionamento externado pela Segunda Turma do Supremo Tribunal Federal quando da apreciação do Agravo Regimental em Agravo de Instrumento nº 453.025/DF.[167] Nesse julgamento, o Tribunal Constitucional reconheceu a constitucionalidade de dispositivos das Leis nº 7.990/1989[168] e nº 8.001/1990,[169] por considerá-los compatíveis com as disposições constitucionais atinentes à distribuição dos recursos financeiros advindos da exploração de recursos naturais aos Estados e Municípios impactados por essa atividade econômica, colhidas do §1º do artigo 20 da Constituição. Na oportunidade, o relator do processo, ministro Gilmar Mendes, firmou posicionamento no sentido de que "a causa à compensação não é a propriedade do bem, pertencente exclusivamente à União, mas sim a sua exploração e o dano por ela causado". Nessa ocasião, aderiram a esse posicionamento firmado pelo ministro Gilmar Mendes os ministros Celso de Mello, Joaquim Barbosa e Eros Graus.

---

[166] THOMÉ, Romeu. A função socioambiental da CFEM (compensação financeira por exploração de recursos minerais). *Revista de Direito Ambiental*. São Paulo, ano 14, n. 55, p. 180-181, jul./set. 2009.

[167] Eis, em literalidade, o que consta da ementa do julgado: "Agravo de instrumento. 2. Compensação financeira pela exploração de recursos minerais. 3. Leis 7.990/89 e 8.001/90. Constitucionalidade. Arts. 20, §1º, 154, I, e 155, §3º, da CF. Precedentes: RE 228.800 e MS 24.312. 4. Agravo Regimental a que se nega provimento" (STF. AI 453025 AgR/DF. Relator(a): Min. GILMAR MENDES. Julgamento: 09.05.2006. Órgão Julgador: Segunda Turma. Publicação: *DJ* 09.06.2006, PP-00028, EMENT VOL-02236-04, PP-00646, *RTJ* VOL-00201-01 PP-00367).

[168] Que "institui, para os Estados, Distrito Federal e Municípios, compensação financeira pelo resultado da exploração de petróleo ou gás natural, de recursos hídricos para fins de geração de energia elétrica, de recursos minerais em seus respectivos territórios, plataformas continentais, mar territorial ou zona econômica exclusiva, e dá outras providências. (Art. 21, XIX da CF)".

[169] Que "define os percentuais da distribuição da compensação financeira de que trata a Lei nº 7.990, de 28 de dezembro de 1989, e dá outras providências".

Em julgamento posterior, a Primeira Turma do Excelso Pretório manifestou-se pela natureza patrimonial da CFEM, em apreciação ao Recurso Extraordinário nº 381.830/DF.[170] Em seu voto, o ministro Marco Aurélio, relator do processo, reporta-se ao posicionamento firmado pela Segunda Turma quando do julgamento do Agravo Regimental em Agravo de Instrumento nº 453.025/DF (relatado pelo ministro Gilmar Mendes) e também ao julgamento do Recurso Extraordinário nº 228.800/DF (relatado pelo ministro Sepúlveda Pertence), ambos referidos anteriormente, dos quais se extrai que a previsão constitucional quanto à distribuição a Estados e Municípios das participações governamentais de que trata o §1º do artigo 20 da Constituição tem por fundamento a necessidade de compensar os Estados e Municípios impactados pela exploração de determinados recursos naturais pelos reflexos dessa atividade econômica sobre as suas contas públicas e sobre o modo de vida de suas respectivas populações, isto é de atribuir a essas unidades federadas a necessária contraprestação pelos riscos e pelos custos inerentes à atividade extrativista. Além disso, quando reconheceu semelhante finalidade às referidas retribuições financeiras, qualificou-as textualmente como indenização; como vinha fazendo a legislação infraconstitucional desde a redação originária do artigo 27 da Lei nº 2.004/1953[171] até a redação dada pela Lei nº 8.001/1990 ao

---

[170] Cuja ementa segue vazada nos seguintes termos: "RECURSO EXTRAORDINÁRIO – PREQUESTIONAMENTO – CONFIGURAÇÃO – RAZÃO DE SER. O prequestionamento não resulta da circunstância de a matéria haver sido arguida pela parte recorrente. A configuração do instituto pressupõe debate e decisão prévios pelo Colegiado, ou seja, emissão de juízo sobre o tema. O procedimento tem como objetivo o cotejo indispensável a que se diga do enquadramento do recurso extraordinário no permissivo constitucional. Se o Tribunal de origem não adotou entendimento explícito a respeito do fato jurígeno veiculado nas razões recursais, inviabilizada fica a conclusão sobre a violência ao preceito evocado pelo recorrente. RECURSO EXTRAORDINÁRIO – MATÉRIA LEGAL. O recurso extraordinário não é meio próprio a chegar-se a exame de controvérsia equacionada sob o ângulo estritamente legal. *COMPENSAÇÃO FINANCEIRA – EXPLORAÇÃO DE PETRÓLEO, GÁS NATURAL, RECURSOS HÍDRICOS E MINERAIS – NATUREZA. O que previsto no artigo 20, §1º, da Constituição Federal não consubstancia tributo, estando alcançado pelo gênero indenização*" (STF. RE 381830/DF. Relator(a): Min. MARCO AURÉLIO. Julgamento: 23.08.2011. Órgão Julgador: Primeira Turma. Publicação DJe-177 DIVULG 14-09-2011 PUBLIC 15.09.2011. EMENT VOL-02587-01 PP-00051).

[171] Lei nº 2.004/1953. "Art. 27. A Sociedade e suas subsidiárias ficam obrigadas a pagar aos Estados e Territórios onde fizerem a lavra de petróleo e xisto betuminoso e a extração de gás, *indenização* correspondente a 5% (cinco por cento) sobre o valor do óleo extraído ou do xisto ou do gás."

artigo 8º da Lei nº 7.990/1989.[172] Nesse julgamento, acompanharam o posicionamento do ministro Marco Aurélio a ministra Carmen Lúcia e os ministros Dias Tóffoli e Luiz Fux.

Assim, pelo menos seis ministros entre os que atualmente integram o Supremo Tribunal Federal já votaram no sentido de que a retribuição financeira prevista no §1º do artigo 20 da Constituição destina-se a compensar (ou indenizar) os Estados e Municípios afetados pela exploração de recursos naturais pelos riscos e pelos custos inerentes a essa atividade econômica; a saber: Celso de Mello (AI 453.025-AgR/DF), Gilmar Mendes (AI 453.025-AgR/DF), Marco Aurélio (RE 381.830/DF), Carmen Lúcia (RE 381.830/DF), Dias Tóffoli (RE 381.830/DF) e Luiz Fux (RE 381.830/DF).

Não há dúvida sobre ser essa interpretação aplicável aos royalties e à participação especial devidos aos Estados e Municípios pela exploração e produção de petróleo e gás. Afinal, como a CFEM, essas participações governamentais assentam-se no disposto no §1º do artigo 20 da Constituição. Aliás, o próprio Supremo Tribunal Federal assim o reconheceu nesse último julgamento, cuja ementa relaciona a esse dispositivo constitucional não apenas à CFEM, mas também às participações governamentais pagas pela exploração de petróleo, gás natural e recursos hídricos.[173]

Disso decorre a observação de Luís Roberto Barroso (então procurador do Estado do Rio de Janeiro e atualmente integrante da Suprema Corte), em parecer elaborado em resposta à consulta que lhe foi formulada pela Procuradoria-Geral do Estado do Rio de Janeiro, no sentido de que:

---

[172] Lei nº 7.990/1989. "Art. 8º O pagamento das compensações financeiras previstas nesta Lei, inclusive o da *indenização* pela exploração do petróleo, do xisto betuminoso e do gás natural será efetuado, mensalmente, diretamente aos Estados, ao Distrito Federal, aos Municípios e aos órgãos da Administração Direta da União, até o último dia útil do segundo mês subsequente ao do fato gerador, devidamente corrigido pela variação do Bônus do Tesouro Nacional (BTN), ou outro parâmetro de correção monetária que venha a substituí-lo, vedada a aplicação dos recursos em pagamento de dívida e no quadro permanente de pessoal."

[173] Eis, em literalidade, o que consta, a esse respeito, na ementa do julgamento: "COMPENSAÇÃO FINANCEIRA – EXPLORAÇÃO DE PETRÓLEO, GÁS NATURAL, RECURSOS HÍDRICOS E MINERAIS – NATUREZA. O que previsto no artigo 20, §1º, da Constituição Federal não consubstancia tributo, estando alcançado pelo gênero indenização".

[...] na linha da clara posição do STF [...] o direito a *royalties* não decorre quer da propriedade do recurso – que sempre é da União – quer da titularidade direta da área de produção, mas da circunstância de o Estado e o Município estarem na esfera de impacto ambiental e socioeconômico da atividade, por se tratar de seu território ou por serem confrontantes da área de exploração.[174]

Também a doutrina é taxativa ao afirmar que a distribuição das participações governamentais de que trata o §1º do artigo 20 da Constituição não se relaciona à propriedade do bem, mas, verdadeiramente, à opção do constituinte por compensar os Estados e Municípios impactados pelos riscos assumidos e pelos ônus suportados.

De acordo com José Afonso da Silva, a participação no resultado da exploração dos recursos naturais tem "sentido compensador", e "é prevista exatamente porque a exploração no território traz ônus, encargos, exigências de serviços por parte da entidade beneficiada".[175] Ricardo Lobo Torres, de seu turno, leciona que a distribuição de tais receitas aos Estados e Municípios impactados justifica-se "como contraprestação pelas despesas que as empresas exploradoras de recursos naturais causam aos poderes públicos, que se veem na contingência de garantir a infraestrutura de bens e serviços e assistência às populações envolvidas em atividades econômicas de grande porte".[176] Já Romeu Thomé acentua que o objetivo do repasse de contraprestação financeira por exploração de recursos naturais aos Estados e Municípios "não é simplesmente participá-los economicamente (visão estritamente econômica, superada no atual Estado socioambiental de Direito), mas, sobretudo, compensá-los pelos impactos ambientais e sociais advindos da exploração mineral em seus territórios".[177] Tais premissas orientam a conclusão de Barroso, no parecer mencionado, no sentido de que, "se a participação/compensação é devida em razão dos ônus suportados pelos Estados-membros em decorrência de uma atividade econômica

---

[174] BARROSO, Luís Roberto. *Federalismo, isonomia e segurança jurídica*: inconstitucionalidade das alterações na distribuição de *royalties* do petróleo. Parecer. Disponível em: http://www.luisrobertobarroso.com.br/wp-content/themes/LRB/pdf/royalties_do_petroleo.pdf. Acesso em: 02 dez. 2010. p. 18.
[175] SILVA, José Afonso da. *Comentário contextual à Constituição*. São Paulo: Malheiros, 2005. p. 258-258.
[176] TORRES, Ricardo Lobo. *Curso de direito financeiro e tributário*. Rio de Janeiro: Renovar, 2005. p. 191.
[177] THOMÉ. Op. cit., p. 183.

de interesse da União, parece claro que tal participação só será devida aos entes que, de fato, sofram essas consequências".[178] Conclusões semelhantes são extraídas do magistério de Kiyoshi Harada. Para o professor paulista, "a verdade é que essa compensação veio à luz como sucedâneo da difícil e inconveniente participação das entidades políticas no resultado da exploração de bens e recursos hídricos ou minerais pertencentes a uma delas, ou seja, à União".[179] Harada leciona, ainda, que essa compensação financeira:

> [...] em relação às entidades políticas não titulares dos recursos naturais, tem uma natureza contraprestacional [pois] não há como negar que a exploração de recursos naturais [atividade de grande porte] obriga os poderes públicos a efetuar investimentos maciços na formação de completa infraestrutura material e pessoal, capaz de suportar as movimentações de bens e pessoas dela decorrentes.[180]

Com efeito, "notadamente o poder público local é obrigado a manter um programa ou serviço de assistência à população direta ou indiretamente envolvida na atividade econômica da espécie",[181] como expressa Harada na sequência.

Nesse mesmo sentido se posiciona Regis Fernandes de Oliveira, que destaca a propriedade da União Federal sobre os recursos naturais do subsolo e da plataforma continental, mas adverte que, ao lado de se encontrar a jazida no Estado Federal, ela também se situa em um determinado Estado, e dentro de determinado Município, de modo que "os três entes federais repartem o resultado da exploração".[182] Oliveira afirma que:

> A compensação advém do dano possível ou real que o ente federativo possa sofrer [pois] em virtude das obras para a exploração de energia elétrica ou de qualquer exploração mineral, incluindo petróleo e gás natural, decorrem danos momentâneos ou permanentes [reportando-se, a propósito, à] destruição ambiental, movimentação de veículos, colocação de postes ou estruturas metálicas de qualquer natureza, movimentação de terras, possível poluição ambiental [que geram

---

[178] BARROSO. Op. cit. 2010. p. 18.
[179] HARADA. Op. cit., p. 54.
[180] Idem, p. 55.
[181] HARADA. Op. cit., p. 55.
[182] OLIVEIRA. Op. cit., p. 219.

prejuízos, e que por isso devem ser indenizados; indenização que decorre] não de comportamento infracional, de ato ilícito ou de conduta ilegítima que ocasione dano [mas], de comportamento plenamente legítimo, quando é cabível a atuação, mas, em decorrência dele, há dano a alguém.[183]

Também se refere ao caráter indenizatório, ou contraprestacional, da retribuição financeira de que trata o §1º do artigo 20 da Constituição, Roberto Wagner Lima Nogueira, que dispõe, textualmente, que essa receita pública tem natureza de indenização, e que:

[...] pode ser vista [...] como uma contraprestação pelas despesas que as empresas exploradoras de recursos naturais [impõem ao poder público, que se vê] na contingência de garantir a infra-estrutura de bens e serviços, e a assistência às populações envolvidas em atividades econômicas de grande porte, e.g., no Rio de Janeiro, os Municípios de Campos e Macaé. [por isso é que] as leis 7.990/1989, 8.001/1990 e 9.993/2000, dispõem, respectivamente, sobre a exploração de recursos energéticos e compensação financeira, e ainda, sobre os percentuais da distribuição da compensação, rateando-os entre os Estados, Municípios, Ministério da Marinha e Fundo Nacional de Desenvolvimento Científico e Tecnológico – FNDCT.[184]

Vê-se, pois, que tanto a doutrina quanto a jurisprudência do Supremo Tribunal Federal posicionam-se no sentido de que as participações governamentais de que trata o §1º do artigo 20 da Constituição têm por finalidade a compensação (ou indenização) dos Estados e Municípios impactados pela exploração e produção de petróleo e gás pelos reflexos dessa atividade econômica sobre suas contas públicas e sobre o modo de vida de suas respectivas populações. Enfim, essas retribuições financeiras destinam-se a cobrir os riscos e custos inerentes à atividade de exploração de recursos naturais, entre eles o petróleo e o gás natural.

Tendo em vista especificamente a exploração e a produção de petróleo e gás, Barroso considera pertinente que se faça, ainda, uma interpretação histórica do dispositivo, discorrendo, a propósito, que "quando o constituinte de 1988 decidiu trazer para a Constituição a

---

[183] *Idem*, p. 217-219.
[184] NOGUEIRA. Op. cit., p. 96.

matriz da disciplina dos royalties, eles já eram tratados pela legislação ordinária desde 1953, quando promulgada a lei de criação da Petrobras".[185] Quanto ao particular, o professor fluminense recobra, em apertada síntese:[186]

    a) que a obrigação de compensar Estados e Municípios produtores pela exploração de petróleo e gás natural existe desde o começo da indústria petrolífera no Brasil, pois o artigo 27 da Lei nº 2.004/1953,[187] que criou a Petrobras e dispôs sobre a Política Nacional do Petróleo, impunha àquela empresa estatal o pagamento aos Estados, aos Territórios e aos Municípios onde ocorresse a lavra de petróleo o valor correspondente a 5% (cinco por cento) sobre o valor do produto explorado;[188]

    b) que na década de 1980, com o início da exploração marítima do petróleo, a Lei nº 7.453/1985 previu o pagamento dessa compensação também quando o óleo ou o gás natural fossem extraídos da plataforma continental, o que passou a ser feito não apenas com relação aos Estados e Municípios confrontantes com os poços produtores, mas também aos Municípios integrantes da área geoeconômica dos Municípios confrontantes,[189] qualificados pela Lei nº 7.525/1986 como Municípios contíguos que suportassem as consequências sociais ou econômicas da produção e exploração de petróleo;[190]

---

[185] BARROSO. Op. cit., 2010, p. 13.

[186] Idem, p. 07-10.

[187] Lei nº 2.004/1953. "Art. 27. A Sociedade e suas subsidiárias ficam obrigadas a pagar aos Estados e Territórios onde fizerem a lavra de petróleo e xisto betuminoso e a extração de gás, indenização correspondente a 5% (cinco por cento) sobre o valor do óleo extraído ou do xisto ou do gás."

[188] De acordo com Barroso, "nos termos do art. 27, §3º, da Lei nº 2.004/53, o pagamento era feito diretamente aos Estados e Territórios, que deveriam repassar 20% do valor aos Municípios produtores, proporcionalmente à produção de cada um. Posteriormente, a Lei nº 3.257/57 alterou o dispositivo para determinar que o pagamento fosse feito diretamente aos Municípios, sem intermediação" (BARROSO. Op. cit., p. 7, nota de rodapé).

[189] Lei nº 7.453. "Art. 1º O artigo 27 e seus parágrafos da Lei nº 2.004, de 3 de outubro de 1953, alterada pela Lei nº 3.257, de 2 de setembro de 1957, passam a vigorar com a seguinte redação: [...] §4º É também devida a indenização aos Estados, Territórios e Municípios confrontantes, quando o óleo, o xisto betuminoso e o gás forem extraídos da plataforma continental, nos mesmos 5% (cinco por cento) fixados no caput deste artigo, sendo 1,5% (um e meio por cento) aos Estados e Territórios; 1,5% (um e meio por cento) aos Municípios e suas respectivas áreas geo-econômicas, 1% (um por cento) ao Ministério da Marinha, para atender aos encargos de fiscalização e proteção das atividades econômicas das referidas áreas, e 1% (um por cento) para constituir um Fundo Especial a ser distribuído entre todos os Estados, Territórios e Municípios."

[190] Lei nº 7.525/1986. "Art. 4º Os Municípios que integram tal área geoeconômica serão divididos em 3 (três) zonas, distinguindo-se 1 (uma) zona de produção principal, 1 (uma)

c) que a matéria ganhou tratamento constitucional com a promulgação da Carta de 1988, que assegurou às unidades federadas impactadas pela exploração e produção do petróleo e do gás natural (entre outros recursos naturais pertencentes à União) a participação no resultado da sua exploração ou compensação financeira pelo exercício dessa atividade econômica, como se depreende do texto do §1º de seu artigo 20;[191]

d) que esse dispositivo constitucional foi regulamentado pelo artigo 7º da Lei nº 7.990/1989, que impôs à Petrobras o pagamento de tais contraprestações aos Estados e Municípios em cujo território se fizesse a lavra, bem como àqueles confrontantes às áreas de produção marítima;[192]

---

zona de produção secundária e 1 (uma) zona limítrofe à zona de produção principal. §1º Considera-se como zona de produção principal de uma dada área de produção petrolífera marítima, o Município confrontante e os Municípios onde estiverem localizadas 3 (três) ou mais instalações dos seguintes tipos: I – instalações industriais para processamento, tratamento, armazenamento e escoamento de petróleo e gás natural, excluindo os dutos; II – instalações relacionadas às atividades de apoio à exploração, produção e ao escoamento do petróleo e gás natural, tais como: portos, aeroportos, oficinas de manutenção e fabricação, almoxarifados, armazéns e escritórios. §2º. Consideram-se como zona de produção secundária os Municípios atravessados por oleodutos ou gasodutos, incluindo as respectivas estações de compressão e bombeio, ligados diretamente ao escoamento da produção, até o final do trecho que serve exclusivamente ao escoamento da produção de uma dada área de produção petrolífera marítima, ficando excluída, para fins de definição da área geoeconômica, os ramais de distribuição secundários, feitos com outras finalidades. §3º. Consideram-se como zona limítrofe à de produção principal os Municípios contíguos aos Municípios que a integram, bem como os Municípios que sofram as consequências sociais ou econômicas da produção ou exploração do petróleo ou do gás natural."

[191] CRFB/1988. "Art. 20 [...] §1º É assegurada, nos termos da lei, aos Estados, ao Distrito Federal e aos Municípios, bem como a órgãos da administração direta da União, participação no resultado da exploração de petróleo ou gás natural, de recursos hídricos para fins de geração de energia elétrica e de outros recursos minerais no respectivo território, plataforma continental, mar territorial ou zona econômica exclusiva, ou compensação financeira por essa exploração."

[192] A propósito, Barroso acentua que o artigo 7º da Lei nº 7.990/89 alterou o *caput* e o §4º do artigo 27 da Lei nº 2.004/1953 (BARROSO. Op. cit., 2010. p. 7, nota de rodapé), que, com a modificação legislativa, passaram a assumir a seguinte redação: "Art. 27. A sociedade e suas subsidiárias ficam obrigadas a pagar a compensação financeira aos Estados, Distrito Federal e Municípios, correspondente a 5% (cinco por cento) sobre o valor do óleo bruto, do xisto betuminoso e do gás extraído de seus respectivos territórios, onde se fixar a lavra do petróleo ou se localizarem instalações marítimas ou terrestres de embarque ou desembarque de óleo bruto ou de gás natural, operados pela Petróleo Brasileiro S.A. – Petrobras, obedecidos os seguintes critérios: I – 70% (setenta por cento) aos Estados produtores; II – 20% (vinte por cento) aos Municípios produtores; III – 10% (dez por cento) aos Municípios onde se localizarem instalações marítimas ou terrestres de embarque ou desembarque de óleo bruto e/ou gás natural. [...] §4º É também devida a compensação financeira aos Estados, Distrito Federal e Municípios confrontantes, quando o óleo, o xisto betuminoso e o gás forem extraídos da plataforma continental nos mesmos 5% (cinco por cento) fixados no caput deste artigo, sendo 1,5% (um e meio por cento) aos

e) que os recursos financeiros devidos aos Estados e Municípios imactados também foram contemplados também pela Lei nº 9.478/1997, comumente designada como Lei do Petróleo, que reproduziu a previsão tradicional, determinando o pagamento mensal de royalties aos Estados produtores, fixando-os em montante equivalente a 10% (dez por cento) da produção de petróleo e gás natural, mas previu que esse percentual pode ser reduzido pela Agência Nacional do Petróleo, Gás Natural e Biocombustíveis – ANP até o mínimo de 5% (cinco por cento), tendo em conta os riscos geológicos, as expectativas de produção e outros fatores pertinentes, mediante previsão no edital de licitação do campo correspondente.[193]

Posto isso, Barroso destaca que:

A despeito de pequenas modificações, um elemento essencial permaneceu inalterado na regulamentação legislativa da matéria, desde o início da exploração do petróleo no Brasil [consistente na] existência

---

Estados e Distrito Federal e 0,5% (meio por cento) aos Municípios onde se localizarem instalações marítimas ou terrestres de embarque ou desembarque; 1,5% (um e meio por cento) aos Municípios produtores e suas respectivas áreas geoeconômicas; 1% (um por cento) ao Ministério da Marinha, para atender aos encargos de fiscalização e proteção das atividades econômicas das referidas áreas de 0,5% (meio por cento) para constituir um fundo especial a ser distribuído entre os Estados, Territórios e Municípios."

[193] Lei nº 9.478/1997. "Art. 49 A parcela do valor do royalty que exceder a cinco por cento da produção terá a seguinte distribuição: I – quando a lavra ocorrer em terra ou em lagos, rios, ilhas fluviais e lacustres: a) cinquenta e dois inteiros e cinco décimos por cento aos Estados onde ocorrer a produção; b) quinze por cento aos Municípios onde ocorrer a produção; c) sete inteiros e cinco décimos por cento aos Municípios que sejam afetados pelas operações de embarque e desembarque de petróleo e gás natural, na forma e critério estabelecidos pela ANP; d) 25% (vinte e cinco por cento) ao Ministério da Ciência e Tecnologia, para financiar programas de amparo à pesquisa científica e ao desenvolvimento tecnológico aplicados à indústria do petróleo, do gás natural e dos biocombustíveis; II – quando a lavra ocorrer na plataforma continental: a) vinte e dois inteiros e cinco décimos por cento aos Estados produtores confrontantes; b) vinte e dois inteiros e cinco décimos por cento aos Municípios produtores confrontantes;c) quinze por cento ao Ministério da Marinha, para atender aos encargos de fiscalização e proteção das áreas de produção; d) sete inteiros e cinco décimos por cento aos Municípios que sejam afetados pelas operações de embarque e desembarque de petróleo e gás natural, na forma e critério estabelecidos pela ANP; e) sete inteiros e cinco décimos por cento para constituição de um Fundo Especial, a ser distribuído entre todos os Estados, Territórios e Municípios; f) 25% (vinte e cinco por cento) ao Ministério da Ciência e Tecnologia, para financiar programas de amparo à pesquisa científica e ao desenvolvimento tecnológico aplicados à indústria do petróleo, do gás natural e dos biocombustíveis". No ensejo, Barroso observa que "nos termos da Lei do Petróleo, a parcela básica de 5% continua a ser distribuída 'segundo os critérios estipulados pela Lei 7.990/89'", e que "a repartição da parcela que exceder a 5% segue critérios próprios, definidos no artigo 49" (BARROSO. Op. cit., 2010. p. 10).

de uma retribuição a ser paga em favor dos Estados e Municípios produtores a fim de compensar os ônus e riscos decorrentes da atividade de exploração, seja em terra, seja na plataforma continental.[194]

Esse retrospecto histórico revela, conforme Barroso, que o constituinte, quando resolveu "constitucionalizar a matéria, da forma como fez, [...] claramente manifestou a intenção de manter o regime jurídico até então existente". Se assim não fosse, acrescenta Barroso, o constituinte "teria feito menção expressa de que as participações e compensações passariam a ser devidas a todos os Estados e Municípios, diferentemente do que vigorara até então", arrematando que, "como não procedeu assim, resulta clara a sua intenção de chancelar o modelo que sempre fora praticado e que, aliás, continuou a ser praticado nos mais de 20 anos de vigência da Constituição de 1988".[195]

Destarte, também razões históricas induzem à compreensão de que o §1º do artigo 20 da Constituição restringe a atividade legislativa a ser desenvolvida pelo Parlamento para disciplinar a magnitude das receitas destinadas a Estados e Municípios impactados como contraprestação pela exploração e produção do petróleo e do gás natural, e de que é vedado ao Congresso Nacional distribuir parcela desses recursos (sobretudo a maior parte deles) a Estados e Municípios que não sofrem os reflexos dessa atividade econômica (Estados e Municípios não impactados), como forma de promover a sua distribuição a todas as unidades federadas.

Nesse mesmo sentido opina Gustavo Kaercher Loureiro, quando acentua que, nos documentos que retratam a deliberação político-parlamentar tendente à construção do texto do §1º do artigo 20 da Constituição, "não aparece, em momento algum, intenção de uma partilha absoluta na plataforma continental".[196] De acordo com Loureiro:

[...] se a Constituição não reproduziu — como poderia ter feito, p.ex., relativamente às quotas de participação — algumas das regras das Leis anteriores (1985 e 1986), positivou, pela primeira vez em nossas Constituições, um direito aos Estados e Municípios, eliminando da esfera de disposição da União o que até então aí estava, i.e., a existência de direitos de apropriação das rendas da exploração de petróleo em

---

[194] BARROSO. Op. cit., 2010. p. 10.
[195] Idem, p. 13-14.
[196] LOUREIRO. Op. cit., p. 171.

favor de entes não proprietários. O que era derivado e dependente de iniciativa legislativa privativa da União, tornou-se originário e obrigatório *ex constitutione*. *Originário e obrigatório em favor, não de todos os Estados/Municípios do Brasil, mas daqueles entes da Federação que, desde 1953, batiam-se pelo reconhecimento de suas situações peculiares.* Esta, pelo menos, parece ter sido a intenção dos Constituintes (grifos nossos).[197]

Essa foi, de fato, a intenção dos constituintes (como mencionado no tópico anterior), que retrata a *mens legislatoris* desse dispositivo constitucional. Em especial induzem essa compreensão as seguintes manifestações dos constituintes Prisco Viana, José Lins, José Serra, Pimenta da Veiga, Renato Johnsson e Sérgio Spada por ocasião dos debates travados na Assembleia Nacional Constituinte, colhidas por Loureiro do Diário da Assembleia Nacional Constituinte:[198]

De fato, a Constituição em vigor deixa dúvidas quanto a esse direito dos Estados e Municípios. *O que se quer, agora, é deixar bastante claro, bem definido, que esses Estados que pagam um alto preço pela exploração de petróleo em seus territórios, tenham esta indenização.* (Prisco Viana, constituinte pelo Estado da Bahia).[199]

[...] *o que se deseja*, certamente, *são os royalties que a Petrobrás pagará sobre o petróleo que extrair em determinados territórios ou sobre o gás natural que explorar na costa da Bahia ou do Rio de Janeiro*. (José Lins, constituinte pelo Estado do Ceará).[200]

[...] *muitos dos companheiros Constituintes que aqui estão ficam pensando no petróleo, no Município que fica pauperizado a partir da exploração de certos recursos minerais e outros, como no caso dos companheiros do Paraná, em áreas inundadas dentro de seu Estado por hidrelétricas.* (José Serra, constituinte pelo Estado de São Paulo).[201]

[...] *O que se pretende apenas é proteger o interesse do Município e do Estado contra uma injusta espoliação que ocorre hoje, quando suas riquezas são retiradas, não ficando ao Estado e ao Município pouco mais do que nada.* (Pimenta da Veiga, constituinte pelo Estado de Minas Gerais).[202]

---

[197] Idem, p. 150.
[198] BRASIL. Diário da Assembleia Nacional Constituinte. Op. cit. p. 1.091, 1.484-1.490 e 8.068.
[199] LOUREIRO. Op. cit., p. 161-162.
[200] Ibid.
[201] Idem, p. 163.
[202] Idem, p. 164.

As unidades da Federação e os Municípios devem auferir uma renda a título de compensação pelo uso de recursos naturais para a produção de eletricidade, que frequentemente é consumida e utilizada em grande medida fora de seus limites. A emenda procura assegurar que o aproveitamento de recursos naturais beneficie efetivamente e mais amplamente as Unidades da Federação e os Municípios onde eles se localizam. Os recursos naturais integram o conjunto de fatores produtivos no qual se deve apoiar o processo de desenvolvimento econômico e social das comunidades. *A receita correspondente a essa compensação propiciará recursos financeiros aos Municípios e às Unidades da Federação –* para projetos de desenvolvimento *– cujos recursos naturais deixam de propiciar, plenamente, os benefícios ao desenvolvimento das comunidades em que eles se localizam.* (Renato Johnsson, constituinte pelo Estado do Paraná).[203]

[...] *A Assembleia Nacional Constituinte, na semana passada, historicamente corrigiu uma injustiça que vinha sendo cometida há muito tempo contra Estados produtores de energia elétrica e contra Estados fornecedores de matéria prima, mais especificamente o minério.* [...] *ficou definido que ficará assegurada, na futura Constituição, através do seu próprio texto, uma compensação financeira pelos danos, pelos prejuízos que esses Estados, como é o caso de Paraná, de Minas Gerais, do Pará e da Bahia que perdem inúmeros quilômetros quadrados de terra e recebem como herança as crateras pela exploração do minério.* (Sérgio Spada, constituinte pelo Estado do Paraná).[204]

Essas manifestações dos constituintes demonstram que a *mens legis* atribuída pela doutrina e pela jurisprudência do Supremo Tribunal Federal ao §1º do artigo 20 da Constituição não destoa da sua *mens legislatoris*. Sob um ou outro ponto de vista, a retribuição financeira de que trata esse dispositivo constitucional tem por finalidade compensar (ou indenizar) os Estados e Municípios impactados pela exploração de recursos naturais pelos reflexos dessa atividade econômica sobre suas contas públicas e sobre o modo de vida das suas respectivas populações. Destarte, não há espaço para que o legislador distribua parcela dessas receitas (sobretudo a maior parte delas) a Estados e Municípios que não são impactados pela exploração de recursos naturais.

Mas há uma última razão a embasar semelhante conclusão. É que a Constituição deve ser analisada em seu todo, em interpretação sistemática, que leve em conta a integralidade de suas disposições. Quanto ao particular cumpre recobrar a basilar lição de Carlos Maximiliano,

---

[203] Idem, p. 166.
[204] LOUREIRO. Op. cit., p.167.

que caracteriza a interpretação sistemática como aquela que consiste na comparação do "dispositivo sujeito a exegese, com outros do mesmo repositório ou de leis diversas, mas referentes ao mesmo objeto", com vistas a que "por umas" se conheça "o espírito das outras".[205] Assim, a interpretação desse §1º do artigo 20 da vigente Carta Magna não pode ser feita à desconsideração do que estabelece a alínea "b" do inciso X do §2º do seu artigo 155,[206] impondo aos Estados e Municípios[207] impactados pela exploração e produção de petróleo e gás, como salvaguarda dos interesses de Estados e Municípios não impactados, relevante perda financeira, pautada na imunidade para a tributação pelo ICMS das operações relativas à saída de petróleo e derivados para outras unidades federadas. Quanto a esse aspecto, assim se pronunciou Barroso, no parecer referido:

> [...] A Constituição tem uma unidade interna e, além disso, é responsável pela unidade geral do sistema. No ponto aqui relevante, deve-se assinalar que o artigo 20, §1º deve ser lido em conjunto com outras normas que afetam o ciclo econômico da produção do petróleo. Merece destaque, para os fins visados nesse estudo, a disciplina do imposto sobre circulação de mercadorias, especialmente o artigo 155, §2º, X, b, também da Constituição. É possível afirmar que a regra geral, em relação a esse tributo, é o seu pagamento na origem, isto é, no Estado onde se dá a saída da mercadoria do estabelecimento comercial. Todavia, o dispositivo acima destacado cria, em relação ao petróleo – e, também, à energia elétrica –, uma exceção: o ICMS, nesse caso, é pago no Estado de destino do produto. Como já apontou o STF, essa disciplina foi criada para beneficiar o "Estado de destino dos produtos em causa, ao qual caberá, em sua totalidade, o ICMS sobre eles incidente, desde a remessa até o consumo". Tal sistemática, em relação ao petróleo, se deveu ao

---

[205] MAXIMILIANO, Carlos. *Hermenêutica e aplicação do direito*. 6. ed. Rio de Janeiro: Freitas Bastos, 1957. p. 164.
[206] CRFB/1988. "Art. 155. Compete aos Estados e ao Distrito Federal instituir impostos sobre: [...] II – operações relativas à circulação de mercadorias e sobre prestações de serviços de transporte interestadual e intermunicipal e de comunicação, ainda que as operações e as prestações se iniciem no exterior; [...] §2º O imposto previsto no inciso II atenderá ao seguinte: [...] X – não incidirá: [...] b) sobre operações que destinem a outros Estados petróleo, inclusive lubrificantes, combustíveis líquidos e gasosos dele derivados, e energia elétrica."
[207] Estes atingidos de forma reflexa, dada a repartição constitucional das receitas tributárias, de que trata o inciso IV do artigo 158 da Constituição, que tem a seguinte redação: "Art. 158. Pertencem aos Municípios: [...] IV – vinte e cinco por cento do produto da arrecadação do imposto do Estado sobre operações relativas à circulação de mercadorias e sobre prestações de serviços de transporte interestadual e intermunicipal e de comunicação."

fato de que os Estados produtores, em lugar da tributação do ICMS, receberiam *royalties* e participação especial, nos termos do artigo 20, §1º. Uma coisa, então, compensaria a outra.[208]

Essa circunstância foi levada ao conhecimento do Supremo Tribunal Federal por ocasião do julgamento do Mandado de Segurança nº 24.312/DF.[209] Na oportunidade, o ministro Nelson Jobim apresentou ao Tribunal Constitucional importante relato histórico, colhido da sua experiência parlamentar como constituinte, que restou consignado no seguinte trecho da sua manifestação naquele processo:

> Em 1988, quando se discutiu a questão do ICMS, o que tínhamos? Houve uma grande discussão na constituinte sobre se o ICMS tinha que ser na origem ou no destino. A decisão foi que o ICMS tinha que ser na origem, ou seja, os Estados do Sul continuavam gratuitamente tributando as poupanças consumidas nos Estados do Norte e do Nordeste. Aí surgiu um problema envolvendo dois grandes assuntos: energia elétrica – recursos hídricos – e petróleo.Ocorreu o seguinte: os Estados onde ficasse sediada a produção de petróleo e a produção de energia elétrica acabariam recebendo ICMS incidente sobre o petróleo e energia elétrica. O que se fez? Participei disso diretamente, lembro-me que era, na época, o Senador Richard quem defendia os interesses do Estado do Paraná e o Senador Almir Gabriel quem defendia os interesses do Estado do Pará, além do Rio de Janeiro e Sergipe, em relação às plataformas de petróleo. Então, qual foi o entendimento político naquela época que

---

[208] BARROSO. Op. cit., 2010. p. 14-15.
[209] Recobre-se a ementa do julgado: "Mandado de Segurança. Ato concreto. Cabimento. Exploração de petróleo, xisto betuminoso e gás natural. Participação, em seu resultado, dos Estados, distrito federal e Municípios. Constituição Federal, art. 20, §1º. Competência do Tribunal de Contas do Estado do Rio de Janeiro para a fiscalização da aplicação dos recursos oriundos desta exploração no território fluminense. 1 – Não tendo sido atacada lei em tese, mas ato concreto do Tribunal de Contas da União que autoriza a realização de auditorias nos Municípios e Estado do Rio de Janeiro, não tem aplicação a Súmula 266 do STF. 2 – *Embora os recursos naturais da plataforma continental e os recursos minerais sejam bens da União* (CF, art. 20, V e IX), *a participação ou compensação aos Estados, Distrito Federal e Municípios no resultado da exploração de petróleo, xisto betuminoso e gás natural são receitas originárias destes últimos entes federativos* (CF, art. 20, §1º). 3 – É inaplicável, ao caso, o disposto no art. 71, VI da Carta Magna que se refere, especificamente, ao repasse efetuado pela União — mediante convênio, acordo ou ajuste — de recursos originariamente federais. 4 – Entendimento original da Relatora, em sentido contrário, abandonado para participar das razões prevalecentes. 5 – Segurança concedida e, ainda, declarada a inconstitucionalidade do arts. 1º, inc. XI e 198, inc. III, ambos do Regimento Interno do Tribunal de Contas da União, além do art. 25, parte final, do Decreto n. 1, de 11 de janeiro de 1991" (STF. MS 24312/DF. Relator(a): Min. ELLEN GRACIE, Julgamento: 19.02.2003. Órgão Julgador: Tribunal Pleno. Publicação: *DJ* 19.12.2003, PP-00050, EMENT VOL-02137-02 PP-00350).

deu origem a dois dispositivos na Constituição? Daí porque preciso ler o §1º do Art. 20, em combinação com o inciso X do art. 155, ambos da Constituição Federal. O que se fez? Estabeleceu-se que o ICMS não incidiria sobre operações que se destinassem a outros Estados – petróleo, inclusive lubrificantes, combustíveis líquidos, gasosos e derivados e energia elétrica, – ou seja, tirou-se da origem a incidência do ICMS. [...] Assim, decidiu-se da seguinte forma: tira-se o ICMS da origem e se dá aos Estados uma compensação financeira pela perda dessa receita. Aí criou-se o §1º do artigo 20 [...].

Esse depoimento prestado pelo ministro Jobim aos seus pares no Exelso Pretório revela que o Poder Constituinte concebeu conjuntamente os dispositivos encartados no §1º do artigo 20 da Constituição e na alínea "b" do inciso X do §2º do seu artigo 155. E que a intenção do legislador constitucional quando idealizou esse §1º do artigo 20 da Constituição foi compensar os Estados impactados também pela perda de receitas que lhes foi imposta pela regra imunizante consignada nessa alínea "b" do inciso X do §2º do seu artigo 155.

A propósito, Gustavo Kaercher Loureiro observa que "antes de 1988, os Estados/Municípios 'produtores' recebiam royalties, além da parte que lhes cabia no Imposto Único (a título de 'produção')", e que "o que ocorreu em 1988 é que estes sujeitos passaram a ter direitos originários sobre as participações, ao mesmo tempo que perderam a receita tributária que até então tinham".[210] Loureiro recobra que o Imposto Único foi extinto,[211] e que sua base foi incorporada ao ICMS, imposto de competência estadual, mas que em razão dessa excepcionalidade narrada pelo ministro Jobim não incide em favor do Estado produtor da mercadoria, mas dos Estados consumidores.[212] Em suas próprias palavras:

---

[210] LOUREIRO. Op. cit., p. 152.
[211] Conforme Loureiro: "À época da Constituinte, o Imposto Único sobre Combustíveis e Lubrificantes encontrava-se regulado pelo Decreto-Lei 335, de 1967, que, em seu art. 2º, partilhava a receita do tributo da seguinte forma: (i.) 60% à União; (ii.) 32% aos Estados e Distrito Federal e (iii.) 8% aos Municípios. A aplicação destes recursos era vinculada, nos termos do art. 3º do Decreto-Lei n. 61 de 1966 (por remissão expressa do §2º do art. 2º do Decreto-Lei 335/67), a aumentos de capital da Rede Ferroviária Federal e da Petrobras (9,4% e 14,4%, respectivamente), e à utilização em programas rodoviários, através do Fundo Rodoviário Nacional" (LOUREIRO. Op. cit., p. 172).
[212] Idem. p. 152.

Em apertada síntese, a tributação setorial:
- deixou de ser realizada pelo Imposto Único, que foi abolido.
- passou a ser realizada, primordialmente, pelo novo Imposto sobre Circulação de Mercadorias e Serviços, ICMS, de titularidade dos Estados da Federação;
- de modo tal que não beneficiaria o Estado de origem da mercadoria ("produtor"), mas sim destinatário dela ("consumidor").[213]

Essa excepcionalidade impôs aos Estados impactados pela exploração e produção de petróleo e gás uma perda arrecadatória, pois, como expressa Loureiro, "ao tempo do Imposto Único recebiam parte do que cabia a todos os Estados, via critério da produção de óleo cru (que tinha um peso de 10%, no rateio interestadual, cf. supra)".[214]

Sendo assim, a conclusão a que se chega é que a regra jurídica encartada no §1º do artigo 20 da Constituição visa a compensar os Estados e Municípios impactados pela exploração e produção de petróleo e gás não apenas pelos riscos e custos assumidos com essa atividade econômica (como se infere das manifestações dos constituintes e da interpretação correntemente atribuída a esse dispositivo pela doutrina e pela jurisprudência do Supremo Tribunal Federal), mas também pela perda financeira decorrente da instituição da imunidade tributária incidente sobre as operações de saída de petróleo e derivados, de que trata a alínea "b" do inciso X do §2º do seu artigo 155. Por um ou outro argumento, a distribuição das participações governamentais advindas da exploração e produção do petróleo e do gás natural a todos os Estados e Municípios que compõem a Federação, sem ter em consideração a situação especial vivenciada pelos Estados e Municípios impactados pelo exercício dessa atividade econômica, afronta o §1º do artigo 20 da Constituição, não encontrando, assim, fundamento de validade naquela Carta Política.

---

[213] Idem. p. 173.
[214] LOUREIRO. *Participações governamentais na indústria mineral e do petróleo*: histórico da legislação até a Constituição de 1988. Parte IV, p. 25.

2.4 Inexistência de razão válida para abandonar a *mens legislatoris* do §1º do artigo 20 da Constituição e para modificar a interpretação correntemente atribuída a esse dispositivo constitucional pela doutrina jurídica e pela jurisprudência do Supremo Tribunal Federal (*mens legis*)

Há quem afirme, em resposta a esses argumentos, que o potencial aumento da base de produção de petróleo e gás, preordenada pela descoberta de jazidas no pré-sal, faria com que os Estados e Municípios impactados pelo exercício dessa atividade econômica se desenvolvessem em ritmo superior ao desenvolvimento das regiões vizinhas, tendo em vista a correspondente elevação das suas receitas com as participações governamentais de que trata o §1º do artigo 20 da Constituição, contexto em que se situam, em posição de destaque, os royalties e a participação especial,[215] criando, com isso, disparidades regionais.[216]

O que se dá é que, como relata Arnaldo Sampaio de Moraes Godoy, em parecer publicado na *Revista de Arbitragem e Mediação*, "especula-se que a camada de petróleo de pré-sal que se pode explorar supere cinco vezes as reservas atuais do país", e que, ao que tudo indica, "a confirmação da expectativa nos colocaria entre os grandes produtores de petróleo do mundo, a exemplo da Arábia Saudita, do Irã, do Iraque, do Kuwait e dos Emirados Árabes".[217] Para se ter uma ideia das expectativas do Governo Federal quanto às potencialidades das jazidas de petróleo e gás encontradas no pré-sal, cumpre destacar, ainda, o seguinte trecho da manifestação do então ministro Edson Lobão, das Minas e Energia, por ocasião da divulgação ao país da descoberta de jazidas no pré-sal, reproduzido por Godoy no mesmo parecer:

---

[215] No ensejo, Luiz Henrique Travassos Machado observou que essas duas modalidades de participações governamentais, que são pagas aos Estados e Municípios, e também a órgãos da administração direta da União Federal, pela exploração e produção de petróleo e gás no país, "são responsáveis pela quase totalidade dos recursos distribuídos a esse título, correspondendo a cerca de 95,75% entre janeiro de 2005 e julho de 2010" (MACHADO. Op. cit.).

[216] A propósito, cf., por todos, a manifestação de Flávio Dino (na época advogado, atualmente governador do Estado do Maranhão) em palestra proferida no II Seminário Brasileiro do Pré-Sal, realizado no Rio de Janeiro entre os dias 11, 12 e 13 de maio de 2011.

[217] GODOY, Arnaldo Sampaio de Moraes. Arbitragem internacional nos contratos de cessão onerosa de petróleo nas camadas de pré-sal. Parecer. *Revista de Arbitragem e Mediação*, São Paulo, ano 8, n. 28, p. 270, jan./mar. 2011.

"um novo horizonte se descortinou para a indústria petrolífera no País. A expectativa é de que a nova província do pré-sal posicionará o Brasil entre os dez países com as maiores reservas de petróleo e gás natural".[218] Essa circunstância justificaria, então, sob essa maneira específica de enxergar o problema (que adiante se demonstrará equivocada), o abandono da *mens legislatoris* do §1º do artigo 20 da Constituição e a modificação da interpretação correntemente atribuída pela doutrina e pela jurisprudência do Supremo Tribunal Federal a esse dispositivo (*mens legis*). Enfim, ter-se-ia, na espécie, para os que pensam desse modo, a modificação da interpretação constitucional, proporcionada pela intervenção de elemento histórico.

Entretanto, em que pese ser saudável que o pensamento constitucional evolua para acompanhar o desenvolvimento da sociedade e as mudanças dos costumes e valores que imperam no meio social, não há motivos para que assim se faça na hipótese analisada, sobretudo tendo em vista a afirmação de que a elevação da base produtiva do petróleo e do gás natural enriqueceria somente os Estados e Municípios que recebem royalties e participação especial.

É que essa é, em tudo e por tudo, uma suposição equivocada. Com efeito, o ordenamento jurídico-positivo já confere aos Estados e Municípios não impactados pela exploração e produção de petróleo e gás parcela da receita pública advinda dessa atividade econômica, mais especificamente as receitas decorrentes da tributação pelo ICMS das suas respectivas operações.

Não sobeja lembrar, a propósito, que o ICMS é tributo não cumulativo. Como se sabe, o princípio da não cumulatividade está assegurado, para o ICMS, por força do disposto no inciso I do §2º do artigo 155 da Carta da República; que tem a seguinte redação:

Art. 155 [...]

§2º O imposto previsto no inciso II atenderá ao seguinte:

I – será não cumulativo, compensando-se o que for devido em cada operação relativa à circulação de mercadorias ou prestação de serviços com o cobrado nas anteriores pelo mesmo ou outro Estado ou pelo Distrito Federal.

---

[218] GODOY. Op. cit., p. 275.

Em razão da não cumulatividade, o contribuinte fica autorizado a deduzir o imposto cobrado nas operações anteriores (que, para a hipótese, seria recolhido pelos Estados impactados) do imposto devido nas operações subsequentes, mediante creditamento. Como, no caso, não há tributação nas operações anteriores com petróleo e derivados, dada a incidência da imunidade tributária prevista na alínea "b" do inciso X do §2º do artigo 155 da Constituição,[219] o imposto, na prática, acaba transferido para os Estados a que se destinam as mercadorias comercializadas.

Nesse sentido é o posicionamento pretoriano há muito consolidado na jurisprudência do Supremo Tribunal Federal, para quem a referida imunidade tributária foi instituída apenas para efeito de evitar a tributação do petróleo e de seus derivados pelo Estado de origem, possibilitando, com isso, que o Estado de destino proceda à cobrança do tributo em sua totalidade. É o que se infere, a título exemplificativo, do seguinte julgado:

> Tributário. ICMS. Lubrificantes e combustíveis líquidos e gasosos, derivados do petróleo. Operações interestaduais. Imunidade do art. 155, §2º, X, b, da Constituição Federal. *Benefício fiscal que não foi instituído em prol do consumidor, mas do Estado de destino dos produtos em causa, ao qual caberá, em sua totalidade, o ICMS sobre eles incidente, desde a remessa até o consumo.* Consequente descabimento das teses da imunidade e da inconstitucionalidade dos textos legais, com que a empresa consumidora dos produtos em causa pretendeu obviar, no caso, a exigência tributária do Estado de São Paulo. Recurso conhecido, mas desprovido (STF. RE 198088/SP. Relator(a): Min. ILMAR GALVÃO, Julgamento: 17.05.2000. Órgão Julgador: Tribunal Pleno, Publicação DJ 05.09.2003 PP-00032)

Deve ser destacado, por oportuno, que, dada a incidência da regra da não cumulatividade, a desoneração tributária ora mencionada acaba beneficiando toda a cadeia de consumo, favorecendo, com isso, todo e qualquer Estado em cujo território se realizarem operações de

---

[219] CRFB/1988. "Art. 155. Compete aos Estados e ao Distrito Federal instituir impostos sobre: [...] II – operações relativas à circulação de mercadorias e sobre prestações de serviços de transporte interestadual e intermunicipal e de comunicação, ainda que as operações e as prestações se iniciem no exterior; [...] §2º O imposto previsto no inciso II atenderá ao seguinte: [...] X – não incidirá: [...] b) sobre operações que destinem a outros Estados petróleo, inclusive lubrificantes, combustíveis líquidos e gasosos dele derivados, e energia elétrica."

circulação de petróleo e derivados (gasolina, gás natural, lubrificantes etc.). Também os Municípios localizados nos Estados não impactados acabam beneficiados, pois a Constituição confere a eles parcela do ICMS arrecadado pelos Estados (art. 158, IV).[220] Essa receita tributária não pode ser desprezada quando da avaliação da necessidade do abandono da opinião dos constituintes e da interpretação correntemente atribuída pela doutrina e pela jurisprudência ao §1º do artigo 20 da Constituição. Com efeito, estudos econômicos apontam que o produto da arrecadação do ICMS sobre a indústria do petróleo e do gás natural é superior ao montante arrecadado com royalties e participação especial.

Cumpre destacar, a título exemplificativo, os números apontados em trabalho publicado pelos economistas José Roberto Afonso[221] e Kleber Pacheco de Castro,[222] intitulado "Carga tributária sobre petróleo no Brasil: evidências e opções".[223] Na apuração desses economistas, no ano de 2010, a arrecadação tributária com a incidência do ICMS sobre a produção de petróleo correspondeu a 1,11% (um vírgula onze por cento) do PIB brasileiro, ao passo que as chamadas "Rendas de Exploração", que abrangem os royalties e a participação especial (entre outras contraprestações financeiras arrecadadas pela Agência Nacional do Petróleo, Gás Natural e Biocombustíveis – ANP), atingiram o patamar de 0,59% (zero vírgula cinquenta e nove por cento). Números semelhantes são encontrados na comparação das receitas relativas aos anos anteriores.[224]

Disso se infere que a receita tributária auferida com a incidência do ICMS sobre a indústria do petróleo e do gás natural (parte considerável da qual seria arrecada pelos Estados impactados se não

---

[220] CRFB/1988. "Art. 158. Pertencem aos Municípios: [...] IV – vinte e cinco por cento do produto da arrecadação do imposto do Estado sobre operações relativas à circulação de mercadorias e sobre prestações de serviços de transporte interestadual e intermunicipal e de comunicação."
[221] José Roberto Afonso é Doutor em Economia pela UNICAMP e Mestre pela UFRJ, e trabalha como consultor técnico do Senado Federal.
[222] Kleber Pacheco de Castro é Mestre em Economia pela UFF.
[223] AFONSO, José Roberto; CASTRO, Kleber Pacheco de. *Carga tributária sobre petróleo no Brasil*: evidências e opções. Disponível em: http://iepecdg.com.br/uploads/artigos/111101_tributacao_petroleo_v6.pdf. Acesso em: 20 nov. 2011.
[224] Em 2009, a proporção foi de 1,15% por 0,52%; em 2008, de 1,27% por 0,75%; em 2007, de 1,26% por 0,55%; em 2006, de 1,37% por 0,70%; em 2005, de 1,31% por 0,61%; em 2004, 1,33% por 0,53%; em 2003, de 1,30% por 0,55%; em 2002, de 1,31% por 0,39%; em 2001, de 1,33% por 0,31%; e em 2000, de 1,26% por 0,25%.

existisse a imunidade prevista na alínea "b" do inciso X do §2º do artigo 155 da Constituição) corresponde a algo em torno do dobro das receitas patrimoniais levantadas com royalties, participação especial e outras participações governamentais advindas da atividade de exploração e produção de petróleo e gás.

Neste ponto, deve ser destacado que os números apresentados pelos economistas, no que se refere a essas "rendas de exploração", não abarcam exclusivamente os royalties e a participação especial distribuídos aos Estados e Municípios impactados, mas também compreendem (i) as participações governamentais destinadas à União Federal (royalties, participação especial, bônus de assinatura e pagamento pela ocupação e retenção de áreas);[225] (ii) o montante distribuído ao fundo especial de que trata a alínea "e" do inciso II do artigo 49 da Lei nº 9.479/1997,[226] que destina parte dessas receitas aos Estados e Municípios não impactados; e (iii) o quantitativo distribuído pelos Estados impactados aos seus Municípios nos termos do artigo 9º da Lei nº 7.990/1989.[227] Assim, o ICMS que os Estados impactados deixam

---

[225] Essas são as participações governamentais pagas às unidades federadas pela exploração e produção de petróleo e gás (Lei nº 9.478/1997, artigo 45). Como se sabe, os *royalties* e as participação especial são pagos à União Federal, aos Estados e aos Municípios (Lei nº 9.478/1997, artigos 48, 49 e 50). Já os bônus de assinatura (Lei nº 9.478/1997, artigo 46) e o pagamento pela ocupação e retenção de áreas (Lei nº 9.478/1997, artigo 51) são pagos somente à União, ou a órgãos de sua estrutura (a propósito cf. PETRY. Op. cit.).

[226] Lei nº 9.479/1997. "Art. 49. A parcela do valor do royalty que exceder a cinco por cento da produção terá a seguinte distribuição: [...] II – quando a lavra ocorrer na plataforma continental: [...] d) sete inteiros e cinco décimos por cento aos Municípios que sejam afetados pelas operações de embarque e desembarque de petróleo e gás natural, na forma e critério estabelecidos pela ANP."

[227] Lei nº 7.990/1989. "Art. 9º Os Estados transferirão aos Municípios 25% (vinte e cinco por cento) da parcela da compensação financeira que lhes é atribuída pelos arts. 2º, §1º, 6º, §3º e 7º desta Lei, mediante observância dos mesmos critérios de distribuição de recursos, estabelecidos em decorrência do disposto no art. 158, inciso IV e respectivo parágrafo único da Constituição, e dos mesmos prazos fixados para a entrega desses recursos, contados a partir do recebimento da compensação." Esse dispositivo teve a sua constitucionalidade impugnada pelo Governador do Estado Espírito Santo no corpo da Ação Direta de Inconstitucionalidade nº 4.648, contexto em que sustentou: (i) que as participações governamentais resultantes da exploração e produção de petróleo e gás (i.1) constituem receitas originárias de seus respectivos destinatários constitucionais, (i.2) têm por finalidade compensar os impactos do exercício dessa atividade econômica sobre suas contas públicas e sobre o modo de vida de suas respectivas populações e (i.3) pertencem (posto isso) a essas mesmas unidades federadas (Estados e Municípios impactados pela exploração e produção de petróleo e gás); (ii) que essa especificidade das participações governamentais torna a iniciativa do legislador federal (encartada no dispositivo legal impugnado) por impor aos Estados (ii.1) como deve ser feita a sua utilização (destinação de 25% aos Municípios) e (ii.2) por especificar critérios para a destinação prevista (imposição do IPM como parâmetro de distribuição) ofensiva ao princípio federativo, porque afeta a sua autonomia administrativa e financeira.

de arrecadar com a imunidade tributária de que trata a alínea "b" do inciso X do §2º do artigo 155 da Constituição certamente supera o dobro os royalties e da participação especial que recebem em contrapartida. Tanto essa receita tributária quanto os royalties e a participação especial são calculados pela aplicação de percentual (alíquota) sobre o resultado dessa atividade econômica. Por isso, um aumento na produção do petróleo e do gás natural faz com que se ampliem, em idêntica proporção, não apenas a receita patrimonial com royalties e participação especial, mas também a receita tributária dos Estados e Municípios.

Disso resulta que os Estados e Municípios impactados e não impactados pela exploração e produção de petróleo e gás são igualmente beneficiados pela ampliação dos níveis de produção, preordenada pela descoberta de jazidas no pré-sal, e que isso se verifica mesmo se forem mantidas as bases atuais da distribuição de participações governamentais às unidades federadas, pelo que não há razão válida para abandonarmos a *mens legislatoris* do §1º do artigo 20 da Constituição[228] e para modificarmos a interpretação correntemente atribuída pela doutrina e pela jurisprudência do Supremo Tribunal Federal a esse dispositivo (*mens legis*).[229]

---

[228] Ver Tópico 2.2 do Capítulo 2.
[229] Ver Tópico 2.3 do Capítulo 2.

CAPÍTULO 3

O PRINCÍPIO DA ISONOMIA E A DISTRIBUIÇÃO ÀS UNIDADES FEDERADAS DAS PARTICIPAÇÕES GOVERNAMENTAIS ADVINDAS DA EXPLORAÇÃO E PRODUÇÃO DE PETRÓLEO E GÁS

Essas considerações põem em evidência que a regra jurídica encartada no §1º do artigo 20 da Constituição visa a compensar os Estados e Municípios impactados pela exploração e produção de petróleo e gás pelos riscos e custos inerentes a essa atividade econômica (como sobressai das manifestações dos constituintes[230] e da interpretação que lhe é correntemente atribuída pela doutrina e pela jurisprudência do Supremo Tribunal Federal)[231] e também pela perda financeira decorrente da instituição da imunidade tributária incidente sobre as operações de saída de petróleo e derivados (de que trata a alínea "b" do inciso X do §2º do seu artigo 155).[232] Delas também resulta que a distribuição dos royalties e da participação especial aos Estados e Municípios não impactados, sobretudo quando verificada, nos termos da Lei nº 12.734/2012, em maior proporção a essas unidades federadas do que em favor dos Estados e Municípios impactados por

---
[230] Ver Tópico 2.2 do Capítulo 2.
[231] Ver Tópico 2.3 do Capítulo 2.
[232] CRFB/1988. "Art. 155. Compete aos Estados e ao Distrito Federal instituir impostos sobre: [...] II – operações relativas à circulação de mercadorias e sobre prestações de serviços de transporte interestadual e intermunicipal e de comunicação, ainda que as operações e as prestações se iniciem no exterior; [...] §2º O imposto previsto no inciso II atenderá ao seguinte: [...] X – não incidirá: [...] b) sobre operações que destinem a outros Estados petróleo, inclusive lubrificantes, combustíveis líquidos e gasosos dele derivados, e energia elétrica."

essa atividade econômica, afronta esse dispositivo constitucional, não encontrando, assim, fundamento de validade na Carta da República. Mas essa não é a única razão jurídica a embasar a inconstitucionalidade de semelhante opção político-legislativa. Na verdade, a distribuição das participações governamentais a todos os Estados e Municípios (proposta pelo Parlamento como meio de promover a igualdade entre as unidades federadas), posteriormente substituída (em razão do veto presidencial à proposição originária) pela Lei nº 12.734/2010 (que destina essa receita púbica em maior proporção aos Estados e Municípios não impactados pela atividade extrativista) também configura afronta ao princípio constitucional da isonomia.

3.1 Notas sobre o princípio da isonomia

O princípio da isonomia encontra previsão no caput do artigo 5º da Constituição brasileira, que estabelece, em literalidade, que "todos são iguais perante a lei, sem distinção de qualquer natureza". Ocorre que, consoante posicionamento pretoriano há muito consolidado na jurisprudência do Supremo Tribunal Federal,[233] a isonomia não admite

---

[233] Retratado, a título de exemplo, nos seguintes julgados: "Inconstitucionalidade. Decreto estadual que teria violado o princípio da isonomia. *O tratamento desigual* – ainda que possa ser acoimado de injusto – *de situações desiguais, na medida de sua desigualdade atende ao princípio da isonomia*. Se violado esse preceito constitucional, caberia ao poder judiciário declarar a inconstitucionalidade da lei impugnada, não, porém como pretende a recorrente, estendê-la para alcançar hipóteses expressamente afastadas do âmbito de sua incidência. Recurso extraordinário não conhecido" (STF. RE 80767/SC. Relator(a): Min. MOREIRA ALVES. Julgamento: 13.08.1976. Órgão Julgador: SEGUNDA TURMA. Publicação: DJ 24.09.1976); "Ação Direta de Inconstitucionalidade. Artigo 77 da Lei Federal n. 9.504/97. Proibição imposta aos candidatos a cargos do poder executivo referente à participação em inauguração de obras públicas nos três meses que precedem o pleito eletivo. Sujeição do infrator à cassação do registro da candidatura. Princípio da igualdade. Artigo 5º, caput e inciso I, da Constituição do Brasil. Violação do disposto no artigo 14, §9º, da Constituição do Brasil. Inocorrência. 1. A proibição veiculada pelo preceito atacado não consubstancia nova condição de elegibilidade. Precedentes. 2. O preceito inscrito no artigo 77 da Lei federal n. 9.504 visa a coibir abusos, conferindo igualdade de tratamento aos candidatos, sem afronta ao disposto no artigo 14, §9º, da Constituição do Brasil. 3. A alegação de que o artigo impugnado violaria o princípio da isonomia improcede. *A concreção do princípio da igualdade reclama a prévia determinação de quais sejam os iguais e quais os desiguais. O direito deve distinguir pessoas e situações distintas entre si, a fim de conferir tratamentos normativos diversos a pessoas e a situações que não sejam iguais.* 4. Os atos normativos podem, sem violação do princípio da igualdade, distinguir situações a fim de conferir a uma tratamento diverso do que atribui a outra. É necessário que a discriminação guarde compatibilidade com o conteúdo do princípio. 5. Ação Direta de Inconstitucionalidade julgada improcedente" (STF. ADI 3305/DF. Relator(a): Min. EROS GRAU. Julgamento: 13.09.2006. Órgão Julgador: Tribunal Pleno. Publicação: DJ 24.11.2006, PP-00060, EMENT VOL-02257-03, PP-00555, LEXSTF v. 29, n. 338, 2007, p. 98-110).

a atribuição de tratamento paritário a desiguais.[234] Enfim, a atribuição de tratamento isonômico pressupõe igualdade de posições perante o problema. Tal não se verifica na hipótese analisada. E isso porque, como se terá a oportunidade de adiante expor, os Estados e Municípios impactados pela exploração e produção de petróleo e gás e aqueles que não sofrem impactos do exercício dessa atividade econômica não se encontram equiparados frente aos riscos e custos inerentes à atividade extrativista e frente ao discrimine estabelecido pela imunidade tributária de que trata a alínea "b" do inciso X do §2º do artigo 155 da Constituição.

3.2. Desequiparação entre Estados e Municípios impactados pela exploração e produção de petróleo e gás e as unidades federadas que não são impactadas pelo exercício dessa atividade econômica

A opção político-legislativa (encartada na Lei nº 12.351/2010 e posteriormente vetada pela Presidência da República) pela distribuição dos royalties e da participação especial advindos da exploração e produção de petróleo e gás a todos os Estados e Municípios (tratamento paritário), em especial na proporção estabelecida (dois anos depois) pela Lei nº 12.734/2012 (que destinou a maior parte dessa receita pública aos Estados e Municípios não impactados), vai de encontro à constatação de que, frente a essa atividade econômica, os Estados e Municípios impactados e não impactados não estão em situação semelhante (diversidade de situações).

A concretização dos efeitos de semelhante opção político-legislativa fará com que os Estados e Municípios impactados deixem de

---

[234] A propósito, Thomas Cooley leciona que "a garantia de proteção igual não deve ser entendida [...] no sentido de que toda pessoa, no país, tem, precisamente, de possuir os mesmos direitos e privilégios que qualquer outra", pois, para esse professor norte-americano, "a proteção dada pela lei deverá considerar-se igual, se a todas as pessoas da mesma categoria ela trata do mesmo modo, sob as mesmas circunstâncias e condições, tanto acerca dos privilégios conferidos como das obrigações impostas" (COOLEY, Thomas. *Princípios gerais do direito constitucional nos Estados Unidos da América*. Campinas: Russell, 2002. p. 223).

receber a necessária contraprestação pelos ônus decorrentes (entre outros itens) das despesas com infraestrutura e de prejuízos ambientais. Essa circunstância foi destacada por Luís Roberto Barroso, quando ressaltou, na linha do que se sustentou anteriormente neste trabalho,[235] que a finalidade dos recursos especificados no §1º do artigo 20 da Constituição é compensar (ou indenizar) os Estados e Municípios impactados pelos riscos inerentes à exploração e produção de petróleo e gás e pelos custos que decorrem do exercício dessa atividade econômica, que ensejam o:

> [...] aumento da demanda por serviços públicos e atividades governamentais, como distribuição de água, energia elétrica e gás natural, segurança pública, transportes, habitação, urbanismo, defesa civil, proteção ao meio ambiente, dentre outros [além de] elevados impactos e riscos ambientais [cuja] existência e gravidade foram tristemente demonstradas por recente acidente de grandes proporções, ocorrido no Golfo do México.[236]

É fato que a indústria do petróleo e do gás natural, embora traga investimentos, também gera ônus para os Estados e Municípios nos quais se instala. A propósito, observe-se, a título de exemplo, a realidade da cidade de Marataízes, situada no sul do Estado do Espírito Santo, que muito se assemelha a tantos outros Municípios litorâneos afetados pela atividade de exploração e produção de petróleo e gás, sobretudo àqueles que vivenciam a fase inicial da instalação das plantas empresariais para a extração desses recursos naturais nas proximidades de suas praias. Marataízes é um Município com pouco mais de trinta e seis mil habitantes, que fica a cento e vinte sete quilômetros de Vitória, capital do Estado. Parte de sua população vive da pesca, e outra parte é ocupada nos serviços que prestam suporte à indústria do turismo (hotelaria, bares, restaurantes, comércio etc.).[237]

Para uma cidade com essas características, um vazamento de petróleo, como o que ocorreu no Golfo do México (citado por Barroso) tem a potencialidade de desagregar o funcionamento da economia local, uma vez que tanto a pesca quanto o turismo dependem de praias limpas.

---

[235] Ver Tópicos 2.2 e 2.3 do Capítulo 2.
[236] BARROSO. Op. cit., 2010. p. 16.
[237] Disponível em: https://www.marataizes.es.gov.br/pagina/ler/1001/aspectos_gerais. Acesso em: 14 jul. 2019.

É certo que eventos dessa natureza impõem a reparação dos prejuízos ambientais e econômicos pelas empresas exploradoras. Mas até que isso ocorra, o Município, com o apoio do Estado, precisará lançar mão de recursos financeiros para, de alguma forma, minimizar o sofrimento daqueles que tiveram seu meio de vida prejudicado.[238] E isso porque, por razões óbvias, a cidade precisa continuar funcionando, as crianças precisam continuar frequentando as escolas, os alimentos precisam continuar chegando às mesas das famílias, os serviços públicos precisam continuar sendo prestados etc., mesmo se não houver pescados nem turistas para gerar divisas para o setor de serviços.

A ocorrência de um acidente desse tipo não é improvável,[239] sobretudo quando se considera a recente incidência, entre nós, de eventos de menor proporção, mas igualmente capazes de afetar a economia dos Estados e Municípios situados nas proximidades dos campos de produção de petróleo e gás.

A propósito, cumpre destacar, a título de exemplo, o acidente na Bacia de Campos pela empresa Chevron, que foi amplamente noticiado pela imprensa nacional. Confira-se o teor desta reportagem publicada pela *Central Globo de Jornalismo* na rede mundial de computadores em 10 de novembro de 2011:

ANP investiga vazamento de óleo na bacia de Campos
RIO DE JANEIRO (Reuters) – A Agência Nacional do Petróleo, Gás e Biocombustíveis (ANP) informou nesta quarta-feira que iniciou

---

[238] A propósito, Kiyoshi Harada leciona que "em casos de acidentes, decorrentes dessas atividades, torna-se imperiosa a imediata mobilização de recursos materiais e humanos pelos poderes públicos", dispondo que "o poder público local é sempre aquele que se encontra na linha de frente para prestar os primeiros socorros à população atingida" (HARADA. Op. cit., p. 55).

[239] No ensejo, Luiz Cláudio Cardoso relacionou alguns acidentes que marcaram época, referindo-se, a propósito, aos casos do Torrey Cânion (1967), da barcaça Flórida (1967), do Amoco Cádiz (1978), do petroleiro Valdez (1989), do Prestige (2002) e da explosão de uma refinaria em Nova York, no bairro de Staten Island, em fevereiro de 2003 (CARDOSO, Luiz Cláudio. *Petróleo*: do poço ao posto. Rio de Janeiro: Qualitymark, 2005. p. 163). Citando um exemplo local, Cardoso refere-se, ainda, a um acidente ocorrido na década de sessenta no litoral baiano; nos termos seguintes: "No Brasil, um campo de gás batizado Mapele, localizado na Bacia do Recôncavo, a acerca de 20 Km de Salvador e a poucos metros do acostamento da estrada Rio-Bahia, tornou-se atração turística em 1962. Na finalização da perfuração de um poço, iniciou-se um blowout que se estendeu por um ano e meio, alimentando uma chama que atingiu aproximadamente 80 metros. A pressão do reservatório superou a pressão da lama de perfuração e venceu os equipamentos de segurança, e não obstante todos os esforços para controlar o fogo (perfuração de poços para injeção de água), a chama só parou de queimar quando o reservatório se exauriu" (CARDOSO. Op. cit., p. 55).

investigação sobre um vazamento de óleo em Campos, principal bacia marítima de produção no Brasil.

A mancha de óleo no mar se encontra a cerca de um quilômetro da plataforma do campo de Frade, onde a petroleira norte-americana Chevron mantém o controle da produção.

Embarcações de apoio foram deslocadas ao local para identificar a origem do vazamento e recolher o óleo do mar, informou a reguladora em comunicado.

A ANP informa ainda que tomou conhecimento do acidente na manhã desta quinta-feira.

A Chevron, que possui 51,7 por cento do campo de Frade, diz, em nota, que está "ciente de um vazamento de óleo localizado entre os campos de Frade e Roncador, na bacia de Campos".

O campo de Roncador, um dos maiores produtores de petróleo do país, é operado pela Petrobras.

"A Chevron está investigando a origem do vazamento. Todas as providências estão sendo tomados", informou a companhia, em nota.

A Petrobras possui participação acionária de 30 por cento no campo de Frade, enquanto o consórcio Frade Japão Petróleo detém os demais 18,3 por cento.

O grave acidente no Golfo do México com uma plataforma da BP elevou a atenção de empresas e do órgão regulador no Brasil para a possibilidade de acidentes no país, onde a maioria da produção de petróleo ocorre em mar.

A ANP tem aumentado as exigências em relação à segurança das instalações, o que inclusive provocou paradas não programadas de unidades de produção da Petrobras.[240]

Ainda não se sabe ao certo a extensão dos efeitos desse acidente. Mas os ambientalistas estimam que possa haver prejuízos à fauna marinha. Quanto ao particular, cumpre referir às declarações prestadas pelo então secretário de Meio Ambiente do Estado do Rio de Janeiro, Carlos Minc, ao site "estadão.com.br", que relata, em reportagem publicada em 23 de novembro de 2011, em que "o secretário revelou [...] que a fauna marinha também será prejudicada pelo acidente".[241]

---

[240] Disponível em: http://extra.globo.com/noticias/economia/anp-investiga-vazamento-de-oleo-na-bacia-de-campos-3174388.html. Acesso em: 06 dez. 2011.

[241] Disponível em: http://www.estadao.com.br/noticias/geral,vazamento-de-oleo-no-rio-pode-chegar-a-15-mil-barris-diz-minc,802152,0.htm. acesso em: 06 dez. 2011.

No mesmo sentido se manifestou a bióloga Leandra Gonçalves, então coordenadora da Campanha de Clima e Energia do Greenpeace Brasil, conforme retrata a reportagem publicada no site "correiodopovo.com.br" em 18 de novembro de 2011.[242] Enfim, é fato que "vazamentos de petróleo prejudicam de forma intensa e duradoura a vida marinha", sendo que "desde o fitoplâncton, base da cadeia alimentar, até as aves, todos sofrem nessas tristes ocorrências",[243] como leciona Luiz Cláudio Cardoso.[244]

O que se dá é que, ainda conforme Cardoso:

> As manchas de óleo impedem ou diminuem a entrada de luz no mar, o que prejudica a fotossíntese dos vegetais, sobretudo o fitoplâncton; o óleo também impregna as penas das aves, matando-as por hipotermia, entope as vias respiratórias dos mamíferos, interfere nos quimiorreceptores de animais migratórios, deixando-os desorientados, afeta as atividades de quem vive da pesca e do turismo, promove, enfim, uma verdadeira devastação.[245]

Disso se depreende o risco de comprometimento da atividade pesqueira desenvolvida pelas populações locais dos Municípios litorâneos situados nas proximidades das áreas de exploração de petróleo e gás.

Especulou-se, ainda, que o óleo liberado pelo acidente poderia chegar às praias do Rio de Janeiro, do Espírito Santo e de São Paulo; como se infere, a título de exemplo, de reportagem publicada no site "gazetaonline.globo.com" em 22 de novembro de 2011, da qual se extrai os seguintes excertos:

> O óleo derramado pela petroleira Chevron no campo de Frade, na Bacia de Campos, pode chegar às praias do Espírito Santo e Rio de Janeiro e São Paulo (Ubatuba) dentro de duas semanas. A informação é do *Globo Online*.

---

[242] Disponível em: http://www.correiodopovo.com.br/Noticias/?Noticia=361574. Acesso em: 06 dez. 2011.

[243] CARDOSO. Op. cit., p. 163.

[244] Luiz Cláudio Cardoso é especialista em Direito Público e consultor especializado no segmento, atuou como professor universitário em cursos de petróleo e gás, trabalhou na Petrobras e exerceu atividades de supervisão operacional no sistema TESIP (Texaco, Esso, Shell, Ipiranga e Petrobras) e na Companhia Estadual de Gás do Rio de Janeiro (CARDOSO. Op. cit., folha de rosto).

[245] *Ibid.*

Alerta foi dado por técnicos do Instituto Brasileiro do Meio Ambiente e dos Recursos Naturais Renováveis, (Ibama) e do Instituto Estadual do Ambiente do Rio de Janeiro em reunião com o secretário estadual do Ambiente, Carlos Minc. "Cerca de dois terços de todo o óleo derramado, sobretudo aquele mais grosso, ainda está abaixo do espelho d'água. Esse óleo vai passando por processo físicoquímico e vira pelotas que vão acabar nas praias", disse Minc ao *Globo Online*. Ele acrescentou que tudo vai depender agora das condições climáticas para determinar o tempo que essas "bolas de piche" vão levar para chegar nas praias.[246]

Se essa expectativa se confirmasse, ter-se-ia, também, prejuízo ao turismo praticado nos Municípios litorâneos situados nas proximidades das áreas de exploração de petróleo e gás, sobretudo quando se tem em vista as proximidades do acidente com o verão, estação do ano em que o litoral brasileiro recebe visitantes de toda parte. Essa atividade econômica tem fundamental importância para o sustento da mão de obra local, inclusive daquela que se ocupa da atividade pesqueira, pois a chegada dos turistas também aumenta a venda dos pescados.

A situação de vulnerabilidade dos Estados e Municípios impactados pela indústria do petróleo e do gás natural frente a um acidente desse tipo é potencializada porque as investigações preliminares realizadas pelos órgãos ambientais acerca das causas desse vazamento de óleo atribuído à Chevron apontam no sentido de que a empresa não estava preparada para reagir, com a necessária prontidão, a um evento dessa natureza.[247] Tal se infere, ainda exemplificativamente, de reportagem publicada pelo site "uol.com.br" em 24 de novembro de 2011, da qual se destaca o seguinte trecho:

---

[246] Disponível em: http://gazetaonline.globo.com/_conteudo/2011/11/noticias/minuto_a_minuto/nacional/1035212-leo-que-vazou-na-bacia-de-campos-pode-chegar-as-praias-do-espirito-santo.html. Acesso em: 06 dez. 2011.

[247] Quanto ao particular, Luiz Cláudio Cardoso observa que é inerente à atividade de exploração e produção de petróleo e gás, assim como a outras atividades de grande porte, a elaboração de um plano de contingência, "que é um documento onde se define responsabilidades e informações úteis sobre a área envolvida, os recursos disponíveis e as linhas de ação para combater uma emergência de grande porte" (CARDOSO. Op. cit., p. 175). E isso porque, "no momento de um acidente, saber o que fazer, isto é, ter um plano de ação pré-concebido é condição essencial para o sucesso no combate e eliminação dos seus efeitos", pois "seja um incêndio, vazamento de gás, derrame de óleo no mar ou qualquer outro acidente, a ação tem que ser imediata, a fim de evitar consequências desastrosas" (CARDOSO. Op. cit., p. 176), como observa Cardoso na sequência. Por isso é que, conforme Cardoso, "a convocação e movimentação rápida de pessoal e dos equipamentos devem ser objetivos prioritários em qualquer plano de ação" (CARDOSO. Op. cit., p. 176).

Em audiência pública na tarde desta quinta-feira (24) na Assembleia Legislativa do Rio de Janeiro (Alerj), o secretário estadual do Ambiente, Carlos Minc, disse que a Chevron não sabia como agir no caso do vazamento na bacia de Campos.

Segundo Minc, a Polícia Federal tem depoimentos gravados do coordenador responsável pela segurança da plataforma em que ele disse não saber o que fazer para conter o vazamento.

O representante da Chevron na audiência, Luiz Pimenta, supervisor de meio ambiente, não comentou as declarações de Minc e saiu sem falar com a imprensa. Durante sua explanação, Pimenta disse que a empresa "fez uso de todos os recursos disponíveis para conter o vazamento".[248]

O mais grave disso tudo é que a própria Agência Nacional do Petróleo, Gás Natural e Biocombustíveis admitiu a ineficiência da fiscalização que exerce sobre a exploração e produção de petróleo e gás na costa brasileira, conforme noticia a seguinte reportagem, publicada na internet em 29 de novembro de 2011, pela *Central Globo de Jornalismo*:

Agência admite ineficiência na fiscalização

Jablonski, da ANP, reconheceu ainda que a agência é ineficiente na fiscalização e monitoramento de poços de petróleo, devido à falta de equipamento e pessoal. Ele afirmou que são perfurados no Brasil, por ano, 900 poços, enquanto nos Estados Unidos o total é de 20 mil.

– Não posso dizer que examinamos detalhadamente os poços. O que se faz é definir organizações em termos de gestão.

O técnico afirmou que a responsabilidade direta da Chevron no acidente "é total". Disse esperar que aconteça no Brasil o que houve no vazamento do Golfo do México, nos EUA. A BP foi multada em US$75 milhões, mas criou voluntariamente um fundo de US$20 bilhões para gastos com compensação e limpeza do meio ambiente.

Jablonski enfatizou que há, no Brasil, 78 empresas concessionárias atuando na exploração e produção de petróleo e gás natural. Do total, apenas uma empresa, a Petrobras, detém 93% do total produzido.[249]

Na verdade, especialistas têm afirmado que o Brasil precisa se aparelhar melhor para explorar o petróleo e o gás natural do pré-sal.

---

[248] Disponível em: http://noticias.uol.com.br/cotidiano/2011/11/24/responsavel-da-chevron-disse-que-nao-sabia-como-agir-afirma-minc.jhtm. Acesso em: 06 dez. 2011.
[249] Disponível em: http://oglobo.globo.com/economia/chevron-podera-voltar-explorar-petroleo-no-brasil-diz-anp-3345372. Acesso em: 06 dez. 2011.

O então secretário Carlos Minc declarou ao site "www.istoedinheiro. com.br", em reportagem publicada em 24 de novembro de 2011,[250] que esse acidente deve servir de "alerta vermelho" para as autoridades brasileiras, pois se "um só poço teve problemas, [...] o pré-sal terá mil deles".

De seu turno, Adriano Pires, então diretor do Centro Brasileiro de Infraestrutura, declarou à mesma reportagem que "o acidente da Chevron mostra que extrair petróleo do mar não é uma tarefa simples". Segundo Pires, "nem o Brasil nem o resto do mundo estão preparados para responder rapidamente a um acidente petroleiro no mar, e com o pré-sal as dificuldades serão ainda maiores devido à profundidade". Pires recobra, na sequência, o acidente ocorrido no Golfo do México (também citado por Barroso), e acrescenta que muito embora as empresas exploradoras venham desenvolvendo métodos sofisticados para a extração do petróleo e do gás natural em alto mar, os métodos para enfrentar vazamentos e proteger o ambiente deixam a desejar.

Opinião semelhante foi manifestada, na oportunidade, por Alessandra Magrini, professora de Planejamento Energético da Universidade Federal do Rio de Janeiro. Para Magrini, "é preciso preparar melhor os organismos de controle", com destaque para a atuação da Agência Nacional do Petróleo, Gás Natural e Biocombustíveis. A propósito, Magrini ressalta que apesar de a legislação brasileira fixar critérios para a aplicação de multas às empresas exploradoras, "não há nada para avaliar os danos causados", e conclui que "o Brasil ainda possui muito a evoluir em relação aos trabalhos no pré-sal".

Portanto, é muito possível que acidentes dessa natureza voltem a se repetir. Aliás, conforme também restou noticiado pela imprensa nacional no ano de 2010, a Petrobras derramou quase o dobro da quantidade de óleo liberada nesse acidente com a Chevron. É o que se colhe de reportagem publicada na internet pela *Central Globo de Jornalismo*, em 26 de novembro de 2011, da qual se destaca o seguinte trecho:

> **Petrobras derramou em 2010 quase o dobro de óleo da Chevron**
>
> RIO – Os vazamentos de petróleo no Brasil são mais comuns do que se pensa. Só a Petrobras, a maior empresa do setor, encerrou o ano passado poluindo mais e recebendo um grande volume de autos de infração dos

---

[250] Disponível em: http://www.istoedinheiro.com.br/noticias/74191_VAZAMENTO+DE+PETROLEO+DA+CHEVRON+FAZ+O+ALARME+DE+ALERTA+SOAR+NO+BRASIL. Acesso em: 06 dez. 2011.

órgãos de fiscalização. Em 2010, a estatal registrou 57 vazamentos, contra 56 ocorrências em 2009. O volume de petróleo e derivados derramado cresceu cerca de 163%, pulando de 1.597 mil barris, em 2009, para 4.201 mil barris espalhados na natureza no ano passado, quase o dobro dos 2.400 barris que teriam vazado do poço da Chevron no campo de Frade (Bacia de Campos), onde a Petrobras tem 30% de participação no consórcio de exploração.

O óleo vazado pela Petrobras em 2010 foi o maior em pelo menos quatro anos, segundo levantamento do GLOBO com base em seus relatórios de sustentabilidade. O número ficou acima do Limite Máximo Admissível, índice anual usado pela estatal, de 3.895 mil barris. Especialistas dizem que as empresas não estão investindo o suficiente em sistemas de segurança e ressaltam que os desafios são maiores com o pré-sal.

Segundo o Relatório de Sustentabilidade de 2010, o Sistema Petrobras recebeu, em 2010, 21 autos de infração ambientais, que geraram multas de R$80,75 milhões. O número é 131,04% maior em relação a 2009, quando três autos totalizaram R$34,95 milhões. Esses números consideram multas com valores iguais ou superiores a R$1 milhão.[251]

Esse quadro se agrava, ainda, porque, como relatou a Comissão Especial de Análise do Projeto de Lei do Marco Regulatório do Pré-Sal, instituída no âmbito da OAB/ES, e coordenada pelo conselheiro federal Luiz Cláudio Allemand, há também o problema das manchas órfãs, assim consideradas aquelas decorrentes de incidentes de menor magnitude, comumente provocados por fontes não identificadas, e que, por isso, não são detectados pelos órgãos de fiscalização, não integrando, destarte, as estatísticas oficiais de vazamentos de petróleo no litoral. Confira-se, a propósito, a seguinte passagem do Relatório publicado por essa Comissão Especial:

[...] A comoção social normalmente é associada aos grandes desastres ecológicos, em que ficaram gravadas na memória da sociedade imagens de aves e animais cobertos de óleo, como nos casos dos acidentes envolvendo os navios Torrey Canyon (Reino Unido, 1967), Amoco Cádiz (França, 1978), Exxon Valdez (Alaska, 1989) e o Prestige (Bretanha, 2002), principais responsáveis pela evolução normativa no plano internacional acerca da necessidade do disciplinamento de medidas preventivas de proteção ambiental no mar.

---

[251] Disponível em: http://oglobo.globo.com/economia/petrobras-derramou-em-2010-quase-dobro-de-oleo-da-chevron-3332275. Acesso em: 08 dez. 2011.

Outros desastres, como o vazamento da BP – British Petroleum (2010), no Golfo do México, continuam a assombrar a sociedade com toneladas de óleo lançadas diariamente no mar, trazendo danos incalculáveis para a comunidade do seu entorno.

Contudo, pouco se fala da ocorrência contínua de incidentes de menor monta, que ocorrem principalmente em operações de rotina como carga e descarga e abastecimentos de navios em instalações portuárias e outros procedimentos de praxe, levando-se em conta que "a maioria dos acidentes marítimos são de pequenas dimensões (menos de sete toneladas)".

Tal fenômeno se agrava, quando constatado que estes acidentes são relegados a um segundo plano, e em grande parte dos casos não são comunicados às autoridades portuárias e ignorados.

Quando não comunicados e, consequentemente, não identificados os agentes promotores daquela poluição, há a ocorrência das chamadas manchas órfãs:

"O termo 'manchas órfãs' vem sendo empregado, genericamente como referência ao aparecimento de substâncias oleosas em águas marinhas, estuarinas ou fluviais, cuja fonte poluidora não foi identificada. Por se tratar de uma mancha de óleo 'sem dono', não há a quem se responsabilizar pelo fato. É preciso então haver um consenso prévio entre as autoridades portuária, marítima, ambiental e municipal, bem como entre os representantes dos terminais e operadores portuários, no sentido de estruturar um plano de ação de emergência integrado para este fim específico, quando houver acionamento, bem como para avaliar as despesas relativas aos custos de ações de contenção, remoção, destinação e tratamento dos resíduos gerados".[252]

A gravidade dessas manchas reside no fato de que: (1) Por serem pequenas, não sensibilizam a população, de maneira que em grande parte dos casos são ignoradas e o órgão fiscalizador não é acionado; (2) São danos de ação contínua; (3) Quando analisadas individualmente não apresentam grandes impactos, porém, quando visto o contexto ambiental como um todo, no qual se tem diversas manchas "pequenas" de variadas origens e tipologias, equivale-se a uma mancha de grande proporção e mitigação mais complexa; (4) quando acionado o órgão fiscalizador, o mesmo demanda tempo para identificar o responsável e autuá-lo para apresentar as medidas compensatórias, conforme o princípio do poluidor pagador;[253] (5) não sendo identificado o agente

---

[252] CETESB. Companhia Ambiental do Estado de São Paulo. *Manchas órfãs.* Disponível em: www.cetesb.sp.gov.br/emergencia/acidentes/vazamento/mancha/mancha.asp?%22manc has+%C3%B3rf%C3%A3s%22&hi=pt-BR&ct=clnk&cd=1&gl=br. Acesso em: 15 jul. 2008.

[253] BORGES, Orlindo Francisco. A utilização dos *royalties* do petróleo na gestão de riscos ambientais decorrentes da atividade petrolífera: uma ponderação a partir da problemática envolvendo "manchas órfãs". *In*: BENJAMIN, Antonio Herman; IRIGARAY, Carlos

causador do dano, os custos de reparação recaem sobre a sociedade, por meio do ente lesado, que, nesse caso, teria a necessidade de se utilizar de recursos públicos que não estariam previstos para aquela destinação.

Tal fato significa que, para a realização deste ato, haverá a necessidade se retirar recursos que seriam destinados para outras áreas que, quando não atendidas, podem gerar riscos para a vida ou a sua qualidade, como são os casos envolvendo saúde, educação, saneamento básico e outros direitos fundamentais.

Portanto, a sociedade normalmente se preocupa com os vazamentos de óleo em grande escala, cujo medo da ocorrência se pauta em termos emocionalmente apelativos (imagens de animais encobertos de óleo e paisagens naturais degradas, por exemplo), enquanto se esquece dos recorrentes incidentes de menor escala, cuja probabilidade de ocorrência é infinitamente maior. Tal enfoque resulta na formulação de medidas regulatórias pautadas em uma falsa estimativa da probabilidade, apresentando-se, dessa forma, insatisfatórias aos casos mais corriqueiros.

Daí a importância de se dar maior atenção na regulação da precaução e prevenção com a questão dos acidentes de pequenas dimensões envolvendo óleo, em especial as "manchas órfãs", que têm se tornado cada vez mais constantes e imperceptíveis.

Logo, não restam dúvidas que os riscos envolvendo derramamento de óleo no mar, principalmente na costa de Estados e Municípios produtores de petróleo, não são improváveis. Muito pelo contrário, sua potencialidade é inquestionável, motivo pelo qual se torna imperiosa uma regulação voltada à prevenção e precaução desses danos, o que gera custos ao ente produtor, maior lesado pela potencialidade de tais impactos.[254]

São, pois, evidentes os riscos ambientais da atividade de exploração e produção de petróleo e gás no litoral brasileiro. Também são manifestos os seus reflexos sobre as contas públicas dos Estados e Municípios situados nas proximidades dos campos de produção desses recursos naturais, que veem afetado o modo de vida das suas respectivas populações, e que, por isso, necessitam dos recursos financeiros corporificados nos royalties e na participação especial advindos do exercício

---

Teodoro; LECEY, Eladio; CAPPELI, Sílvia (Org.). Congresso Internacional de Direito Ambiental: florestas, mudanças climáticas e serviços ecológicos, 15, 2010. São Paulo. Homenagem ao Professor Leonardo Boff. São Paulo: Imprensa Oficial do Estado de São Paulo, v. 2, p. 407-427.

[254] ALLEMAND, Luiz Cláudio (Coord.). *Relatório da Comissão de análise do Projeto de Lei do marco regulatório do pré-sal*. Vitória: OAB/ES, 2010. p. 21-24. Disponível em: http://www.oabes.org.br/arquivos/legislacao/legislacao_47.pdf. Acesso em: 02 dez. 2010.

dessa atividade econômica. Se o pior acontecer, as populações locais só contam com os seus respectivos Estados e Municípios para minimizar os impactos da repercussão de acidentes desse tipo. Até porque, como cediço, nada há no ordenamento jurídico-positivo que obrigue os demais Estados e Municípios a socorrem-nas em um evento dessa natureza.

Mas, mesmo quando se desconsidera a possibilidade de ocorrência de vazamentos de óleo no mar (que certamente têm reflexos sobre a economia local), não se pode refutar a evidência de que a exploração e produção do petróleo e do gás natural afete as contas públicas dos Estados e Municípios impactados por essa atividade econômica e o modo de vida das suas respectivas populações. Com efeito, a implantação ou ampliação das plantas empresariais mantidas pela indústria nessas unidades federadas por si só induz a elevação do seu gasto público, sendo que, nesse contexto, a única contrapartida financeira que lhes é direcionada são os royalties e a participação especial que a Lei nº 12.734/2012 tenciona distribuir majoritariamente aos Estados e Municípios não impactados.[255]

Poder-se-ia argumentar, no ensejo, que a indústria do petróleo e do gás natural traz investimentos, e que isso é bom para a economia local, porque há geração de emprego e renda. Porém, essa afirmação é apenas em parte verdadeira.

Não há dúvida de que a indústria gera empregos. Mas não necessariamente para a população local de um Município com esse tipo de estruturação econômica. Seus trabalhadores não têm, em regra, a formação técnica necessária para serem aproveitados na atividade petrolífera e nas atividades de apoio à indústria. Por isso, o Município e o Estado precisarão investir recursos financeiros na qualificação da mão de obra local, com vistas a tentar minimizar o problema.

Outro efeito da chegada da indústria do petróleo e do gás natural, ou da sua ampliação na base territorial de um Município com essas características, é a elevação do custo de vida. De modo geral, os

---

[255] Não sobeja lembrar, a propósito, que os Estados impactados foram privados pela Constituição da receita tributária auferida com tributação pelo ICMS das saídas de petróleo e derivados para outras unidades federadas (CRFB, artigo 155, §2º, X, "b"), como se demonstrou no Tópico 2.4 do Capítulo 2. Quanto ao particular, confiram-se, ainda, as considerações apresentadas no tópico subsequente, que será dedicado à explicitação da desequiparação entre Estados e Municípios impactados e não impactados frente ao discrímine estabelecido por essa alínea "b" do inciso X do §2º do artigo 155 da Constituição.

engenheiros e técnicos que trabalham na indústria recebem salários mais altos que os rendimentos da atividade pesqueira e que os salários pagos pelo turismo local. Assim, a pressão da demanda sobre o comércio local, quando conjugada a uma maior capacidade financeira dos novos residentes no Município, pode provocar um aumento nos preços dos alimentos e demais itens de consumo básico. Além disso, esses profissionais passarão a disputar moradias com os trabalhadores que compõem a mão de obra local, o que tem a potencialidade de induzir uma elevação dos custos dos aluguéis e dos imóveis. Com isso, parte da população local tende a ser empurrada para bairros mais afastados, gerando um problema de mobilidade urbana. Para minimizar esse problema urbanístico, o Município, com o apoio do Estado, precisará investir na construção de moradias populares, e também instituir, ou ampliar, serviços de transporte urbano. Pode ocorrer, ainda, de parte da população local vir a concentrar-se em moradias improvisadas, gerando favelização, com reflexos sobre a criminalidade; o que exigirá mais investimentos em programas de inclusão social e maiores gastos com segurança pública.

Nesse mesmo sentido se pronunciou a Comissão Especial de Análise do Projeto de Lei do Marco Regulatório do Pré-Sal, instituída no âmbito da OAB/ES, como se infere do seguinte trecho do seu Relatório:

> [...] os impactos sociais decorrentes do desenvolvimento de uma atividade econômica desproporcional, como a petrolífera, são concretos.
>
> É inegável que a atividade petrolífera atrai outras indústrias de suporte, e, juntamente com elas, demanda uma abundante mão de obra. Em atendimento a esta demanda, há um fluxo de trabalhadores para estas cidades, muitas vezes, não especializados e com renda insuficiente para suportar um mercado imobiliário supervalorizado.
>
> Quando não enquadrados aos padrões imobiliários existentes na localidade, esta população tende a se instalar em áreas invadidas, bem como em manguezais, morros, e encostas, acarretando em um crescimento desordenado dessas cidades.
>
> Ademais, além da significativa demanda por serviços públicos e obras de infraestrutura, há um aumento nos índices de desemprego local, acarretando o surgimento de bolsões de pobreza e aumento da criminalidade local.
>
> Exemplo disso é o Município de Macaé, no Rio de Janeiro, escolhido na década de 1970 pela Petrobras para sediar suas atividades de prospecção e exploração na Bacia de Campos. Chamada de capital brasileira do petróleo, Macaé teve um aumento demográfico de 75.000 habitantes

em 1980, para mais de 150.000 em 2005, possuindo 14 grandes favelas e ocupando a 815ª posição nacional do Índice de Desenvolvimento Municipal (17ª do Estado). No ano de 2006, 53% do orçamento do Município decorreram de royalties do petróleo, com os quais precisa criar 4.000 novas vagas nas escolas todo ano para novos alunos e 3.000 imóveis para acabar com as invasões.[256] Este fenômeno é o principal fator responsável pelos principais impactos sociais decorrentes da instalação destas indústrias. Isto porque, este deslocamento abrupto de trabalhadores para uma localidade ainda desestruturada para comportar este fluxo, resta por vitimizar toda uma sociedade.

Por tais razões, há a necessidade de implementação de políticas estruturantes, não só para receber esta atividade, como para diversificar a sua atividade, posto se tratar da exploração de um bem finito.[257]

É, pois, patente a desequiparação entre Estados e Municípios impactados pela exploração e produção de petróleo e gás e aqueles que não sofrem os impactos dessa atividade econômica. Posto isso, a iniciativa do legislador por conferir a um e outro grupo de entes federados tratamento legislativo paritário (encartada na Lei nº 12.351/2010), posteriormente vetado pela Presidência da República e substituído (na sequência) por opção político-normativa (positivada na Lei nº 12.734/2012) por distribuir essa receita pública majoritariamente a Estados e Municípios não impactados demonstram escolhas legislativas não isonômicas e, portanto, inconstitucionais. Afinal, os Estados e Municípios impactados, porque suportam os riscos e os ônus próprios dessa atividade econômica, merecem, certamente, tratamento mais benéfico por parte do legislador, como mereceram do constituinte originário quando da concepção do texto do §1º do artigo 20 da Constituição.[258]

---

[256] FILGUEIRAS, Sofia Varejão. A vinculação dos Municípios aos direitos sociais e os *royalties* do petróleo. 2006. 122 f. Dissertação (Mestrado em Direito) – Orientador: Daury Cézar Fabriz, Faculdade de Direito de Vitoria, 2006.
[257] ALLEMAND. Op. cit., p. 26-27.
[258] CRFB/1988. "Art. 20 [...] §1º. É assegurada, nos termos da lei, aos Estados, ao Distrito Federal e aos Municípios, bem como a órgãos da administração direta da União, participação no resultado da exploração de petróleo ou gás natural, de recursos hídricos para fins de geração de energia elétrica e de outros recursos minerais no respectivo território, plataforma continental, mar territorial ou zona econômica exclusiva, ou compensação financeira por essa exploração." Ver Tópicos 2.2 e 2.3 do Capítulo 2.

3.3 Desequiparação entre Estados e Municípios impactados e não impactados frente ao discrime estabelecido pela alínea "b" do inciso X do §2º do artigo 155 da Constituição

Esse quadro se agrava quando se tem em vista que, pelas razões dantes expostas,[259] os constituintes privaram os Estados impactados da tributação pelo ICMS das saídas de petróleo e derivados (gasolina, gás natural, lubrificantes etc.) para outras unidades federadas, dada a imunidade tributária prevista na alínea "b" do inciso X do §2º do artigo 155 da Constituição.[260] E isso porque, conforme exposto:

a) esse dispositivo impôs aos Estados e Municípios impactados, como salvaguarda dos interesses de Estados e Municípios não impactados, relevante perda financeira, pautada na imunidade para a tributação pelo ICMS das operações relativas às saídas de petróleo e derivados para outras unidades federadas, quando estabeleceu que esse imposto não incide sobre operações que os destinam a outros Estados;

b) esses recursos acabam destinados, na prática, a Estados não impactados pela exploração e produção de petróleo e gás, porque o ICMS é tributo não cumulativo, por disposição expressa do inciso I do §2º do artigo 155 da Constituição,[261] o que autoriza o contribuinte a deduzir o imposto cobrado nas operações anteriores (que, para a hipótese, seria recolhido pelos Estados impactados) do imposto devido nas operações subsequentes, mediante creditamento,[262] e faz com que a

---

[259] Ver Tópico 2.4 do Capítulo 2.
[260] CRFB/1988. "Art. 155. Compete aos Estados e ao Distrito Federal instituir impostos sobre: [...] II – operações relativas à circulação de mercadorias e sobre prestações de serviços de transporte interestadual e intermunicipal e de comunicação, ainda que as operações e as prestações se iniciem no exterior; [...] §2º O imposto previsto no inciso II atenderá ao seguinte: [...] X – não incidirá: [...] b) sobre operações que destinem a outros Estados petróleo, inclusive lubrificantes, combustíveis líquidos e gasosos dele derivados, e energia elétrica."
[261] CRFB/1988. "Art. 155. [...] §2º O imposto previsto no inciso II atenderá ao seguinte: I – será não-cumulativo, compensando-se o que for devido em cada operação relativa à circulação de mercadorias ou prestação de serviços com o cobrado nas anteriores pelo mesmo ou outro Estado ou pelo Distrito Federal."
[262] Reitere-se, quanto ao particular, o posicionamento pretoriano consolidado na jurisprudência do Supremo Tribunal Federal, para quem a imunidade contemplada pela alínea "a" do inciso X do §2º do artigo 155 da Constituição foi instituída apenas para efeito de evitar a tributação do petróleo pelo Estado de origem, possibilitando, com isso, ao Estado-destino a cobrança do tributo em sua totalidade; como se infere, a título exemplificativo,

referida desoneração tributária acabe beneficiando toda a cadeia de consumo, favorecendo, com isso, todo e qualquer Estado em cujo território se realizarem operações de circulação de petróleo e derivados;

c) também os Municípios situados nos Estados não impactados acabam beneficiados pela regra imunizante, porque o inciso IV do artigo 158 da Constituição confere a eles parcela do ICMS arrecadado por seus respectivos Estados.[263]

Assim, o que se depreende da leitura conjugada do §1º do artigo 20 da Constituição com alínea "b" do inciso X do §2º do seu artigo 155 é que o constituinte conferiu aos Estados e Municípios impactados as participações governamentais advindas da exploração e produção do petróleo e do gás natural (royalties, participação especial etc.) e aos Estados e Municípios não impactados a arrecadação do ICMS incidente sobre as referidas operações, inclusive daquelas que seriam originariamente tributadas pelos Estados impactados. Essa intenção do constituinte foi externada pelo ministro Nelson Jobim ao Supremo Tribunal Federal por ocasião do julgamento do Mandado de Segurança nº 24.312/DF,[264] já citado.[265]

---

do seguinte julgado: "Tributário. ICMS. Lubrificantes e combustíveis líquidos e gasosos, derivados do petróleo. Operações interestaduais. Imunidade do art. 155, §2º, X, b, da Constituição Federal. *Benefício fiscal que não foi instituído em prol do consumidor, mas do Estado de destino dos produtos em causa, ao qual caberá, em sua totalidade, o ICMS sobre eles incidente, desde a remessa até o consumo.* Consequente descabimento das teses da imunidade e da inconstitucionalidade dos textos legais, com que a empresa consumidora dos produtos em causa pretendeu obviar, no caso, a exigência tributária do Estado de São Paulo. Recurso conhecido, mas desprovido" (STF. RE 198088/SP. Relator(a): Min. ILMAR GALVÃO, Julgamento: 17.05.2000. Órgão Julgador: Tribunal Pleno, Publicação DJ 05.09.2003 PP-00032).

[263] CRFB/1988. "Art. 158. Pertencem aos Municípios: [...] IV – vinte e cinco por cento do produto da arrecadação do imposto do Estado sobre operações relativas à circulação de mercadorias e sobre prestações de serviços de transporte interestadual e intermunicipal e de comunicação."

[264] A propósito, recobre-se que o ministro Jobim, reportando-se à sua experiência pessoal como parlamentar constituinte, fez o seguinte relato aos seus pares no Supremo Tribunal Federal: "Em 1988, quando se discutiu a questão do ICMS, o que tínhamos? Houve uma grande discussão na constituinte sobre se o ICMS tinha que ser na origem ou no destino. A decisão foi que o ICMS tinha que ser na origem, ou seja, os Estados do Sul continuavam gratuitamente tributando as poupanças consumidas nos Estados do Norte e do Nordeste. Aí surgiu um problema envolvendo dois grandes assuntos: energia elétrica – recursos hídricos – e petróleo. Ocorreu o seguinte: os Estados onde ficasse sediada a produção de petróleo e a produção de energia elétrica acabariam recebendo ICMS incidente sobre o petróleo e energia elétrica. O que se fez? Participamos disso diretamente, lembrando de que era, na época, o senador Richard quem defendia os interesses do Estado do Paraná e o senador Almir Gabriel quem defendia os interesses do Estado do Pará, além do Rio de

3.4 A distribuição das participações governamentais a todas as unidades federadas como escolha anti-isonômica

Por um e outro argumento, isto é, seja porque os Estados e Municípios impactados e não impactados pela exploração e produção de petróleo e gás não se encontram em situação semelhante frente aos riscos e custos inerentes a essa atividade econômica, seja porque a própria Constituição os distinguiu, quanto a esse aspecto, quando concebeu, na alínea "b" do inciso X do §2º do seu artigo 155,[266] imunidade para a tributação das saídas do petróleo e derivados (dos Estados impactados) para outras unidades federadas (Estados não impactados), o legislador não lhes pode atribuir tratamento igualitário (como fez o legislador por ocasião da construção do texto da Lei nº 12.351/2010), e menos ainda está autorizado a conferir a esses (Estados e Municípios não impactados) tratamento normativo mais benéfico do que o atribuído àqueles (Estados e Municípios impactados) quando da distribuição da retribuição financeira prevista no §1º do artigo 20 da mesma Carta Política.[267] Quando menos, deve ser destinada aos Estados e Municípios impactados a maior parte dos royalties e da participação especial direcionados, neste contexto, aos Estados e Municípios; muito embora se possa afirmar, sem incorrer em contradição, que os elementos anteriormente citados (desequiparação frente aos riscos e custos da atividade e frente à incidência do ICMS sobre a indústria do petróleo e do

---

Janeiro e Sergipe, em relação às plataformas de petróleo. Então, qual foi o entendimento político naquela época que deu origem a dois dispositivos na Constituição? Daí porque é preciso ler o §1º do art. 20, em combinação com o inciso X do art. 155, ambos da Constituição Federal. O que se fez? Estabeleceu-se que o ICMS não incidiria sobre operações que se destinassem a outros Estados – petróleo, inclusive lubrificantes, combustíveis líquidos, gasosos e derivados e energia elétrica –, ou seja, tirou-se da origem a incidência do ICMS. [...] Assim, decidiu-se da seguinte forma: tira-se o ICMS da origem e se dá aos Estados uma compensação financeira pela perda dessa receita. Aí criou-se o §1º do artigo 20 [...]".

[265] Ver Tópico 2.3 do Capítulo 2.
[266] CRFB/1988. "Art. 155. Compete aos Estados e ao Distrito Federal instituir impostos sobre: [...] §2º O imposto previsto no inciso II atenderá ao seguinte: [...] X – não incidirá: [...] b) sobre operações que destinem a outros Estados petróleo, inclusive lubrificantes, combustíveis líquidos e gasosos dele derivados, e energia elétrica."
[267] CRFB/1988. "Art. 20 [...] §1º. É assegurada, nos termos da lei, aos Estados, ao Distrito Federal e aos Municípios, bem como a órgãos da administração direta da União, participação no resultado da exploração de petróleo ou gás natural, de recursos hídricos para fins de geração de energia elétrica e de outros recursos minerais no respectivo território, plataforma continental, mar territorial ou zona econômica exclusiva, ou compensação financeira por essa exploração."

gás natural) desaconselham a distribuição dessas receitas a Estados e Municípios não impactados.

Assim, a distribuição dos royalties e da participação especial a todas as unidades federadas (opção político-normativa encartada na Lei nº 12.351/2010) e, sobretudo, a sua destinação em maior proporção aos Estados e Municípios não impactados pela exploração e produção de petróleo e gás (opção político-normativa encartada na Lei nº 12.734/2012), na medida em que não se compatibiliza com a situação peculiar vivenciada pelos Estados e Municípios impactados por essa atividade econômica, também é ofensiva ao princípio da isonomia, de que trata o artigo 5º da Lei Maior.[268]

---

[268] CRFB/1988. "Art. 5º Todos são iguais perante a lei, sem distinção de qualquer natureza, garantindo-se aos brasileiros e aos estrangeiros residentes no País a inviolabilidade do direito à vida, à liberdade, à igualdade, à segurança e à propriedade, nos termos seguintes: [...]."

CAPÍTULO 4

O PRINCÍPIO FEDERATIVO E A DISTRIBUIÇÃO ÀS UNIDADES FEDERADAS DAS PARTICIPAÇÕES GOVERNAMENTAIS ADVINDAS DA EXPLORAÇÃO E PRODUÇÃO DE PETRÓLEO E GÁS

Essas mesmas circunstâncias (de os Estados e Municípios impactados e não impactados não se encontrarem em situação semelhante frente aos riscos e custos inerentes à exploração e produção de petróleo e gás e de a própria Constituição os haver distinguido quando concebeu a imunidade tributária prevista na alínea "b" do inciso X do §2º do seu artigo 155[269]) também conduzem à conclusão de que a opção político-legislativa (encartada na Lei nº 12.734/2012) pela distribuição dos royalties e da participação especial em maior proporção aos Estados e Municípios não impactados pela exploração e produção de petróleo e gás (portanto, sem ter em consideração a situação peculiar vivenciada pelos Estados e Municípios impactados por essa atividade econômica) é de igual modo ofensiva ao princípio federativo, a que referem os artigos 1º[270] e 18[271] da Carta de 1988, e também o inciso I do §4º de seu artigo 60.[272]

---

[269] CRFB/1988. "Art. 155. Compete aos Estados e ao Distrito Federal instituir impostos sobre: [...] §2º O imposto previsto no inciso II atenderá ao seguinte: [...] X – não incidirá: [...] b) sobre operações que destinem a outros Estados petróleo, inclusive lubrificantes, combustíveis líquidos e gasosos dele derivados, e energia elétrica."
[270] CRFB/1988. "Art. 1º A República Federativa do Brasil, formada pela união indissolúvel dos Estados e Municípios e do Distrito Federal, constitui-se em Estado Democrático de Direito e tem como fundamentos [...]."
[271] CRFB/1988. "Art. 18. A organização político-administrativa da República Federativa do Brasil compreende a União, os Estados, o Distrito Federal e os Municípios, todos autônomos, nos termos desta Constituição."
[272] CRFB/1988. "Art. 60. [...] §4º Não será objeto de deliberação a proposta de emenda tendente a abolir: I – a forma federativa de Estado."

4.1 Notas sobre o princípio federativo

O princípio federativo advém da ideia de Federação. A propósito, Michel Temer leciona que o Estado Federal surgiu com a promulgação da Constituição dos Estados Unidos da América,[273] tendo por base o seguinte retrospecto histórico:

> As treze colônias inglesas, ao se liberarem da dominação inglesa, constituíram Estados soberanos (ordens jurídicas independentes) que firmaram um tratado internacional criando a Confederação.
>
> Posteriormente, em face das dificuldades para a execução daquele tratado internacional, políticos e juristas norte-americanos, como John Jay, Alexander Hamilton e James Madison pregaram a necessidade do estabelecimento de outro pacto entre os Estados contratantes de modo a que a união entre eles fosse duradoura.
>
> Convocou-se uma reunião dos Estados em Filadélfia para a discussão dessa tese e, eventualmente, de uma Constituição reunificadora, pois pretendia-se a revisão dos "Artigos da Confederação".
>
> A essa Convenção os Estados mandaram representantes, verdadeiros embaixadores seus, que levavam a ela a manifestação da vontade dos Estados norte-americanos.
>
> Vencida a resistência de alguns Estados que não pretendiam abdicar de sua soberania, foi editada a Constituição, a qual previu que "os poderes legislativos conferidos pela presente constituição serão atribuídos ao Congresso dos EUA, composto do Senado e da Câmara dos Representantes" (art. I, seção I).[274]

Segundo Dalmo de Abreu Dallari, "etimologicamente, federação (do latim *foedus*) quer dizer pacto, aliança".[275] Entre as suas características, descritas por Dallari na sequência,[276] merece ser destacado, no que interessa à discussão empreendida neste trabalho, que "no Estado Federal as atribuições da União e as das unidades federadas são fixadas na Constituição, por meio de uma distribuição de competências", e que, por isso, "a cada esfera de competência se atribui renda própria". A propósito, Dallari considera indispensável "que se assegure a quem

---

[273] TEMER. Op. cit., p. 68.
[274] TEMER. Op. cit., p. 68-69.
[275] DALLARI, Dalmo de Abreu. *Elementos de teoria geral do Estado*. 20. ed. São Paulo: Saraiva, 1998. p. 255.
[276] DALLARI. Op. cit., p. 257-259.

tem os encargos uma fonte de rendas suficientes, pois do contrário a autonomia política se torna apenas nominal, pois não pode agir, e agir com independência, quem não dispõe de recursos próprios".[277] Luiz Henrique Travassos Machado atribui a essa correlação entre encargos e fontes de financiamento a expressão "federalismo fiscal", que abrange, em suas próprias palavras, "o aspecto financeiro do relacionamento dos entes federados, além da compatibilidade entre os recursos auferidos e os encargos a serem desempenhados, cujos fundamentos advêm da Constituição Federal, refletindo a forma de Estado adotada".[278] Machado, como Dallari, adverte que:

[...] a autonomia, mormente no seu aspecto financeiro, e a isonomia dos demais entes federados, em cotejo com os encargos que lhes foram atribuídos pela CF/1988, somente podem ser concretizadas através do estabelecimento de um regular fluxo de recursos financeiros, em montante suficiente à manutenção de um equilíbrio fiscal entre receitas e despesas.[279]

Por isso é que se afirma que o princípio federativo remete à autonomia das unidades federadas.[280] É também por esse motivo que essa autonomia compreende a ideia de autonomia financeira, que, na lição de Fernando Gonzaga Jayme, pressupõe a distribuição de

---

[277] DALLARI. Idem, p. 259.
[278] MACHADO. Op. cit., p. 37.
[279] Ibid.
[280] A propósito, confira-se a seguinte passagem doutrinária: "A autonomia, por outro lado, significa autodeterminação conferida ao Estado-membro dentro das fronteiras de competência traçadas pela Constituição Federal, como produto resultante do poder soberano, não se confundindo, portanto, com soberania. Carreia a descentralização, coexistindo uma duplicidade de esferas normativas, uma vez que aos Estados-membros é conferida a capacidade de executar e de elaborar leis, inclusive constituições, mas sempre dentro da competência inscrita na Lei Fundamental, além daquela proveniente da União. Aliás, o grau de autonomia será medido pela profundidade da descentralização político-administrativa, sem interferência de nenhum outro ente da federação, configurando-se verdadeira viga mestra do federalismo, expressando-se através da capacidade de autogoverno, autoadministração, auto-organização e autolegislação. Ao mesmo tempo, em que propicia liberdade de ação, dentro dos limites das competências traçadas pela Constituição, sem interferência jurídica de qualquer outra esfera de poder, requer a disponibilidade de meios financeiros necessários à execução das atividades e das competências que lhe tenham sido fixadas. Do contrário, a descentralização assim operada se constituirá em verdadeira ilusão, servindo, apenas, de justificativa para a posterior centralização das atividades que o ente federado, por falta daqueles recursos, não pôde realizar" (MACHADO. Op. cit., p. 36).

receitas aos entes federativos, conferindo-lhes a possibilidade de "investir os recursos públicos de acordo com as prioridades e os projetos eleitos".[281] Conforme Michel Temer, essa expectativa de certa forma foi atendida no texto da Carta Política de 1988, que "confere maior soma de competências administrativas e legislativas aos Estados", e lhes dá, em contrapartida, "mais recursos tributários na tentativa de pautar-se por uma verdade: não há verdadeira autonomia sem numerário para a execução de suas tarefas constitucionais".[282]

A propósito, referiu-se[283] que a Constituição dispôs sobre os impostos que podem ser instituídos por cada uma das unidades federadas, e lhes conferiu, ainda, a instituição de outras espécies tributárias.[284] Dispôs-se, ainda, que os constituintes também previram a repartição do resultado da arrecadação de tributos federais com os Estados e com os Municípios, e a repartição dos tributos estaduais com os Municípios.

Mas essas não são as únicas receitas públicas conferidas pelo Poder Constituinte às unidades federadas como forma de financiar o exercício das suas competências constitucionais. Com efeito, também as receitas patrimoniais atribuídas pelo §1º do artigo 20 da Constituição aos entes federados (contexto em que se inserem os royalties e a participação especial advindos da exploração e produção do petróleo e do gás natural)[285] destinam-se à cobertura de encargos que lhe são atribuídos pelo ordenamento jurídico-positivo.[286] É que essas receitas, na opinião dos constituintes[287] e na interpretação que lhe é correntemente atribuída pela doutrina e pela jurisprudência do Supremo Tribunal Federal,[288] têm por finalidade compensar (ou indenizar) os Estados e Municípios impactados pela exploração de recursos naturais pelos reflexos dessa atividade econômica sobre suas contas públicas e sobre o modo de vida das suas respectivas populações. Sendo assim, também lhes é aplicável

---

[281] JAYME. Op. cit., p. 532.
[282] TEMER. Op. cit., p. 72.
[283] Ver Tópico 1.1 do Capítulo 1.
[284] Taxas, contribuições de melhorias, contribuições destinadas ao custeio da seguridade social, contribuições sociais gerais, contribuições especiais de intervenção no domínio econômico, contribuições especiais instituídas em benefício de categorias profissionais e econômicas, contribuição de iluminação pública e empréstimos compulsórios.
[285] Ver Capítulo 2.
[286] Cf., a propósito: MACHADO. Op, cit., p. 38.
[287] Ver Tópico 2.2 do Capítulo 2.
[288] Ver Tópico 2.3 do Capítulo 2.

a circunstância destacada por Temer na passagem doutrinária dantes referida: a supressão desses recursos financeiros (ou de parte deles) aos seus destinatários constitucionais priva-os dos meios necessários para o desempenho de tais competências; o que afeta a sua autonomia financeira, com reflexos sobre o equilíbrio federativo, pois (reiterando a observação de Temer) "não há verdadeira autonomia sem numerário para a execução de suas tarefas constitucionais".[289]

Nesse mesmo sentido é o magistério de Luiz Henrique Travassos Machado, para quem o §1º do artigo 20 da Constituição "afina-se com o princípio federativo, presente ao longo da história constitucional brasileira", conclusão que decorre "do reconhecimento de que as atribuições outorgadas pela Constituição de 1988 aos entes federados demandam recursos para sua execução, questão central para garantia da autonomia dos entes periféricos".[290] Machado destaca, ainda, que essas receitas destinam-se à cobertura de danos ambientais e do gasto público necessário à construção ou manutenção da estrutura de serviços públicos que dá suporte à exploração de recursos naturais, dispondo, em arremate, que os Estados e Municípios contribuem, com esses recursos, para a "busca pela efetividade de um dos objetivos fundamentais da República Federativa do Brasil: garantir o desenvolvimento nacional".[291] Por isso é que, conforme Machado, "previu-se na própria Constituição Federal, de maneira inédita num diploma dessa categoria, o direito de participação na exploração de recursos naturais, ou compensação financeira pela exploração de bens pertencentes à União".[292]

4.2 A distribuição das participações governamentais a todas as unidades federadas como intervenção ilegítima na autonomia administrativa e financeira dos Estados e Municípios impactados pela exploração e produção de petróleo e gás

Se é verdade que os Estados e Municípios impactados e não impactados pela exploração e produção de petróleo e gás não se encontram

---

[289] TEMER. Op. cit., p. 72.
[290] MACHADO. Op. cit., p. 42.
[291] MACHADO. Idem, p. 46-47.
[292] Ibid.

em situação semelhante frente a essa atividade econômica[293] e que a própria Constituição os distinguiu quando concebeu a imunidade tributária prevista na alínea "b" do inciso X do §2º do seu artigo 155,[294] a iniciativa do legislador (encartada na Lei nº 12.734/2012) por suprimir dos Estados e Municípios impactados parte dos recursos destinados pelo constituinte[295] a cobertura dos seus riscos e custos[296] resulta em inadmissível interferência em sua autonomia financeira, com evidente repercussão sobre a estruturação da Federação Brasileira.

Não resta dúvida quanto a ser a União Federal proprietária dos recursos naturais explorados no país, entre eles o petróleo e o gás natural (CRFB, artigo 20, V e IX).[297] Essa circunstância, aliás, confere ao ente federal parte considerável da receita pública auferida com a atividade, a começar pelo recebimento dos bônus de assinatura (de que tratam os arts. 45, I[298] e 46[299] da Lei nº 9.478/1997 e os arts. 2º, XII[300]; 42, I[301] e 42, §2º[302] da Lei nº 12.351/2010) e do excedente em óleo (de que

---

[293] Somente esses e não aqueles suportam os riscos e custos inerentes à atividade.
[294] Nas palavras ao ministro Nelson Jobim (MS 24.312/DF), a intenção do constituinte foi conferir a esses (Estados e Municípios impactados) as participações advindas da exploração do petróleo e àqueles (Estados e Municípios não impactados) o ICMS incidente sobre essa atividade econômica.
[295] Ver Tópico 2.2 do Capítulo 2.
[296] Essa é a interpretação correntemente atribuída pela doutrina e pela jurisprudência do Supremo Tribunal Federal às retribuições financeiras de que tratam o §1º do artigo 20 da Constituição, como se expôs no Tópico 2.3 do Capítulo 2.
[297] CRFB/1988. "Art. 20. São bens da União: [...] V – os recursos naturais da plataforma continental e da zona econômica exclusiva; [...] IX – os recursos minerais, inclusive os do subsolo."
[298] Lei nº 9.478/1997. "Art. 45. O contrato de concessão disporá sobre as seguintes participações governamentais, previstas no edital de licitação: I - bônus de assinatura".
[299] Lei nº 9.478/1997. "Art. 46. O bônus de assinatura terá seu valor mínimo estabelecido no edital e corresponderá ao pagamento ofertado na proposta para obtenção da concessão, devendo ser pago no ato da assinatura do contrato".
[300] Lei nº 12.351/2010. "Art. 2º - Para os fins desta Lei, são estabelecidas as seguintes definições: [...] XII - bônus de assinatura: valor fixo devido à União pelo contratado, a ser pago no ato da celebração e nos termos do respectivo contrato de partilha de produção".
[301] Lei nº 12.351/2010. "Art. 42. O regime de partilha de produção terá as seguintes receitas governamentais: [...] II - bônus de assinatura".
[302] Lei nº 12.351/2010. "Art. 42 [...] §2º - O bônus de assinatura não integra o custo em óleo e corresponde a valor fixo devido à União pelo contratado, devendo ser estabelecido pelo contrato de partilha de produção e pago no ato da sua assinatura, sendo vedado, em qualquer hipótese, seu ressarcimento ao contratado (Redação dada pela Lei nº 12.734, de 2012)".

o art. 2º, III da Lei nº 12.351/2010),³⁰³ que não são distribuídos às demais unidades federadas.³⁰⁴

Ocorre que a Constituição, no §1º de seu artigo 20, conferiu ao Poder Legislativo a tarefa de promover a distribuição de parte desses recursos aos Estados e Municípios. O que se dispôs, a esse respeito, na Carta Política, foi que o legislador federal deve conferir a Estados e Municípios (e também a órgãos da Administração Direta da União) a "participação no resultado da exploração de petróleo ou gás natural" (entre outros recursos naturais) "no respectivo território, plataforma continental, mar territorial ou zona econômica exclusiva, ou compensação financeira por essa exploração".

A regra é bastante clara: essa retribuição financeira decorre da exploração e produção do petróleo e do gás natural³⁰⁵ no território do Estado ou Município afetado pela atividade extrativista, ou na plataforma continental correspondente ao território, ou no mar territorial correspondente ao território, ou na zona de econômica exclusiva correspondente ao território. E isso porque, como dito, a função conferida ao §1º do artigo 20 da Constituição pelos constituintes³⁰⁶ e pela interpretação correntemente atribuída a esse dispositivo pela doutrina e pela jurisprudência do Supremo Tribunal Federal³⁰⁷ é compensar (ou indenizar) as unidades federadas impactadas pela exploração de determinados recursos naturais sobre as suas contas públicas e sobre o modo de vida de suas respectivas populações, ou seja, pelos riscos e custos inerentes ao exercício dessa atividade econômica.

---

³⁰³ Lei nº 12.351/2010. "Art. 2º - Para os fins desta Lei, são estabelecidas as seguintes definições: [...] III - excedente em óleo: parcela da produção de petróleo, de gás natural e de outros hidrocarbonetos fluidos a ser repartida entre a União e o contratado, segundo critérios definidos em contrato, resultante da diferença entre o volume total da produção e as parcelas relativas ao custo em óleo, aos royalties devidos e, quando exigível, à participação de que trata o art. 43".

³⁰⁴ Na verdade, é questionável a constitucionalidade dessa opção político-legislativa por conferir apenas à União Federal os bônus de assinatura e o excedente em óleo da produção petrolífera obtida sob o regime de partilha. É que essa retribuição pela exploração e produção do petróleo e do gás natural encerra, sem qualquer margem a dúvidas, espécie de "participação no resultado da exploração do petróleo", receita pública que, por disposição expressa do parágrafo 1º do artigo 20 da Constituição, deve ser compartilhada com os Estados e Municípios. Ao que parece, o excedente em óleo substitui, no regime de partilha, o papel desempenhado na concessão pela participação especial, que, como o excedente em óleo, relaciona-se à rentabilidade dos campos de produção (vide artigo 50 da Lei nº 9.478/97 e artigo 2º, III). Mas isso é assunto para outro estudo.

³⁰⁵ Ou de recursos hídricos para geração de energia elétrica, e também de recursos minerais.

³⁰⁶ Ver Tópico 2.2 do Capítulo 2.

³⁰⁷ Ver Tópico 2.3 do Capítulo 2.

A propósito, deve ser destacado, ainda, que a distribuição a todas as unidades federadas das participações governamentais referidas no §1º do artigo 20 da Constituição faria com que os Estados e Municípios impactados tivessem que cobrir os riscos e custos inerentes ao exercício dessa atividade econômica com suas receitas ordinárias, já bastante debilitadas pela perda tributária preordenada pela imunidade para a tributação das operações de saída de petróleo e derivados (de que trata a alínea "b" do inciso X do §2º do artigo 155 da Constituição),[308] com sérios prejuízos à prestação dos serviços públicos básicos às suas respectivas populações (saúde, educação, moradia, saneamento básico, infraestrutura viária etc.).

Conforme exposto, a desequiparação entre os Estados e Municípios impactados e não impactados, que decorre (entre outros fatores) da circunstância de a implantação ou ampliação em seus territórios de plantas produtivas do setor petrolífero impor às unidades federadas afetadas a realização de uma série de despesas com vistas à proteção das suas respectivas populações contra os reflexos dessa atividade econômica,[309] que compreendem, por exemplo, gastos com a preservação da estabilidade da economia local em caso de um acidente ecológico,[310] com a qualificação da mão de obra local,[311] com a construção de moradias populares e com a instituição ou ampliação

---

[308] CRFB/1988. "Art. 155. Compete aos Estados e ao Distrito Federal instituir impostos sobre: [...] II – operações relativas à circulação de mercadorias e sobre prestações de serviços de transporte interestadual e intermunicipal e de comunicação, ainda que as operações e as prestações se iniciem no exterior; [...] §2º O imposto previsto no inciso II atenderá ao seguinte: [...] X – não incidirá: [...] b) sobre operações que destinem a outros Estados petróleo, inclusive lubrificantes, combustíveis líquidos e gasosos dele derivados, e energia elétrica."

[309] Ver Tópico 3.1 do Capítulo 3.

[310] A propósito, observamos que um vazamento de óleo em uma pequena cidade litorânea, que tem por atividades principais a pesca e o turismo, tem a potencialidade de desagregar o funcionamento da economia local, uma vez que tanto a pesca quanto o turismo dependem de praias limpas, e que, conquanto um evento dessa natureza imponha a reparação dos prejuízos ambientais e econômicos pela empresa exploradora, até que isso ocorra o Município, com o apoio do Estado, precisará lançar mão de recursos financeiros para, de alguma forma, minimizar o sofrimento daqueles que tiveram seu meio de vida prejudicado.

[311] Quanto ao particular, assentou-se que a ampliação da base produtiva de petróleo e gás gera gasto público mesmo sem a ocorrência de um acidente dessa natureza, pois a indústria do petróleo e do gás natural não gera empregos imediatos para a população local de um Município com esse tipo de estruturação econômica, uma vez que seus trabalhadores não têm, em regra, a formação técnica necessária para ser aproveitada pela indústria, o que faz com que o Município e o Estado afetados tenham investir recursos financeiros na qualificação da mão de obra local.

de serviços de transporte urbano,[312] entre outros. Afirmou-se,[313] ainda, que os recursos de que dispõem os Estados e Municípios (compostos, em sua maioria, por suas receitas tributárias) destinam-se ao custeio das contraprestações devidas pelo poder público aos cidadãos (com a saúde, educação, moradia, saneamento básico, infraestrutura viária etc.). Com isso, o que se arrecada em cada um dos Estados e Municípios que compõem a Federação deve ser empregado no custeio dos serviços públicos e em investimentos, com vistas à consecução desses objetivos.

Também observei que os royalties e a participação especial advindos da exploração e produção de petróleo e gás destinam-se à cobertura de prestações extraordinárias, decorrentes do impacto da atividade extrativista sobre as contas públicas das unidades federadas afetadas por essa atividade econômica e sobre o modo de vida de suas respectivas populações,[314] que não podem ser custeadas com o emprego da receitas ordinárias dos Estados e Municípios impactados, destinadas pela Constituição ao financiamento da saúde, da educação, de moradias, do saneamento básico, da infraestrutura viária, entre outras prestações.

Assim, uma iniciativa do legislador por suprimir, por lei federal (Lei nº 12.734/2012), parte do pagamento dessas receitas aos Estados e Municípios impactados restringe a sua autonomia para a execução dos seus próprios recursos orçamentários, que, em vez de serem aplicados em benefício das suas respectivas populações, precisarão ser alocados, forçadamente, para cobrir os riscos e custos de atividade extrativista exercida por particulares, mas sob autorização e em benefício do ente federal. Disso decorre a inconstitucionalidade, por ofensa ao princípio federativo, da opção político-legislativa (encartada na Lei

---

[312] No ensejo, afirmamos que outro efeito da chegada da indústria do petróleo e do gás natural, ou da sua ampliação na base territorial de um Município com essas características é a elevação do custo de vida, pois, de modo geral, os engenheiros e técnicos que trabalham na indústria recebem salários mais altos que os rendimentos da atividade pesqueira e que os salários pagos pela indústria do turismo local, e que, por isso, a pressão da demanda sobre o comércio local pode provocar um aumento nos preços dos alimentos e demais itens de consumo básico. Enfatizou-se, ainda, que esses profissionais passarão a disputar moradias com os trabalhadores que compõem a mão de obra local, o que tem a potencialidade de induzir uma elevação dos custos dos aluguéis e dos imóveis, o que fará com que parte da população local seja empurrada para bairros mais afastados, gerando um problema de mobilidade urbana, ou se concentrará em moradias improvisadas, gerando favelização; e que, para minimizar esse problema urbanístico, o Município, com o apoio do Estado, precisará investir na construção de moradias populares, e também instituir, ou ampliar, serviços de transporte urbano.
[313] Ver Tópico 1.1 do Capítulo 1.
[314] Ver Tópicos 2.2 e 2.3 do Capítulo 2.

nº 12.734/2012) por distribuir as participações governamentais de que trata o §1º do artigo 20 da Constituição (royalties, participação especial etc.) em maior proporção aos Estados e Municípios não impactados, portanto sem ter em consideração a situação especial vivenciada pelos Estados e Municípios impactados.

4.3 A distribuição das participações governamentais advindas da exploração e produção de petróleo e gás a todas as unidades federadas como opção político-legislativa ofensiva ao princípio federativo

Tais considerações demonstram que a distribuição, pelo legislador federal, a Estados e Municípios impactados e não impactados pela exploração e produção de petróleo e gás das receitas que o §1º do artigo 20 da Constituição confere exclusivamente a Estados e Municípios impactados[315] traduz inadmissível interferência na autonomia financeira dessas unidades federadas. Por esse motivo, e porque, pelas razões expostas, a Federação brasileira pressupõe a autonomia das unidades federadas,[316] que também abarca a sua autonomia financeira, há, também, na hipótese, ofensa ao princípio federativo.

---

[315] Ver Tópicos 2.2 e 2.3 do Capítulo 2.
[316] CRFB/1988. "Art. 18. A organização político-administrativa da República Federativa do Brasil compreende a União, os Estados, o Distrito Federal e os Municípios, todos autônomos, nos termos desta Constituição."

CAPÍTULO 5

O PRINCÍPIO DA SEGURANÇA JURÍDICA E A DISTRIBUIÇÃO ÀS UNIDADES FEDERADAS DAS PARTICIPAÇÕES GOVERNAMENTAIS ADVINDAS DA EXPLORAÇÃO E PRODUÇÃO DE PETRÓLEO E GÁS

Esse critério de distribuição de recursos projetado pelo Parlamento também ofende o princípio da segurança jurídica, consagrado no inciso XXXVI do artigo 5º da Carta Política, que veda a interferência legislativa no direito adquirido, no ato jurídico perfeito e na coisa julgada.[317] É que, com efeito, a Lei nº 12.734/2012 modifica os critérios para a distribuição também dos royalties e da participação especial relativos a operações realizadas sob o regime de concessão,[318] inclusive

---

[317] CRFB/1988. "Art. 5º Todos são iguais perante a lei, sem distinção de qualquer natureza, garantindo-se aos brasileiros e aos estrangeiros residentes no País a inviolabilidade do direito à vida, à liberdade, à igualdade, à segurança e à propriedade, nos termos seguintes: [...] XXXVI – a lei não prejudicará o direito adquirido, o ato jurídico perfeito e a coisa julgada."

[318] Recobre-se, a propósito, que atualmente existem, entre nós, três distintos regimes de exploração de petróleo e gás: o regime de concessão (regido pela Lei nº 9.748/1997); o regime de partilha da produção (regrado pela Lei nº 12.351/2010); e o regime de cessão onerosa (disciplinado pela Lei nº 12.351/2010). Os regimes se diferenciam, em apertada síntese, porque na concessão o produto passa à propriedade da concessionária (Lei nº 9.478/1977, artigo 26), que, em contrapartida, obriga-se a pagar retribuições financeiras ao poder público pelo exercício dessa atividade econômica (CRFB, artigo 20, §2º). Já na partilha o produto persiste sob a propriedade da União Federal (CRFB, artigo 20, V e IX), mas as empresas que atuam no ramo adquirem "o direito à apropriação do custo em óleo, do volume da produção correspondente aos royalties devidos, bem como de parcela do excedente em óleo, na proporção, condições e prazos estabelecidos em contrato", como contrapartida por haverem exercido, "por sua conta e risco, as atividades de exploração, avaliação, desenvolvimento e produção" (Lei nº 12.351/2010, artigo 2º, VI e VII). A cessão onerosa, por sua vez, consiste em autorização para que a Petrobras a explore e produza

daqueles referentes a blocos já licitados, cujos campos já se encontram em produção. Enfim, haverá, na hipótese, a modificação das regras no meio do jogo, com o avanço das demais unidades federadas sobre receitas que já compõem a expectativa de gastos e investimentos dos Estados e Municípios impactados.

5.1 Notas sobre o princípio da segurança jurídica

José Afonso da Silva leciona que "a segurança é um dos valores que informa o direito positivo", e que, "em verdade, a positividade do Direito é uma exigência dos valores da ordem, da segurança e da certeza jurídicas".[319] O professor paulista observa, ainda, que a segurança jurídica assume, em sentido amplo, "o sentido geral de garantia, proteção, estabilidade de situação ou pessoa em vários campos, dependente do adjetivo que a qualifica", e que "consiste na garantia de estabilidade e de certeza dos negócios jurídicos, de sorte que as pessoas saibam de antemão que, uma vez envolvidas em determinada relação jurídica, esta se mantém estável, mesmo se modificar a base legal sob a qual se estabeleceu".[320] Sob essa óptica, a segurança jurídica relaciona-se com a boa-fé objetiva.[321]

Mas a segurança jurídica também se reveste da condição de instrumento de proteção do indivíduo contra o abuso estatal. Quanto ao particular, Regina Maria Macedo Nery Ferrari observa que "a ideia de segurança jurídica está ligada à concepção de Estado de Direito, isto é, com a noção de que em um determinado Estado, a lei nasce por todos e para todos e submete todos", alcançando, assim, também o poder público, o eu indica que "a legitimidade do exercício do poder repousa na legalidade, na sua juridicidade".[322] Mesmo o abuso cometido

---

petróleo e gás em áreas não concedidas do pré-sal, sem licitação e mediante pagamento tão somente de royalties (o pagamento das demais participações governamentais foi dispensada por lei), até o volume de cinco bilhões de barris equivalentes de petróleo.

[319] SILVA, José Afonso. Constituição e segurança jurídica. In: ROCHA, Cármen Lúcia Antunes (Coord.). *Constituição e segurança jurídica*: direito adquirido, ato jurídico perfeito e coisa julgada. Estudos em homenagem a José Paulo Sepúlveda Pertence. 2. ed. Belo Horizonte: Fórum, 2009. p. 15.

[320] SILVA. Op. cit., 2009. p. 17.

[321] A propósito, cf., por todos: MARTINS-COSTA. *A boa-fé no direito privado*: sistema e tópica no processo obrigacional. São Paulo: Revista dos Tribunais, 1999.

[322] FERRARI, Regina Maria Macedo Nery. O ato jurídico perfeito e a segurança jurídica no controle de constitucionalidade. *In*: ROCHA, Cármen Lúcia Antunes (Coord.). *Constituição*

sob a forma da edição de atos legislativos encontra-se sobre a censura desse princípio jurídico, uma vez que (como dito) a Constituição veda qualquer intervenção legislativa no direito adquirido, no ato jurídico perfeito e na coisa julgada (artigo 5º, XXXVI).

5.2 Segurança jurídica e boa-fé objetiva

Luís Roberto Barroso considera questionável, em referência ao princípio da segurança jurídica, nos seus desdobramentos sobre a lealdade e a boa-fé, a mudança das regras após a descoberta de novas reservas, afirmando ser fora de propósito "que a nova disciplina venha a colher os direitos que o Estado do Rio de Janeiro já desfruta em relação aos contratos de concessão em curso".[323] E acentua que, para essa unidade federada, "a supressão do direito a royalties e participações especiais acarretaria grave frustração de expectativa legítima em relação a receitas que aufere há muitos anos", de modo que "sua interrupção súbita, sem que se tenha sequer cogitado de uma transição razoável, traz consequências dramáticas", que incluem a "impossibilidade de cumprir obrigações assumidas, tanto de custeio como de investimentos" (consequências econômicas) e "a impossibilidade de cumprimento das normas constitucionais orçamentárias (artigo 165, §§1º, 2º, 4º e 5º), de normas de direito financeiro (Lei 4.320/1964), da Lei de Responsabilidade Fiscal (LC nº 101/2000) e da Lei 9.496/1997", esta última que disciplina o Programa de Apoio à Reestruturação e ao Ajuste Fiscal dos Estados (consequências jurídicas).[324]

Barroso destaca, nesse contexto, a celebração de contratos entre o Rio de Janeiro e a União Federal, com vistas à antecipação de recursos federais sob a forma de financiamento, mediante prestação de garantia consistente justamente os royalties e a participação especial decorrentes da exploração e produção de petróleo e gás nos blocos já licitados.[325] Também o Estado do Espírito Santo fez projeções de gastos e assumiu compromissos financeiros tendo em vista as receitas advindas dos campos confrontantes com seu território; e de igual modo assinou

---

e segurança jurídica: direito adquirido, ato jurídico perfeito e coisa julgada: estudos em homenagem a José Paulo Sepúlveda Pertence. 2. ed. Belo Horizonte: Fórum, 2009. p. 215
[323] BARROSO. Op. cit., 2010. p. 24.
[324] BARROSO. Op. cit, 2010. p. 24-25.
[325] BARROSO. Idem, 2010. p. 26.

contratos de antecipação de recursos com a União.[326] Na oportunidade, o ente federal reconheceu a validade e a segurança dos referidos créditos, o que deu a essas unidades federadas, por ocasião da celebração desses ajustes, a clareza e a segurança de que poderiam contar, no futuro, com os recursos financeiros advindos da produção de petróleo e gás nos blocos já licitados.

Sendo assim, a ulterior modificação nas regras de distribuição dos royalties e da participação especial, porque capitaneada pela União Federal,[327] mostra-se ofensiva à boa-fé objetiva, que evoca a proibição de *venire contra factum proprium* (ou de voltar contra seus próprios passos). A propósito, Menezes Cordeiro leciona que a locução *venire contra factum proprium* traduz o exercício de uma posição jurídica em contradição com o comportamento assumido pelo exercente.[328] De seu turno, Judidth Martins-Costa, acentua que "a proibição de toda e qualquer conduta contraditória seria, mais do que uma abstração, um castigo", um instrumento tendente a "enrijecer todas as potencialidades da surpresa, do inesperado e do imprevisto na vida humana".[329]

Posto isso, a União Federal, seja porque licitou blocos para a exploração e produção de petróleo e gás nas proximidades das praias dos Estados e Municípios impactados por essa atividade econômica, aplicando, na oportunidade, os critérios de distribuição de recursos previstos na legislação pretérita, e gerando, com isso, a expectativa de receitas para essas unidades federadas, seja porque concedeu os referidos financiamentos aos Estados do Rio de Janeiro e do Espírito Santo, tomando como garantia os royalties e a participação especial advindos da produção desses recursos naturais, não está autorizada a voltar sobre seus próprios passos, para atingir, por opção legislativa ulterior, essa receita pública decorrente da sua extração nos blocos já licitados.

---

[326] Cf., a propósito, a pretensão veiculada pelo Espírito Santo na Ação Cível Originária nº 3.026, em tramitação no Supremo Tribunal Federal.
[327] Muito embora a Presidência da República tenha manifestado, por ocasião do veto, a sua desconformidade com a opção político-legislativa encartada no artigo 64 da Lei nº 12.351/2010 e tenha vetado também os dispositivos da Lei nº 12.734/2012, as quais dispunham sobre a distribuição de participações governamentais às unidades federadas (como se sabe, esse segundo veto acabou derrubado pelo Congresso Nacional), o veículo utilizado para implementá-la é uma lei federal.
[328] CORDEIRO, Antonio Manuel da Rocha e Menezes. *Da boa-fé no direito civil*. Coimbra: Almedina, 1984. p. 743.
[329] MARTINS-COSTA. Op. cit., p. 469.

5.3 Segurança jurídica e intervenção legislativa

Deve ser destacado, ainda, que essas operações auferem, em tudo e por tudo, a conotação de atos jurídicos perfeitos, visto estarem consolidadas sobre a lei do tempo do fato (*tempus regit actum*). E por isso não podem ser alcançadas, validamente, por opções político-legislativas subsequentes, uma vez que, como dito, a Constituição põe a salvo de modificações unilaterais, inclusive daquelas promovidas pelo Poder Legislativo, como medida de segurança jurídica, "o direito adquirido, o ato jurídico perfeito e a coisa julgada" (artigo 5º, XXXVI).

O conteúdo desse instituto resta explicitado, entre nós, por interpretação autêntica colhida do ordenamento jurídico-positivo, mais especificamente do texto do Decreto-Lei nº 4.657/1942, tradicionalmente designado como Lei de Introdução ao Código Civil e atualmente qualificado (por modificação legislativa introduzida pela Lei nº 12.376/2010), como Lei de Introdução às Normas do Direito Brasileiro. Nos precisos termos da lei, o ato jurídico perfeito é ato já consumado segundo a lei vigente ao tempo em que se efetuou (art. 6º, §1º).[330] Essa circunstância é destacada por Regina Maria Macedo Nery Ferrari, quando dispõe, em doutrina, que a configuração do ato jurídico perfeito relaciona-se à verificação concreta de "se o ato cumpriu todas as exigências previstas na lei em vigor quando de seu nascimento".[331]

Assim, se o ato foi praticado com base na lei vigente ao tempo da sua consolidação, os seus efeitos estabilizam-se no tempo, não sendo atingidos por novas opções político-legislativas dimanadas do Parlamento. O que ocorre é que, na lição de Maria Helena Diniz, ato jurídico perfeito é "o negócio, ou ato, jurídico consumado, segundo a norma vigente, ao tempo em que se efetuou, produzindo seus efeitos jurídicos, uma vez que o direito gerado foi exercido".[332] Em idêntica direção se posiciona Misael Montenegro Filho, para quem o ato jurídico perfeito "representa um direito consumado pela prática de um ato", ou seja, "um direito que nasceu, mas que ainda não foi exercitado".[333]

---

[330] LINDB. "Art. 6º A Lei em vigor terá efeito imediato e geral, respeitados o ato jurídico perfeito, o direito adquirido e a coisa julgada. [...] §1º Reputa-se ato jurídico perfeito o já consumado segundo a lei vigente ao tempo em que se efetuou."
[331] FERRARI. Op. cit., p. 226.
[332] DINIZ, Maria Helena. *Código Civil anotado*. 14. ed. São Paulo: Saraiva, 2009. p. 1402.
[333] MONTENEGRO FILHO, Misael. Comentários ao artigo 5º, incisos XXXIV ao XXXVII. *In*: BONAVIDES, Paulo; MIRANDA, Jorge; AGRA, Walber de Moura. *Constituição Federal de 1988*. Rio de Janeiro: Forense, 2009. p. 176.

representa, ainda, "a prática de um ato, sob a égide de uma legislação, como a concessão da aposentadoria a um servidor; que preencheu todos os requisitos disponíveis na lei velha, que foi revogada pela lei nova".[334] Na hipótese, adverte Montenegro Filho, "como o ato já foi praticado (concessão da aposentadoria), a lei nova não pode determinar que o servidor volte à ativa".[335]

A propósito, não prospera a alegação de que o ato jurídico perfeito não pode ser invocado, na hipótese, em razão da tese da inexistência de direito adquirido a regime jurídico, tantas vezes acolhida em julgados do Supremo Tribunal Federal relativos a direitos de servidores públicos.[336] E por duas razões muito simples.

Em primeiro lugar, a jurisprudência do Tribunal Constitucional não aplica esse entendimento quando está em discussão o regramento, por lei nova, dos efeitos de atos e contratos celebrados sob a égide de regramento pretérito.[337] No ensejo, deve ser esclarecido que, conquanto os contratos celebrados para a exploração e produção de petróleo e gás sob os auspícios da legislação pretérita tenham como partes a União Federal (poder concedente) e as empresas exploradoras (ditas

---

[334] MONTENEGRO FILHO. Op. cit., p. 175.

[335] MONTENEGRO FILHO. Idem, p. 176. Nesse mesmo sentido se posicionou o Superior Tribunal de Justiça, por ocasião da prolação do seguinte julgamento: "Embargos de Declaração no Agravo Regimental no Recurso Especial – Administrativo – Militar – Etapa de asilado – Preenchimento dos requisitos na época da concessão do benefício – Ato jurídico perfeito – Alteração por lei superveniente – Impossibilidade – Ausência de omissão, contradição ou obscuridade no acórdão embargado – Embargos rejeitados [...] 2 – No caso, concluiu-se que, *se no momento da obtenção do benefício o recorrente preencheu todos os requisitos necessários de acordo com a lei em vigor, caracterizando-se como ato jurídico perfeito, não pode a legislação superveniente estabelecer novos critérios, sob pena de ofensa ao princípio tempus regit actum* [...]" (STJ - EDcl-AgRg-REsp 962.149 - (2007/0142309-4) - 6ª T. - Relª Minª Maria Thereza de Assis Moura - DJe 01.06.2011 - p. 905) (grifamos).

[336] A propósito, cf., a título de exemplo, o AI-AgR 737404/RJ, Relator Ministro Gilmar Mendes, o ARE-AgR 639736/DF, Relator Ministro Ricardo Lewandowski, o **AI 807.800-AgR, Relatora Ministra Ellen Gracie, o AI-AgR 633501, Relator Ministro Gilmar Mendes, o AI-AgR 765.708, Relator Ministro Ricardo Lewandowski, e o AI-AgR 720.940, Relatora Ministra Cármen Lúcia.**

[337] Tal se infere, a título de exemplo, do seguinte julgamento: "Agravo Regimental. Contrato de prestação de serviços. Lei 8.030/1990. Retroatividade mínima. Impossibilidade. *É firme, no Supremo Tribunal Federal, a orientação de que não cabe a aplicação da Lei 8.030/1990 a contrato já existente, ainda que para atingir efeitos futuros, pois redundaria em ofensa ao ato jurídico perfeito*. Agravo regimental a que se nega provimento (STF. RE 388607 AgR / BA. Relator(a): Min. JOAQUIM BARBOSA. Julgamento: 21.03.2006. Órgão Julgador: Segunda Turma. Publicação: DJ 28.04.2006 PP-00043, EMENT VOL-02230-04 PP-00749) (grifamos). No mesmo sentido, cf.: (STF, AI 363159-AgR, Relator(a): Min. CELSO DE MELLO, Segunda Turma, DJ 03.02-2006); (STF, RE 205999/SP, Relator(a): Min. MOREIRA ALVES, Primeira Turma, DJ 03.03.2000); e (STF, AI 240302-AgR/SP, Relator(a): Min. MOREIRA ALVES, Primeira Turma, DJ 26.11.1999).

concessionárias), o ente federal atua, neste contexto, como curador dos interesses dos Estados e Municípios impactados pela extração desses recursos naturais, a quem a própria Constituição atribui parcela das receitas patrimoniais auferidas com o exercício desta atividade econômica.[338] Assim, no limite, os Estados e Municípios impactados são representados nesses contratos pela União Federal, precisamente porque os efeitos (notadamente o pagamento dos royalties e da participação especial) também lhes são extensíveis. Mesmo que assim não fosse, a circunstância (referida no tópico anterior) de a União Federal haver firmado contratos de empréstimos com os Estados do Rio de Janeiro e do Espírito Santo, tomando como garantia os royalties e a participação especial que lhes seriam distribuídos como decorrência da exploração e produção de petróleo e gás nos blocos já licitados, torna vinculados também os efeitos desses outros contratos, igualmente celebrados sob a vigência da legislação pretérita, o que obsta a sua afetação por lei posterior que estabeleça novos critérios para a distribuição desses recursos a Estados e Municípios.

Em segundo lugar, porque não se cogita, na hipótese, da atribuição de direito adquirido a regime jurídico, mas apenas da preservação dos efeitos da lei antiga, ou, como disse Celso Antônio Bandeira de Mello, "da persistência de seus efeitos em casos concretos, durante o império da nova lei".[339] Quanto ao particular, cumpre referir à lição de Maria Helena Diniz, que adverte, em comentários ao artigo 2.035 do Código Civil Brasileiro,[340] que não se pode confundir o ato ou contrato em curso de execução com o ato ou contrato em curso de constituição, dispondo, a propósito, que a lei nova apenas poderá alcançar este (o ato ou contrato em curso de constituição) e não aquele (o ato ou contrato em curso de execução), que se qualifica como ato jurídico perfeito.[341] Nas palavras desta autora:

---

[338] Ver o Capítulo 2.
[339] MELLO, Celso Antônio Bandeira de. *Ato administrativo e o direito dos administrados*. São Paulo: Revista dos Tribunais, 1981. p. 114.
[340] CCB. "Art. 2.035. A validade dos negócios e demais atos jurídicos, constituídos antes da entrada em vigor deste Código, obedece ao disposto nas leis anteriores, referidas no art. 2.045, mas os seus efeitos, produzidos após a vigência deste Código, aos preceitos dele se subordinam, salvo se houver sido prevista pelas partes determinada forma de execução."
[341] DINIZ. Op. cit., 2009b. p. 1402.

[...] se o contrato ou ato jurídico estiver em curso de formação ou de constituição (fato pendente) por ocasião da entrada em vigor da nova lei, esta, quanto aos seus efeitos, se lhe aplicará, por ter efeito imediato, pois não há que se falar em ato jurídico perfeito, nem em direito adquirido, que impede que se perca o que já se adquiriu, visto que nenhum efeito (formalidade intrínseca) foi produzido sob o manto da lei anterior. Mas, em sua formalidade extrínseca (validade) reger-se-á pela lei velha, pois a nova não poderá alcançar validade ou invalidade de negócio iniciado antes de sua vigência.[342]

Essa advertência de Diniz é perfeitamente aplicável à investigação acerca da preservação dos efeitos do ato jurídico perfeito frente a alterações legislativas posteriores à sua constituição, ou seja, no curso da execução desses efeitos. Afinal, como se sabe, o artigo 2.035 da Lei Material Civil (comentado pela professora paulista na passagem doutrinária referida) procura estender a aplicação da lei nova sobre os efeitos de atos praticados sobre o império da lei antiga, quando afirma, em literalidade, que "a validade dos negócios e demais atos jurídicos, constituídos antes da entrada em vigor deste Código, obedece ao disposto nas leis anteriores, referidas no art. 2.045", mas adverte que "os seus efeitos, produzidos após a vigência deste Código, aos preceitos dele se subordinam, salvo se houver sido prevista pelas partes determinada forma de execução". A isso, Diniz objetou que somente podem ser afetados por essa regra os atos ou contratos em curso de constituição, e não aqueles em curso de execução. Assim, se o ato já está constituído, ou seja, se "já se tornou apto a produzir efeitos, gerando, modificando ou extinguindo direitos", esses efeitos "não poderão ser alcançados por lei posterior", como expressa Diniz na sequência.[343]

Não sobeja lembrar, a propósito, que Hans Kelsen, em sua *Teoria Pura do Direito*, qualifica o negócio jurídico como norma jurídica.[344] E que, para Kelsen, é válida a norma posta (negócio jurídico) por autoridade considerada competente por norma superior (lei), desde que observado o procedimento estabelecido nessa mesma norma superior.[345] Sendo assim, somente seria possível afetar a validade dessa norma jurídica (negócio jurídico), e também a sua eficácia, caso se depreendesse

---
[342] *Ibid.*
[343] *Ibid.*
[344] KELSEN. Op, cit., p. 284-290.
[345] KELSEN. *Idem*, p. 79-119.

contraposição entre ela e a norma superior (lei) que regulou a sua constituição, isto é, entre o ato ou contrato e a lei do tempo do fato. Por isso é que, para Diniz, o artigo 2.035 do Código Civil Brasileiro somente se aplica, de modo a atingir os efeitos de ato ou contrato praticado sob o império da lei antiga, quando se depreender a incompatibilidade entre esse ato ou contrato e o ordenamento jurídico positivo, uma vez que os atos ou contratos concluídos sob a égide da legislação pretérita somente poderão ser considerados atos jurídicos perfeitos quando se depreender que esses atos ou contratos foram praticados em conformidade com a lei vigente ao tempo da sua concretização, isto é, com a lei do tempo do fato.[346]

Transportando essa discussão teórica para a hipótese analisada, tem-se que não pode a lei nova pretender cancelar ou modificar os atos ou contratos celebrados, sob os auspícios da legislação pretérita, com vistas à exploração e produção de petróleo e gás sob o regime de concessão; mesmo (i) que a extração ocorra dentro do perímetro designado pelo ordenamento jurídico-positivo como área do pré-sal[347] e (ii) que disponha que a exploração e produção de petróleo e gás nessa localizada deva se realizar sob o regime de partilha de produção.[348] E isso porque, em razão do princípio da segurança jurídica, e em especial da proteção conferida pela Constituição ao ato jurídico perfeito, a lei nova não atinge a validade dos atos praticados sob o império da lei anterior. De igual modo, o legislador não pode pretender alcançar os efeitos de ato/contrato consolidado sob a legislação pretérita, contexto em que se destaca o pagamento aos Estados e Municípios dos royalties e da participação especial advindos da exploração e produção de petróleo e gás nos campos de produção relativos aos blocos já licitados,

---

[346] Tal se infere desta outra passagem dos comentários de Maria Helena Diniz aos dispositivos analisados: "Convém, contudo, salientar que, para gerar direito adquirido, o ato ou negócio jurídico deverá não só ter acontecido e irradiado seus efeitos em tempo hábil, ou seja, durante a vigência da lei que contempla aquele direito, mas também ser válido, ou seja, conforme aos preceitos legais que os regem" (DINIZ. Op. cit., 2009b. p. 1402).
[347] Lei nº 12.351/2010. "Art. 2º Para os fins desta Lei, são estabelecidas as seguintes definições: [...] IV – área do pré-sal: região do subsolo formada por um prisma vertical de profundidade indeterminada, com superfície poligonal definida pelas coordenadas geográficas de seus vértices estabelecidas no Anexo desta Lei, bem como outras regiões que venham a ser delimitadas em ato do Poder Executivo, de acordo com a evolução do conhecimento geológico."
[348] Lei nº 12.351/2010. "Art. 3º A exploração e a produção de petróleo, de gás natural e de outros hidrocarbonetos fluidos na área do pré-sal e em áreas estratégicas serão contratadas pela União sob o regime de partilha de produção, na forma desta Lei."

que persistem regidos pela lei do tempo do fato. Do contrário, ter-se-ia, na espécie, a afetação de ato perfeito e acabado por nova vontade legislativa, em contrariedade ao comando do inciso XXXVI do artigo 5º da Constituição, que dispõe, taxativamente, que "a lei não prejudicará o direito adquirido, o ato jurídico perfeito e a coisa julgada".

5.4 A modificação nos critérios de distribuição das participações governamentais relativas a blocos já licitados como opção político-legislativa ofensiva ao princípio da segurança jurídica

Pelo exposto, a modificação na sistemática de distribuição dos royalties e da participação especial advindos da exploração e produção do petróleo e do gás natural, sem pôr a salvo as operações atinentes aos blocos já licitados e aos contratos firmados tendo por base as receitas inerentes a essas operações, também se contrapõe ao princípio da segurança jurídica, de que trata o precitado inciso XXXVI do artigo 5º da Constituição. Esses atos ou contratos devem ser preservados, assim como seus efeitos, como medida de segurança jurídica. Afinal, reproduzindo a indagação formulada por Luís Roberto Barroso no parecer dantes referido, "se o princípio da segurança jurídica não for apto a estancar as desastrosas, imprevisíveis e inevitáveis consequências narradas acima, difícil imaginar a que fim serviria".[349]

---

[349] BARROSO. Op. cit., 2010. p. 25-26.

CAPÍTULO 6

SOLUÇÃO HERMENÊUTICA CAPAZ DE CONFERIR VALIDADE E OPERATIVIDADE À LEGISLAÇÃO BRASILEIRA DE PETRÓLEO E GÁS

A Lei nº 12.351/2010 dispõe sobre a exploração e produção de petróleo e gás sob o regime de partilha de produção, mas não traz regra jurídica disciplinando a distribuição de participações governamentais às unidades federadas. Com efeito, o dispositivo[350] que, naquele diploma legal, cuidava desse aspecto foi modificado pela Presidência da República. É certo que, depois disso, foi editada a Lei nº 12.734/2012, que procurou estabelecer critérios para a distribuição dos royalties e da participação especial a órgãos da Administração Pública Federal e aos Estados e Municípios. Porém, esse diploma legal não traz em seu corpo norma válida a disciplinar a matéria, porque passa ao largo dos aspectos jurídicos inerentes à matéria, em especial das repercussões da decisão política adotada pelo Parlamento sobre o equilíbrio federativo. O que ocorre é que os Parlamentares não se aperceberam das

---

[350] Que tinha a seguinte redação: "Art. 64. Ressalvada a participação da União, bem como a destinação prevista na alínea *d* do inciso II do art. 49 da Lei nº 9.478, de 6 de agosto de 1997, a parcela restante dos royalties e participação especial oriunda dos contratos de partilha de produção ou de concessão de que trata a mesma Lei, quando a lavra ocorrer na plataforma continental, mar territorial ou zona econômica exclusiva, será dividida entre Estados, Distrito Federal e Municípios da seguinte forma: I - 50% (cinquenta por cento) para constituição de fundo especial a ser distribuído entre todos os Estados e Distrito Federal, de acordo com os critérios de repartição do Fundo de Participação dos Estados - FPE; e II - 50% (cinquenta por cento) para constituição de fundo especial a ser distribuído entre todos os Municípios, de acordo com os critérios de repartição do Fundo de Participação dos Municípios – FPM".

inconstitucionalidades referidas,[351] de modo a produzir, sobre o tema, regra jurídica compatível com o §1º do artigo 20 da Constituição, com o princípio da isonomia, com o princípio federativo e com o princípio da segurança jurídica.

O que ocorre é que, conforme exposto, (i) o §1º do artigo 20 da Constituição assegura "aos Estados, ao Distrito Federal e aos Municípios" (e também a órgãos da administração direta da União) "participação no resultado da exploração de petróleo ou gás natural" (entre outros recursos naturais) "no respectivo território, plataforma continental, mar territorial ou zona econômica exclusiva, ou compensação financeira por essa exploração", e (ii) com isso condicionou a sua extração ao pagamento de participações governamentais às unidades federadas.

Há, pois, lacuna no ordenamento jurídico-positivo, dada a posição de supremacia da Constituição em face dos diplomas legislativos infraconstitucionais, que, em tese, torna inconstitucional a integralidade do texto da Lei nº 12.351/2010 e, por conseguinte, o próprio regime de partilha de produção.[352]

---

[351] Ver Capítulos 2, 3, 4 e 5.

[352] Questiona-se, ainda, se a Lei nº 12.351/2010 não é inconstitucional também por vício de forma. É que, com efeito, o artigo 176 da Constituição estabelece que "as jazidas, em lavra ou não, e demais recursos minerais e os potenciais de energia hidráulica constituem propriedade distinta da do solo, para efeito de exploração ou aproveitamento, e pertencem à União, *garantida ao concessionário* a propriedade do produto da lavra". Esse dispositivo refere, textualmente, a figura do concessionário, quando tem em vista a exploração de jazidas (em lavra ou não), dos recursos minerais e dos potenciais de energia hidráulica, o que parece indicar a recepção, por aquela Carta Política, do regime de concessão. Assim, a instituição de outro regime para a exploração de petróleo e gás (como o regime de partilha, disciplinado pela Lei nº 12.351/2010) estaria a demandar a edição de Emenda à Constituição, não estando apta, portanto, a ser veiculada por simples lei ordinária. A validade teórica da construção de um novo modelo de exploração do petróleo e do gás natural para o pré-sal também foi questionada por Jairo Saddi, embora com base em argumentos distintos. Em suas palavras: "O modelo escolhido pela Petrobras é o de partilha, que estabelece que a empresa privada assume o custo financeiro e operacional do investimento (comprando plataformas, embarcações, máquinas, equipamentos e contratando pessoal) e, havendo lucro, a remunera o Estado por meio do pagamento do que será conhecido como Participação Especial (PE). Não há razão para a mudança do modelo de concessão para o de partilha, já que neste é preciso que se desconte tudo o que foi gasto na exploração e no desenvolvimento – e é o Estado que define essa divisão. No regime da concessão, a relação é mais transparente e as regras mais claras. Segundo Wagner Freire, 'hoje, em áreas de maior risco, a empresa privada paga ao governo até 20% do petróleo em royalties em PE. No caso do pré-sal, onde o caso de encontrar o poço seco é raro, bastaria o governo elevar sua remuneração para 70%, 80% do petróleo extraído. Exemplo: se o volume extraído vale US$100 milhões, o governo se apropria de US$80 milhões e a empresa, de US$20 milhões, com o que pagará o custo do investimento, e o que sobrar é lucro. A concessão tem a vantagem de dispensar a tramitação de uma nova lei no

Destarte, é tarefa dos intérpretes, sejam eles juristas[353] ou aplicadores do Direito,[354] identificar os meios necessários para a supressão da lacuna depreendida, de modo a conferir operatividade à legislação aplicável à atividade de exploração e produção de petróleo e gás, como forma de possibilitar, ao mesmo tempo, exploração desses recursos naturais e o cumprimento da regra constitucional segundo a qual a essa hipótese fática deve corresponder a distribuição de participações governamentais aos Estados e Municípios impactados pela atividade extrativista.

6.1 A Ciência Jurídica e sua função social

A Ciência Jurídica, campo da atuação do jurista, tem por objeto de análise as normas jurídicas que compõem o ordenamento (Direito). As normas são editadas, como regra, pelo Parlamento,[355] e qualificam-se como proposições prescritivas, porque estabelecem comandos que devem ser obedecidos pelos seus destinatários. Analisando-as, o jurista enuncia proposições descritivas, por meio das quais procura descrever o Direito, criando um sistema. Esse sistema pode ser fechado ou aberto, conforme o posicionamento filosófico adotado pelo jurista. O sistema

---

Congresso; bastaria o governo aumentar suas taxas'. O especialista considera 'um grande erro' o argumento de que, na partilha, o governo terá mais controle sobre a produção. 'A curva de produção de um poço obedece ao seu fator de remuneração, de acordo com as regras da engenharia de petróleo', explica. O governo não tem ingerência nisso. 'Seria um atentado à economicidade'. Giovani Loss, advogado de direito do petróleo do escritório Fulbright & Jaworski, em Houston, concorda com as críticas: 'O modelo não dá segurança sobre o que vai ser feito e, numa análise de risco em que a discricionariedade do governo é tão grande como ocorre no projeto (de partilha), a tendência é que o investidor utilize a visão mais pessimista possível. Ainda que o governo não esteja considerando a exclusão total dos investimentos privados, dentro do que foi colocado no modelo, essa possibilidade legalmente existe, e o discurso não substitui as palavras escritas na lei', afirma o advogado, que aponta a abrangência da legislação e a ampla gama de atribuições do CNPE como um dos maiores problemas" (SADDI, Jairo. A capitalização da Petrobras no advento do pré-sal. *Revista de Direito Bancário e do Mercado de Capitais*. São Paulo, ano 12, n. 46, p. 76-77, out./dez. 2009). Mas também isso é assunto para outro estudo.

[353] Aqui entendidos como professores de Direito, que descrevem as proposições prescritivas colhidas do ordenamento em seus trabalhos doutrinários.

[354] Assim compreendidos todos aqueles que conferem aplicabilidade a essas proposições prescritivas, dos representantes das partes aos juízes e Tribunais, e que colaboram para a formação da jurisprudência (cf. MADUREIRA. Op. cit. 2011.).

[355] Muito embora também aufiram essa condição as normas administrativas, como os atos regulamentares e as chamadas normas individuais, como a sentença, o contrato etc.

fechado é estático, retrospectivo e completo, e, por isso, não comporta lacunas; o sistema aberto é dinâmico, prospectivo e incompleto, e, por isso, comporta lacunas.

Dito isso, é importante distinguir ordenamento jurídico e sistema. O ordenamento é composto por normas editadas por autoridades competentes (Direito), sob a forma de enunciados prescritivos, que são reais, porque pertencem ao mundo empírico; o sistema é o método de análise do ordenamento, o mecanismo pelo qual o jurista organiza seu objeto de análise, que é o Direito, e, por isso, não é real, mas irreal, porque está no mundo do pensamento. O ordenamento apresenta contradições, que são bastante comuns no mundo fenomênico, a começar porque tantas vezes as preferências sociais de hoje destoam daquelas prevalentes no passado, o que pode induzir a formação de antinomias; o sistema não as comporta, porque, nele, o jurista procura harmonizar o Direito, pela via do emprego de técnicas interpretativas e integrativas. Assim, conquanto comumente se refira, em doutrina, ao Direito como um sistema (fala-se, a propósito, em "sistema jurídico"), o Direito não é sistema, embora possa ser visto pelo jurista como sistema.[356] Outras vezes, os teóricos qualificam o ordenamento como sistema, mas o diferenciam do sistema produzido pela Ciência Jurídica. É assim em Emil Lask, que refere à existência de dois sistemas, o sistema da Ciência do Direito, que é criado pelo jurista, e o sistema não teórico da realidade jurídica;[357] e também em Lourival Vilanova, que refere à existência de um sistema de direito positivo (ordenamento) ao lado de um sistema da Ciência do Direito (sistema).[358] Mas, independentemente das designações que lhes são atribuídas pela doutrina, é fato que o ordenamento e o sistema apresentam-se, frente ao fenômeno jurídico, como realidades distintas: o primeiro como objeto de análise do jurista, ou outro como uma produção sua, cuja finalidade é conferir coerência e sistematicidade ao Direito.

Sob certa óptica, o jurista não deve descrever o modo como se dá a aplicação do Direito (decidibilidade). Hans Kelsen, em sua *Teoria Pura*

---

[356] DINIZ, Maria Helena. *Compêndio de introdução à Ciência do Direito*: introdução à teoria geral do direito, à filosofia do direito, à sociologia jurídica e à lógica jurídica. Norma jurídica e aplicação do direito. 20. ed. São Paulo: Saraiva, 2009. p. 199-204.

[357] A propósito, cf. FERRAZ JR., Tércio Sampaio. *Conceito de direito no sistema*. São Paulo: Revista dos Tribunais, 1976. p. 123-165.

[358] VILANOVA, Lourival. *Estruturas lógicas e o sistema de direito positivo*. São Paulo: Noeses, 2005. p. 158-161.

do Direito, pretendeu[359] purificar a Ciência Jurídica,[360] quando procurou traçar-lhe um objeto próprio, e também encontrar uma metodologia própria para a atividade do jurista. Para Kelsen, o jurista só pode estudar normas editadas por autoridades consideradas competentes por norma superior, segundo o procedimento estabelecido por norma superior. Nesse contexto, o jurista pode analisar fatos e situações, mas apenas quando condicionantes do conteúdo de normas, ou seja, cumpre-lhe analisar tão somente fatos e condições de condutas humanas na qualidade de conteúdo de normas. Sendo assim, em Kelsen, o jurista não pode discorrer sobre o modo como o Direito deve ser aplicado. Nessa acepção teórica, a Ciência Jurídica tem por função a descrição de normas, mediante a formulação de proposições.[361] O resultado dessa atividade descritiva, ou das proposições formuladas pelo jurista, é o sistema jurídico.[362]

Isso não quer dizer, em absoluto, que Kelsen ignorava o problema da decidibilidade. Com efeito, a Ciência Jurídica, para Kelsen, apresenta duas facetas: a teoria jurídica estática, que estuda o Direito posto pelo legislador (sistema de normas);[363] e a teoria jurídica dinâmica, que estuda o Direito como aplicação da norma superior para criação da norma inferior, cujo objeto consiste em averiguar se o emissor da norma tem competência estabelecida em norma superior e em analisar os fatos condicionantes do conteúdo das normas, isto é, os fatos e condições de condutas humanas na qualidade de conteúdo de normas.[364] Sob a perspectiva da teoria dinâmica, o Direito é descrito como sistema de atos aplicadores de normas superiores e criadoras de normas inferiores. Nesse contexto, Kelsen afirma, categoricamente, que:

---

[359] Esse objetivo, todavia, não foi alcançado; a começar porque Kelsen, quando constrói a ideia de norma hipotética fundamental, refere-se a elementos externos ao ordenamento jurídico (os valores da revolução, a primeira Constituição histórica etc.). O problema é que, para Kelsen, a norma hipotética fundamental, embora não seja norma posta, mas pressuposta, é fonte de Direito, proposição que vai de encontro à ideia subjacente à purificação da Ciência pela via da limitação do seu objeto ao estudo de normas postas no ordenamento por autoridade autorizada por normas superiores (cf. DINIZ. OP. cit., 2009c. p. 130-131).

[360] Muito embora não tivesse a intenção de purificar o Direito, construindo, assim, uma teoria do Direito puro.

[361] Em suas próprias palavras, a Ciência do Direito "[...] somente pode descrever as normas individuais, produzidas pelos tribunais, e as normas gerais, produzidas pelos órgãos legislativos e pelo costume, depois de elas serem vigentes" (KELSEN. Op. cit., p. 99).

[362] KELSEN. *Idem*, p. 79-119. Sobre o assunto, ler também: DINIZ. Op. cit., p. 116-131.

[363] KELSEN. Op. cit, p. 121-213.

[364] KELSEN. *Idem*, p. 215-308.

[...] somente a falta de compreensão da função normativa da decisão judicial, o preconceito de que o Direito apenas consta de normas gerais, a ignorância da norma jurídica individual, obscureceu o fato de que a decisão judicial é tão só a continuação do processo de criação da norma jurídica e conduziu ao erro de ver nela apenas a função declarativa.[365]

No entanto, seu posicionamento, quanto ao pormenor, é no sentido de que a construção da norma individual não é problema do jurista, mas dos aplicadores do Direito. E isso porque, em suas próprias palavras:

> Na distinção entre proposição jurídica e norma jurídica ganha expressão a distinção que existe entre a função do conhecimento jurídico e a função, completamente distinta daquela, da autoridade jurídica, que é representada pelos órgãos da comunidade jurídica. A ciência jurídica tem por missão conhecer – de fora, por assim dizer – o Direito e descrevê-lo com base no seu conhecimento. Os órgãos jurídicos têm – como autoridade jurídica – antes de tudo por missão produzir o Direito para que ele possa então ser conhecido e descrito pela ciência jurídica.[366]

Com essa opção teórica, Kelsen isola o problema das lacunas no Direito, transportando-o do plano da Ciência (âmbito da atuação dos juristas) para o campo da aplicação do Direito (âmbito de atuação dos intérpretes ou operadores). E tal se dá, porque em Kelsen o sistema é fechado em razão de ser composto pela descrição, pelo jurista, apenas e tão somente do conteúdo das normas postas por autoridades consideradas competentes por norma superior.

É fato, contudo, que a questão da decidibilidade foi aprofundada, a partir de Kelsen, pelos teóricos, contexto em que se destaca a obra de Miguel Reale.[367] Para Reale (como para Kelsen), o objeto da Ciência Jurídica é a descrição do Direito. Ocorre que, em Reale, o Direito não se manifesta (como em Kelsen) apenas por meio da norma,

---

[365] KELSEN. *Idem*, p. 265. Quanto ao particular, Tércio Sampaio Ferraz Jr. adverte que Kelsen, "quando fala das normas derivadas, especialmente das normas individuais, parece introduzir o aspecto pragmático para resolver problemas como o da sentença manifestamente ilegal, mas que, se não impugnada, produz efeitos, devendo ser considerada válida" (FERRAZ JR., Tércio Sampaio. *Teoria da Norma Jurídica*: ensaio de pragmática na comunicação normativa. 4. ed. Rio de Janeiro: Forense, 2009. p. 98-99).
[366] KELSEN. Op. cit., p. 81.
[367] Cf., a propósito: REALE. Op. cit. 1998; e REALE. Op. cit.1968.

abarcando, também, fato e valor.[368] Essa referência de Reale aos fatos e valores transmuda o objeto da Ciência Jurídica da mera descrição das normas postas no ordenamento por autoridades competentes para uma perspectiva pragmática.[369]

A teoria de Reale é prática. Nela, o jurista conhece para decidir. O papel do jurista é, pois, analisar decisões e enunciar respostas, para demonstrar uma decisão solucionadora de um problema, contexto em que a resposta adequada a um conflito é aquela que causa o menor número de perturbações no ambiente social. A Ciência Jurídica assume, então, a conotação de pensamento tecnológico, que requer do jurista pleno conhecimento e domínio de meios para chegar a um fim, uso correto do vocabulário jurídico e uso de técnicas interpretativas, integrativas e corretivas. Além disso, o sistema, porque abarca, além da norma, fato e valor, é múltiplo e aberto.[370]

Talvez a doutrina de Miguel Reale não seja a mais apropriada ao enfrentamento do tema posto em discussão neste trabalho, consistente na investigação da validade de determinada opção político-legislativa em face do texto constitucional, uma vez que a tecnologia empregada por Reale para conferir sistematicidade ao ordenamento jurídico (consistente na utilização de "regras de calibragem") dá a problemas desse tipo solução distinta daquela comumente empregada pelos publicistas. Com efeito, em Reale, uma norma inconstitucional forma uma nova cadeia normativa, que se relaciona a subsistemas de fato e de valor.[371] Por essa razão, Reale não afirmaria (como se faz neste trabalho) que a incompatibilidade de uma norma com o texto constitucional importa a sua exclusão do ordenamento, ou, mais especificamente, que a ausência, na Lei nº 12.351/2010, de regra jurídica que discipline a distribuição a Estados e Municípios das participações governamentais, de que trata o §1º do artigo 20 da Constituição, torna inconstitucional esse diploma normativo, por violação à pré-citada disposição constitucional.

Mas isso não impede a aplicação a este estudo da conotação atribuída por Reale ao papel da Ciência Jurídica, quando a torna aberta a fatos (elemento histórico) e aos valores (elemento axiológico) e, sobretudo, quando transporta a questão da decidibilidade para o universo

---

[368] REALE. Op. cit. 1998. p. 64-65.
[369] Sobre a natureza pragmática da Ciência Jurídica, cf., também: FERRAZ JR. Op. cit. 2009. p. 114.
[370] Cf. DINIZ. Op. cit. 2009c. p. 141-143.
[371] Cf. REALE. Op. cit. 1968. *passim*.

das preocupações do jurista. Quando menos porque, de um modo geral, teóricos que empregam a temática do controle de constitucionalidade das leis como tecnologia adequada à sistematização do ordenamento jurídico também referem-se, como Reale, ao caráter aberto do sistema jurídico, contexto em que se destaca, para citar um exemplo contundente, a obra de José Joaquim Gomes Canotilho.[372] E um sistema aberto, como dito, é dinâmico, prospectivo e incompleto, e, por isso, ostenta lacunas, o que conduz à preocupação do jurista com a sua solução.

Nessa perspectiva, a Ciência Jurídica "exerce funções relevantes não só para o estudo do Direito, mas também para a aplicação jurídica, viabilizando-o como elemento de controle do comportamento humano, ao permitir a flexibilidade interpretativa das normas e ao propiciar, por suas criações teóricas, a adequação das normas no momento de sua aplicação",[373] e, por isso, é um "instrumento de viabilização do Direito",[374] conforme leciona Maria Helena Diniz. O que se dá é que a decidibilidade é um problema dominado por aporias (como as da justiça, da utilidade, da certeza, da legitimidade etc.), e, por isso, se abre a diversas alternativas possíveis, o que faz com que "a Ciência Jurídica se depare com um espectro de teorias, às vezes, incompatíveis",[375] como adverte, adiante, a professora paulista. Por esse motivo é que, conforme Diniz, a Ciência Jurídica tem função social e natureza tecnológica,[376] porque delimita "as possibilidades abertas pela questão da decidibilidade, proporcionando certo fechamento no critério de combinação dos modelos".[377]

Para Diniz, a função social da Ciência Jurídica decorre da relevância do fator social nos processos de conhecimento, sendo que:

[...] o conhecimento é visto como uma atividade capaz de servir de mediação entre os dados da realidade e a resposta comportamental do indivíduo, por gerar expectativas cognitivas, já que as sínteses

---

[372] A propósito, cumpre destacar a seguinte passagem doutrinária de Canotilho: "A existência de regras e princípios, tal como se acaba de expor, permite a descodificação, em termos de um 'constitucionalismo adequado' (Alexy: *Gemässigte Konstitucionalismus*), da estrutura sistêmica, isto é, possibilita a compreensão da constituição como sistema aberto de regras e princípios [...]" (CANOTILHO. Op. cit. 2000. p. 1162).
[373] DINIZ. Op. cit. 2009c. p. 199.
[374] *Ibid.*
[375] DINIZ. Op. cit.. 2009c. p. 198.
[376] DINIZ. Op. cit. 2009c. p. 198.
[377] *Ibid.*

significativas da Ciência garantem a segurança e a certeza de expectativas sociais, pois diminuem os riscos de falha na ação humana, já que, em razão deles, será possível, com certo grau de certeza, dizer quem agiu correta ou incorretamente.[378]

Em síntese, a função social da Ciência "está no dever de limitar as possibilidades de variação na aplicação do Direito e de controlar a consistência das decisões, tendo por base outras decisões",[379] como expressa Diniz na sequência.

Tércio Sampaio Ferraz Jr., partindo da doutrina de Miguel Reale, propõe que a Ciência Jurídica comporta três modelos teóricos: o modelo analítico; o modelo hermenêutico; e o modelo empírico.[380] O modelo analítico busca a sistematização, mas não apenas de normas, nos moldes descritos por Kelsen, mas também de fatos e valores. Aqui, a função da Ciência Jurídica não é meramente descritiva, como em Kelsen, mas é também organizatória, o que permite ao jurista classificar e organizar os três elementos (norma, fato e valor).[381] Por sua vez, *o modelo hermenêutico* busca o uso correto de técnicas interpretativas, integrativas e corretivas de lacunas, e, por isso, tem função interpretativa, que consiste em interpretar o sentido e o alcance da norma, mas sempre ligados aos fatos e aos valores.[382] Já o modelo empírico busca a decidibilidade, ostentando, assim, função de previsão, óptica sob a qual a Ciência Jurídica se apresenta como uma teoria da decisão.[383]

Sob o modelo teórico analítico, a função social da Ciência Jurídica consiste, conforme Ferraz Jr., na "neutralização do conflito em termos de ele não ser tratado em toda a sua extensão concreta, mas na medida necessária da sua decidibilidade com o mínimo de perturbação social".[384] O que ocorre é que o modelo analítico, com toda a sua aparelhagem conceitual, proporciona uma congruência dinâmica entre os mecanismos de controle social (normas, valores, instituições), pelo que, nele, o sistema tem função regulativa, e não constitutiva.[385]

---

[378] DINIZ. Op. cit. 2009c. p. 199.
[379] *Ibid.*
[380] FERRAZ JR. *Introdução ao estudo do direito.* 6. ed. São Paulo: Atlas, 2008.
[381] FERRAZ JR. Op. cit. 2008. p. 68-219.
[382] FERRAZ JR. Op. cit. 2008. p. 220-284.
[383] FERRAZ JR. Op. cit. 2008. p. 285-323.
[384] FERRAZ JR. Op. cit. 2008. p. 219.
[385] FERRAZ JR. Op. cit. 2008. p. 218.

Conforme Ferraz Jr., "o que constitui o sistema é o comportamento social que exige e estabelece normas, institucionaliza procedimentos, marca ideologicamente seus valores, desenvolve regras estruturais etc.".[386] Nesse sentido, cumpre à Ciência Jurídica conferir ao ordenamento "um mínimo de coerência e razoabilidade, para que se possa dominá-lo e exercitá-lo tecnicamente",[387] como expressa Ferraz Jr. na sequência. E isso porque o sistema jurídico é um sistema autônomo, composto por um conjunto de elementos e relações capaz de impedir que eventos de outros sistemas sejam necessariamente um evento dentro dele, regulando, assim, o que deve e o que não deve ser juridicizado, e também o que, sendo juridicizado (leia-se: tornado um evento dentro do sistema), deve ser considerado lícito ou ilícito.[388] Todavia, esse intercâmbio confere ao sistema grande variabilidade de eventos e de situações, que precisa ser dominada racionalmente.[389] Disso se ocupa a Ciência Jurídica que, sob o modelo analítico, vale-se de seus conceitos sistematizadores e de sua função regulativa para lhe conferir unidade.[390] Conforme Ferraz Jr. essa orientação universalista "foi e é ainda de grande importância para o desenvolvimento de sociedades complexas", em especial para que tais sociedades "fossem e sejam capazes de absorver e suportar enormes incertezas e diferenças sociais, pois o tratamento universalista neutraliza a pressão social imediata exercida pelo problema da distribuição social do poder e dos recursos, transportando-o para dentro do sistema jurídico onde ele é então, mediatizado e tornado abstrato".[391]

Sob o modelo teórico hermenêutico, o papel da Ciência Jurídica é fazer a lei falar.[392] Na lição de Ferraz Júnior, "a hermenêutica jurídica é uma forma de pensar dogmaticamente o Direito que permite um controle das consequências possíveis de sua incidência sobre a realidade antes que elas ocorram", de modo que "o sentido das normas vem, assim, desde o seu aparecimento, 'domestificadas'".[393] Ferraz Júnior acrescenta, na sequência, que "essa astúcia da razão dogmática põe-se

---
[386] Ibid.
[387] FERRAZ JR. Op. cit. 2008. p. 218.
[388] Ibid.
[389] Ibid.
[390] Ibid.
[391] FERRAZ JR. Op. cit. 2008. p. 219.
[392] FERRAZ JR. Op. cit. 2008. p. 284.
[393] Ibid.

assim, a serviço do enfraquecimento das tensões sociais", porque "neutraliza a pressão exercida pelos problemas de distribuição de poder, de recursos e de benefícios escassos", na medida em que os transforma em "conflitos abstratos, isto é, definidos em termos jurídicos e em termos juridicamente interpretáveis e decidíveis".[394] Por isso é que, segundo Ferraz Júnior, "a hermenêutica possibilita uma espécie de neutralização dos conflitos sociais", porque os projeta "numa dimensão harmoniosa – o mundo do legislador racional – no qual em tese tornam-se todos decidíveis".[395] Assim, no modelo hermenêutico, como no modelo analítico, a função social da Ciência Jurídica decorre de sua capacidade de orientar a decidibilidade de questões práticas. Contudo, enquanto no modelo analítico o jurista exerce a função de isolar o Direito num sistema, no modelo hermenêutico cumpre-lhe, conforme Ferraz Júnior, "conformar o sentido do comportamento social à luz da incidência normativa".[396]

Ferraz Júnior acentua, ainda, que no modelo hermenêutico a Ciência Jurídica cria condições para decisão, mas não diz como deve ocorrer a decisão, o que só pode ser aferido pelo jurista sob a óptica do modelo empírico.[397] De acordo com Ferraz Júnior, na decisão a verdade factual está sempre submetida à valoração, sendo que "valores são símbolos integradores e sintéticos de preferências sociais permanentes", aos quais, como regra, ninguém se opõe (como a justiça, a utilidade, a bondade).[398] Sendo assim, o discurso decisório é avaliativo e ideológico, de maneira que a ideologia baliza a decisão, estabelecendo: (i) os princípios fundamentais do processo (por exemplo, a divisão dos poderes, a proibição de que um interfira nas decisões do outro); (ii) as guias ou orientações gerais (como princípio da ausência de responsabilidade sem culpa, da boa-fé); (iii) os fatores sociais que devem ser considerados como bases dogmáticas da decisão (por exemplo, a proibição da decisão contra a lei); (iv) as finalidades (metas do sistema) que permitem o controle da *mens legis* (bem comum, interesse público etc.); e (v) critérios para a constituição de premissas e postulados da argumentação (princípio da irretroatividade das leis, a

---

[394] Ibid.
[395] FERRAZ JR. Op. cit. 2008. p. 284.
[396] Ibid.
[397] Ibid.
[398] FERRAZ JR. Op. cit. 2008. p. 321.

exigência de que a mesma *ratio legis* deve permitir tratamento jurídico igual a casos semelhantes, entre outros)".[399] Por isso é que, para Ferraz Júnior, Ciência Jurídica constrói, sob a óptica do modelo empírico, "um sistema conceitual que capta a decisão como um exercício controlado do poder, como se as relações sociais de poder estivessem domesticadas",[400] o que reduz "a carga emocional da presença da violência do Direito".[401] Assim, a função social da Ciência Jurídica, sob a perspectiva do modelo empírico, decorre da circunstância de ela se qualificar como "veículo para as ideologias da não violência".[402]

Essas considerações põem em evidência que a Ciência Jurídica tem papel sistematizador, de organização das normas que compõem o ordenamento jurídico. Mesmo em Kelsen, compete ao jurista procurar conferir sistematicidade ao ordenamento. Ocorre que, se, para Kelsen, o ordenamento não contém lacunas, contemporaneamente não mais persistem dúvidas sobre a sua existência.[403] Sendo assim, é função do jurista procurar resolvê-las (modelo empírico) ou, quando menos, criar as condições para a sua resolução pelos aplicadores (modelos analítico e hermenêutico), para que, com isso, o Direito possa se apresentar como um todo coeso, como um sistema. Se essa expectativa for atendida, isto é, se a Ciência Jurídica puder orientar, de alguma forma, a atuação dos intérpretes, no sentido de se conferir a necessária operatividade ao ordenamento jurídico-positivo, nisso se funda a sua função social.

6.2 Juridicidade da aplicação dos critérios de distribuição das participações governamentais previstas pelas Leis nº 7.990/1989 e nº 9.479/1997 também ao regime de partilha de produção (Lei nº 12.351/2010): interpretação conforme a Constituição

Outro não é o objetivo da análise empreendida neste capítulo, que encerra exercício teórico desenvolvido com a finalidade de conferir operatividade à legislação aplicável à atividade petrolífera.

---

[399] FERRAZ JR. Op. cit. 2008. p. 322.
[400] *Ibid.*
[401] FERRAZ JR. Op. cit. 2008. p. 323.
[402] *Ibid.*
[403] Quando menos porque, como dito, tantas vezes as preferências sociais de hoje destoam daquelas prevalentes no passado, o que pode induzir à formação de antinomias.

Em especial, procura-se compatibilizar a ausência de previsão na Lei nº 12.351/2010 de regra jurídica que discipline a distribuição dos royalties e da participação especial a Estados e Municípios (que se agrava pelas dificuldades encontradas pelo Parlamento para a construção de norma válida a disciplinar a matéria, do que resultou a edição da Lei nº 12.734/2012)[404] com as disposições do §1º do artigo 20 da Constituição; que (como exposto) assegura "aos Estados, ao Distrito Federal e aos Municípios" (e também a órgãos da Administração Direta da União) "participação no resultado da exploração de petróleo ou gás natural" (entre outros recursos naturais) "no respectivo território, plataforma continental, mar territorial ou zona econômica exclusiva, ou compensação financeira por essa exploração".

Em síntese, a Constituição expressa que, se houver exploração e produção do petróleo e do gás natural (antecedente), deve haver distribuição de participações governamentais (royalties, participação especial, etc.) a Estados e Municípios (consequente). Na verdade, havendo extração desses recursos naturais, as participações governamentais devem ser destinadas aos Estados e Municípios por ela impactados, pois essa receita pública (na opinião dos constituintes[405] e na interpretação correntemente atribuída pela doutrina e pela jurisprudência do Supremo Tribunal Federal ao §1º do artigo 20 da Constituição)[406] visa à compensá-los (ou indenizá-los) pelos reflexos dessa atividade econômica sobre suas contas públicas e sobre o modo de vida das suas respectivas populações. Assim, cumpre ao legislador, quando da especificação das condições para a exploração desses recursos naturais, dispor sobre a distribuição dessas participações governamentais aos Estados e Municípios impactados pela exploração e produção de petróleo e gás. Do contrário, o exercício dessa atividade econômica far-se-á em desconformidade com o §1º do artigo 20 da Constituição.

O legislador tentou atender a essa expectativa quando editou a Lei nº 12.734/2012. Porém, suas disposições quanto ao particular são, pelas razões expostas, incompatíveis com o texto constitucional.

A circunstância de não haver no ordenamento norma válida a disciplinar a distribuição dessas receitas aos Estados e Municípios impactados pela exploração e produção de petróleo e gás em tese torna inconstitucional o próprio regime de partilha de produção, porque afeta

---

[404] Ver Capítulos 2, 3, 4 e 5.
[405] Ver Tópico 2.2 do Capítulo 2.
[406] Ver Tópico 2.3 do Capítulo 2.

a validade ou constitucionalidade da integralidade dos dispositivos da Lei nº 12.351/2010. Com efeito, a instituição de um novo regime de exploração de petróleo e gás sem que, para tanto, sejam previstas regras válidas para distribuição de participações governamentais aos Estados e Municípios impactados corresponderia a admitir que o exercício dessa atividade econômica possa ocorrer sem que lhes sejam direcionadas a participação no resultado dessa atividade econômica ou compensação financeira pelo seu exercício, como lhes garante o §1º do artigo 20 da Constituição.

No entanto, a questão pode ser solucionada, tecnicamente, com a atribuição à Lei nº 12.351/2010, de interpretação conforme a Constituição,[407] de modo a que sejam preservadas, ao mesmo tempo, as demais opções político-legislativas encartadas nesse ato legislativo e a regra constitucional que garante aos Estados e Municípios impactados a percepção de participação no resultado da exploração e produção de petróleo e gás ou de compensação financeira pelo exercício dessa atividade econômica, encartada no §1º do artigo 20 da Carta Política. Com efeito, na falta de norma válida[408] a dispor sobre a distribuição dessa receita pública sob o regime de partilha de produção,[409] cumpre ao intérprete recorrer às regras de integração especificadas no Decreto-Lei nº 4.657/1942 (Lei de Introdução às Normas do Direito Brasileiro). A propósito, o legislador impõe ao aplicador reportar-se, como critério integrativo, à analogia, aos costumes e aos princípios gerais de Direito, como se infere do texto do artigo 4º desse diploma legal.[410]

---

[407] Semelhante atuação embasa-se em método interpretativo de ampla utilização no âmbito da jurisprudência do Supremo Tribunal Federal, quer em controle difuso, quer em controle concentrado de constitucionalidade, que visa à preservação do princípio da constitucionalidade das leis. Com efeito, se é certo que uma norma legal não tem validade quando estiver em choque com o que prescreve o texto constitucional, também é verdade que os operadores do Direito devem evitar, a todo custo, afirmar a invalidade constitucional de tais prescrições normativas abstratas, em favor das quais milita presunção de constitucionalidade. Diante desse paradoxo, surgiu, na Alemanha, a teoria da "interpretação conforme a Constituição", que prescreve que, diante de normas com várias significações possíveis, caberá ao intérprete encontrar um significado que apresente conformidade com o ordenamento constitucional, evitando, assim, a declaração da sua inconstitucionalidade (A propósito, cf., por todos: MENDES, Gilmar Ferreira. *Jurisdição Constitucional*: o controle abstrato de normas no Brasil e na Alemanha. 5. ed. São Paulo: Saraiva, 2007. p. 346-349).

[408] Reiteramos, neste ponto, a inconstitucionalidade da Lei nº 12.734/2012, editada com o propósito de suprir essa lacuna, fundada nas razões expostas nos capítulos precedentes.

[409] À míngua da edição de norma válida sobre o tema, as operações realizadas sob o regime de concessão persistem regidas pela Lei nº 9.478/1997, que remete, em seu artigo 48, aos critérios de distribuição de royalties previstos na Lei nº 7.990/1989.

[410] LINDB. "Art. 4º Quando a lei for omissa, o juiz decidirá o caso de acordo com a analogia, os costumes e os princípios gerais de direito."

Quanto ao particular, Maria Helena Diniz leciona que "para integrar a lacuna, o juiz recorre, preliminarmente, à analogia".[411] Conforme Diniz, esse critério integrativo "consiste em aplicar, a um caso não contemplado de modo direto ou específico por uma norma jurídica, uma norma prevista para hipótese distinta, mas semelhante ao caso não contemplado".[412] Assim, "a analogia não cria norma alguma; simplesmente desvenda, ou descobre, a norma implícita existente", e, por isso, "serve à expansão lógica das leis, mas nunca elabora direito novo; é um veículo de explicitação de norma latente, revelando o já, virtualmente, contido na norma jurídica, que possui a potencialidade de adaptar-se ao caso não previsto pelo seu elaborador",[413] como expressa Diniz na sequência.

Na hipótese, em razão do veto aposto pela Presidência da República aos dispositivos da Lei nº 12.351/2010, e dadas as inconstitucionalidades encontradas na Lei nº 12.734/2012[414], não há norma válida a disciplinar o pagamento dessas retribuições financeiras quando a extração do petróleo e do gás natural se der sobre o regime de partilha de produção. Ocorre que a Lei nº 9.478/1997, que disciplina a exploração e produção de petróleo e gás sob o regime de concessão, prevê critérios para o pagamento dessas retribuições aos seus destinatários, inclusive aos Estados e Municípios. Tal se infere do texto de seus artigos 48 e 49 e respectivos parágrafos, que têm a seguinte redação:

> Art. 48. A parcela do valor do *royalty*, previsto no contrato de concessão, que representar cinco por cento da produção, correspondente ao montante mínimo referido no §1º do artigo anterior, será distribuída segundo os critérios estipulados pela Lei nº 7.990, de 28 de dezembro de 1989. (Vide Lei nº 10.261, de 2001) (Vide Decreto nº 7.403, de 2010)
> Art. 49. A parcela do valor do royalty que exceder a cinco por cento da produção terá a seguinte distribuição: (Vide Lei nº 10.261, de 2001)
> I – quando a lavra ocorrer em terra ou em lagos, rios, ilhas fluviais e lacustres:
> a) cinquenta e dois inteiros e cinco décimos por cento aos Estados onde ocorrer a produção;

---

[411] DINIZ, Maria Helena. Op. cit., 2009c. p. 461. Sobre o assunto, ler também: DINIZ, Maria Helena. *As lacunas no direito*. 9. ed. São Paulo: Saraiva, 2009. p. 141-142.
[412] DINIZ. *Compêndio de introdução à Ciência do Direito*, 2009c. p. 461.
[413] DINIZ. Op. cit. 2009a. p. 155-156
[414] Ver Capítulos 2, 3, 4 e 5.

b) quinze por cento aos Municípios onde ocorrer a produção;

c) sete inteiros e cinco décimos por cento aos Municípios que sejam afetados pelas operações de embarque e desembarque de petróleo e gás natural, na forma e critério estabelecidos pela ANP;

d) 25% (vinte e cinco por cento) ao Ministério da Ciência e Tecnologia para financiar programas de amparo à pesquisa científica e ao desenvolvimento tecnológico aplicados à indústria do petróleo, do gás natural, dos biocombustíveis e à indústria petroquímica de primeira e segunda geração, bem como para programas de mesma natureza que tenham por finalidade a prevenção e a recuperação de danos causados ao meio ambiente por essas indústrias; (Redação dada pela Lei nº 11.921, de 2009) (Vide Decreto nº 7.403, de 2010)

II – quando a lavra ocorrer na plataforma continental:

a) vinte e dois inteiros e cinco décimos por cento aos Estados produtores confrontantes;

b) vinte e dois inteiros e cinco décimos por cento aos Municípios produtores confrontantes;

c) quinze por cento ao Ministério da Marinha, para atender aos encargos de fiscalização e proteção das áreas de produção; (Vide Decreto nº 7.403, de 2010)

d) sete inteiros e cinco décimos por cento aos Municípios que sejam afetados pelas operações de embarque e desembarque de petróleo e gás natural, na forma e critério estabelecidos pela ANP;

e) sete inteiros e cinco décimos por cento para constituição de um Fundo Especial, a ser distribuído entre todos os Estados, Territórios e Municípios;

f) 25% (vinte e cinco por cento) ao Ministério da Ciência e Tecnologia para financiar programas de amparo à pesquisa científica e ao desenvolvimento tecnológico aplicados à indústria do petróleo, do gás natural, dos biocombustíveis e à indústria petroquímica de primeira e segunda geração, bem como para programas de mesma natureza que tenham por finalidade a prevenção e a recuperação de danos causados ao meio ambiente por essas indústrias. (Redação dada pela Lei nº 11.921, de 2009) (Vide Decreto nº 7.403, de 2010)

[...]

§2º Os recursos da participação especial serão distribuídos na seguinte proporção:

I – 40% (quarenta por cento) ao Ministério de Minas e Energia, sendo 70% (setenta por cento) para o financiamento de estudos e serviços de geologia e geofísica aplicados à prospecção de combustíveis fósseis, a serem promovidos pela ANP, nos termos dos incisos II e III do art. 8º desta Lei, e pelo MME, 15% (quinze por cento) para o custeio dos estudos de planejamento da expansão do sistema energético e 15% (quinze por cento) para o financiamento de estudos, pesquisas, projetos, atividades e serviços de levantamentos geológicos básicos no território nacional; (Redação dada pela Lei nº 10.848, de 2004)

II – 10% (dez por cento) ao Ministério do Meio Ambiente, destinados, preferencialmente, ao desenvolvimento das seguintes atividades de gestão ambiental relacionadas à cadeia produtiva do petróleo, incluindo as consequências de sua utilização; (Redação dada pela Lei nº 12.114, de 2009)

a) modelos e instrumentos de gestão, controle (fiscalização, monitoramento, licenciamento e instrumentos voluntários), planejamento e ordenamento do uso sustentável dos espaços e dos recursos naturais; (Incluído pela Lei nº 12.114, de 2009)

b) estudos e estratégias de conservação ambiental, uso sustentável dos recursos naturais e recuperação de danos ambientais; (Incluído pela Lei nº 12.114, de 2009)

c) novas práticas e tecnologias menos poluentes e otimização de sistemas de controle de poluição, incluindo eficiência energética e ações consorciadas para o tratamento de resíduos e rejeitos oleosos e outras substâncias nocivas e perigosas; (Incluído pela Lei nº 12.114, de 2009)

d) definição de estratégias e estudos de monitoramento ambiental sistemático, agregando o estabelecimento de padrões de qualidade ambiental específicos, na escala das bacias sedimentares; (Incluído pela Lei nº 12.114, de 2009)

e) sistemas de contingência que incluam prevenção, controle e combate e resposta à poluição por óleo; (Incluído pela Lei nº 12.114, de 2009)

f) mapeamento de áreas sensíveis a derramamentos de óleo nas águas jurisdicionais brasileiras; (Incluído pela Lei nº 12.114, de 2009)

g) estudos e projetos de prevenção de emissões de gases de efeito estufa para a atmosfera, assim como para mitigação da mudança do clima e adaptação à mudança do clima e seus efeitos, considerando-se como mitigação a redução de emissão de gases de efeito estufa e o aumento da capacidade de remoção de carbono pelos sumidouros e, como adaptação as iniciativas e medidas para reduzir a vulnerabilidade dos sistemas naturais e humanos frente aos efeitos atuais e esperados da mudança do clima; (Incluído pela Lei nº 12.114, de 2009)

h) estudos e projetos de prevenção, controle e remediação relacionados ao desmatamento e à poluição atmosférica; (Incluído pela Lei nº 12.114, de 2009)

i) iniciativas de fortalecimento do Sistema Nacional do Meio Ambiente – SISNAMA; (Incluído pela Lei nº 12.114, de 2009)

III – quarenta por cento para o Estado onde ocorrer a produção em terra, ou confrontante com a plataforma continental onde se realizar a produção;

IV – dez por cento para o Município onde ocorrer a produção em terra, ou confrontante com a plataforma continental onde se realizar a produção.

Dada essa referência do artigo 48 da Lei nº 9.478/1997 aos critérios estipulados pela Lei nº 7.990/1089, cumpre referir, em complementação à exposição da disciplina atual da distribuição dos royalties e da participação especial aos Estados e Municípios, ao que prescreve o artigo 27 desse diploma legal:

> Art. 27. A sociedade e suas subsidiárias ficam obrigadas a pagar a compensação financeira aos Estados, Distrito Federal e Municípios, correspondente a 5% (cinco por cento) sobre o valor do óleo bruto, do xisto betuminoso e do gás extraído de seus respectivos territórios, onde se fixar a lavra do petróleo ou se localizarem instalações marítimas ou terrestres de embarque ou desembarque de óleo bruto ou de gás natural, operados pela Petróleo Brasileiro S.A. – PETROBRÁS, obedecidos os seguintes critérios:
>
> I – 70% (setenta por cento) aos Estados produtores;
>
> II – 20% (vinte por cento) aos Municípios produtores;
>
> III – 10% (dez por cento) aos Municípios onde se localizarem instalações marítimas ou terrestres de embarque ou desembarque de óleo bruto e/ou gás natural.

Esses enunciados prescritivos não têm aplicação direta ao regime de partilha de produção, uma vez que o legislador, quando o concebeu, construiu regramento paralelo àquele aplicável ao regime de concessão. Mas a ele podem ser aplicados, por analogia, visto que há, na espécie, "caso não contemplado de modo direto ou específico por uma norma jurídica", mas abrangido por "norma prevista para hipótese distinta, mas semelhante ao caso não contemplado".[415]

Não se desconhece que, para Maria Helena Diniz, a analogia não se presta à integração de normas de ordem pública.[416] Mas isso não impede a aplicação desse método integrativo à hipótese analisada. É que, conquanto a decisão política pelo pagamento dos royalties e

---
[415] Cf. DINIZ. Op. cit. 2009c. p. 461.
[416] Tal se infere, a título de exemplo, das observações da professora paulista a propósito da aplicação analógica do instituto da união estável a casais homossexuais, colhidas do volume 5 do seu "Curso de Direito Civil Brasileiro" (DINIZ, Maria Helena. Op. cit. 2009b. v. 5; DINIZ, Maria Helena. Direito de Família. 22. ed. São Paulo: Saraiva, 2007. p. 51-53).

da participação especial aos Estados e Municípios impactados pela exploração e produção de petróleo e gás possa ser qualificada, sob certa óptica, como norma de ordem pública, a supressão da lacuna depreendida na espécie não diz respeito à adoção dessa opção legislativa (que já se encontra assente no ordenamento jurídico-positivo, mais especificamente no §1º do artigo 20 da Constituição), mas à extensão ao regime de partilha de produção dos critérios de distribuição de recursos atribuídos ao regime de concessão, previstos em normas de cunho eminentemente financeiro ou patrimonial.

Se tal não puder prevalecer, ou seja, acaso se considere que as regras jurídicas transcritas contêm, sim, conteúdo de norma de ordem pública, porque são indispensáveis para se aferir a existência do direito subjetivo dos Estados e Municípios impactados pela exploração e produção de petróleo e gás quanto ao recebimento dos royalties e da participação especial, poderá se promover a interpretação extensiva daqueles enunciados prescritivos, de modo a torná-los aplicáveis também ao regime de partilha de produção.

A propósito, Maria Helena Diniz observa que "a doutrina não tem tratado com nitidez a questão da interpretação extensiva frente à analogia, confundindo, muitas vezes, esses dois mecanismos", dada a conotação contemporaneamente atribuída à interpretação, que se desenvolve em um plano objetivo e atual bem mais extenso do que aquele que lhe era conferido pela escola tradicional, que procurava atingir a "vontade do legislador", com o que se estabeleceu "uma grande afinidade entre a interpretação concebida modernamente e a analogia, já que ambas procuram descobrir a vontade da lei, considerando a razão, o espírito e o fim da norma", o que "tornou difícil saber onde termina a interpretação e começa a analogia".[417] Para Diniz, a analogia e a interpretação extensiva devem ser tidas como espécies de complementação da norma; sendo que, como critério diferenciador, deve-se ter em vista que "a interpretação extensiva, ao admitir que a norma abrange certos fatos-tipos ainda que implicitamente dentro do espírito da lei (*ratio legis*), não é considerada como instrumento integrador", pois, nela, "a norma possui um cerne significativo e uma zona de penumbra, sendo que sua aplicação dentro dos limites dessa zona de penumbra é a interpretação"; ao passo que "na aplicação analógica o juiz terá que ir além do próprio texto legislativo que rege situações

---

[417] DINIZ. Op. cit. 2009a. p. 179-180.

típicas, mas que, por razões de similitude, poderia abarcar outras, indo, portanto, além dos limites da zona de penumbra".[418] Assim, tendo em vista a hipótese analisada, a consideração de que as regras de distribuição de recursos previstas nas Leis nº 7.990/2010 e nº 9.478/1997 são indispensáveis para aferir a existência do direito subjetivo dos Estados e Municípios impactados quanto ao recebimento dos royalties e da participação especial advindos da exploração e produção do petróleo e do gás natural pressupõe que se admita a possibilidade da extensão dos seus efeitos também ao regime de partilha de produção. Para o caso, os limites da aplicabilidade desses dispositivos situam-se na zona de penumbra referida por Diniz. A uma, porque, se, por um lado, inexiste no ordenamento norma jurídica a cuidar da distribuição de tais receitas quando a exploração e produção de petróleo e gás se der sob o regime de partilha, por outro, não há, no regime pretérito, vedação da aplicação das suas regras de distribuição de recursos a outros regimes de exploração. A duas, porque esses dispositivos das Leis nº 7.990/2010 e nº 9.478/1997 devem ser interpretados conjuntamente com o enunciado prescritivo colhido do §1º do artigo 20 da Constituição, que determina a distribuição dessas receitas a Estados e Municípios impactados sempre que houver exploração e produção de petróleo e gás. Na hipótese, a conjugação desses enunciados prescritivos com a regra constitucional consignada no §1º do artigo 20 da Constituição aclara a zona de penumbra que emerge da sua análise descontextualizada, autorizando a sua aplicação também para regular a distribuição dos royalties e da participação especial sob o regime de partilha de produção. Há, pois, sob essa óptica, interpretação extensiva, que, conforme Maria Helena Diniz, "desenvolve-se em torno de uma norma para nela compreender casos que não estão expressos em sua letra, mas que nela se encontram, virtualmente, incluídos, atribuindo assim à lei o mais amplo raio de ação possível".[419]

Em uma ou em outra hipótese, isto é, admitindo-se ser o caso, quer da integração do Direito, com recurso à analogia, quer da sua interpretação extensiva, impõe-se, na espécie, a atribuição à Lei nº 12.351/2010 de interpretação conforme a Constituição, de modo a que, enquanto não for editada norma válida a disciplinar a distribuição

---

[418] DINIZ. Op. cit. 2009a. p. 180-181.
[419] DINIZ. OP. cit. 2009a. p. 182.

de participações governamentais aos Estados e Municípios impactados como decorrência da exploração e produção de petróleo e gás sob o regime de partilha de produção, devem ser aplicadas às operações realizadas sob esse regime de produção as regras estabelecidas pelas Leis nº 7.990/1989 e nº 9.478/1997. Do contrário, ter-se-ia de admitir que o ordenamento jurídico, tal como construído pelas autoridades consideradas competentes por norma superior (Kelsen), é incapaz de regular a atividade de exploração e produção do petróleo e do gás natural sob o regime de partilha de produção, uma vez que, pelas razões dantes expostas, (i) a Lei nº 12.351/2010 não contempla regra jurídica que discipline a distribuição das participações governamentais advindas da exploração e produção do petróleo e do gás natural aos Estados e Municípios impactados e (ii) a Lei nº 12.734/2012 não comporta normas válidas para atendimento dessa necessidade; do que resultaria contrariedade ao disposto no §1º do artigo 20 da Constituição, que garante a essas unidades federadas o recebimento de parcela dessa receita pública sempre que houver exploração e produção do petróleo e do gás natural.

CAPÍTULO 7

O SUPREMO TRIBUNAL FEDERAL COMO ARENA DELIBERATIVA PACIFICADORA DO CONFLITO

Esperamos haver demonstrado, nos capítulos precedentes, que a distribuição das participações governamentais advindas da exploração e produção de petróleo e gás a todas unidades federadas (como o Parlamento cogitou por ocasião da edição da Lei nº 12.351/2010) e, sobretudo, a sua distribuição em maior proporção a Estados e Municípios não impactados por essa atividade econômica (como sobressai do texto da Lei nº 12.734/2012) é inconstitucional, por contrariedade ao disposto no §1º do artigo 20 da Constituição (na conformação que lhe conferiu o constituinte originário e na intepretação que lhe foi atribuída pela doutrina jurídica e pela jurisprudência do Supremo Tribunal Federal),[420] ao princípio da isonomia,[421] ao princípio federativo[422] e ao princípio da segurança jurídica.[423] Também procuramos por a claro que, a despeito de a Lei nº 12.351/2010 não comportar (dada a aposição de veto presidencial ao seu artigo 64) critérios para a distribuição de participações governamentais às unidades federadas, e ainda de a Lei nº 12.734/2012 (posteriormente editada pelo Congresso Nacional para suprir essa lacuna legislativa) ser inconstitucional (pelas razões expostas), a exploração e produção do petróleo e do gás natural sob o regime de partilha de produção pode ser compatibilização à imposição constitucional (art. 20 §1º) a que da atividade extrativista resulte (necessariamente) o pagamento dessas retribuições financeiras, desde

---

[420] Ver capítulo 2.
[421] Ver capítulo 3.
[422] Ver capítulo 4.
[423] Ver capítulo 5.

que seja atribuída ao referido diploma legal interpretação conforme à Constituição, de modo a que também sejam aplicados a esse regime de produção os parâmetros fixados pelas Leis nº 7.990/1989 e nº 9.478/1997 para a distribuição dos royalties[424] às unidades federadas.[425] Disso resulta, aliás, a nossa opção (encartada na primeira edição e mantida nesta reedição da obra) por discutir, em capítulo introdutório, a importância teórica e prática da extensão dessa discussão também aos juristas e aos operadores do Direito.[426]

Ocorre que, desde então, tivemos a conclusão da deliberação sobre o tema no âmbito da política, que suscitou, por consequência, a sua condução ao Supremo Tribunal Federal. Assim, neste sétimo e último capítulo, partimos da constatação de que o deslocamento da resolução do problema à Suprema Corte se apresenta como principal efeito concreto imediato da edição a Lei nº 12.734/2012, para, adiante, tendo em vista que um acesso adequado à justiça[427] ultrapassa tão só o encerramento (ou conclusão) dos processos respectivos, para abarcar, ainda, a necessidade de pacificação do conflito, procurar descrever os efeitos jurídicos do julgamento da matéria pelo Excelso Pretório, com o propósito de induzir a compreensão de que esse Tribunal Constitucional se apresenta, nesse contexto, como arena deliberativa última e pacificadora do conflito. Em específico, desejamos demonstrar que o ordenamento jurídico positivo brasileiro impõe limites à eficácia de atos legislativos que venham a ser editados, no futuro, com o propósito de reeditar as escolhas políticas gravadas na Lei nº 12.734/2012, dada a incidência, sobre a hipótese analisada, do modelo brasileiro de precedentes e do princípio constitucional de vedação ao retrocesso.

---

[424] Neste ponto, recobramos que no regime de partilha de produção não há pagamento da participação especial.
[425] Ver capítulo 6.
[426] Ver capítulo 1.
[427] Problemática que, na lição de Kazuo Watanabe, "não pode ser estudada nos acanhados limites do acesso aos órgãos judiciais já existentes", pois "não se trata apenas de possibilitar o acesso à Justiça enquanto instituição estatal, mas sim de viabilizar o acesso à ordem jurídica justa" (WATANABE, Kazuo. O acesso à justiça e a sociedade moderna. In: GRINOVER, Ada Pellegrini, DINAMARCO, Cândido Rangel e WATANABE, Kazuo (Coord.). *Participação e processo*. São Paulo: Revista dos Tribunais, 1988. p. 128).

7.1. Efeito concreto imediato da conclusão do debate político relativo à distribuição das participações governamentais às unidades federadas: condução da resolução do problema ao Supremo Tribunal Federal.

O primeiro efeito concreto da conclusão do debate político relativo à distribuição das participações governamentais resultantes da atividade de exploração e produção de petróleo e gás, travado no Congresso Nacional entre 2010 e 2013, foi a formação de maioria parlamentar que aprovou a destinação dessa receita pública majoritariamente aos Estados e Municípios impactados por essa atividade econômica. No entanto, sem ter em consideração a situação peculiar vivenciada pelos Estados e Municípios impactados. Essa opção político-normativa foi encartada, ao final do processo decisório, na Lei Federal nº 12.734/2012, cuja inconstitucionalidade procuramos demonstrar nos capítulos precedentes.

Dele resultou, contudo, um segundo efeito concreto, que consubstancia a reação da minoria vencida, consistente no ajuizamento de cinco ações diretas de inconstitucionalidade, atualmente em curso no Supremo Tribunal Federal. A primeira delas (ADIN nº 4.916) foi proposta pelo governador do Estado do Espírito Santo em março de 2013, no dia seguinte à publicação do texto legal impugnado, que havia sido aprovado em 2012, mas acabou vetado pela Presidência da República, pelo que somente passou a integrar o ordenamento jurídico brasileiro no ano seguinte (2013), após a derrubada do veto pelo Congresso Nacional. Quase que simultaneamente à sua protocolização, foram propostas, ainda, a ADIN nº 4.917 (de autoria do governador do Estado do Rio de Janeiro), a ADIN nº 4.918 (de autoria da Mesa Diretora da Assembleia Legislativa do Estado do Rio de Janeiro), a ADIN nº 4.920 (de autoria do governador do Estado de São Paulo). Alguns meses depois, a Associação Brasileira dos Municípios com Terminais Marítimos, Fluviais e Terrestres de Embarque e Desembarque de Petróleo e Gás Natural (Abramt) ajuizou a ADIN nº 5.038.

Em atenção às pretensões veiculadas nessas ações de inconstitucionalidade, a ministra Carmen Lúcia deferiu medida cautelar na ADIN nº 4.917, suspendendo a aplicação dos dispositivos da Lei nº 12.734/2012 que passariam a afetar a distribuição dos royalties e da participação especial recolhidos com base nos contratos de concessão então em execução (regidos pela Lei nº 9.478/1997).⁴²⁸ Em apertada síntese, Sua Excelência expressou, na decisão liminar, (i) que "titulariza o direito assegurado pelo §1º do artigo 20 da Constituição, consistente no recebimento de compensação financeira pela exploração de recursos naturais", "o Estado e o Município, em cujo território se tenha exploração de petróleo ou de gás natural ou que seja confrontante com área marítima na qual se dê esta atividade (em plataforma continental, mar territorial ou zona econômica exclusiva)", (ii) que esse direito "decorre de sua condição territorial e dos ônus que têm de suportar ou empreender pela sua geografia e, firmado nesta situação, assumir em sua geoeconomia, decorrentes daquela exploração" e (iii) que disso provém "a garantia constitucional de que participam no resultado ou compensam-se pela exploração de petróleo ou gás natural".⁴²⁹

Uma decisão definitiva do Tribunal Constitucional (na linha do que assentou a Ministra Carmen Lúcia quando da concessão da medida liminar) pela declaração da inconstitucionalidade das modificações impressas pela Lei nº 12.734/2012 na Lei nº 9.478/1997 (que disciplina a exploração e produção de petróleo e gás sob o regime de concessão) e na Lei nº 12.351/2012 (que disciplina a exploração e produção de petróleo e gás sob o regime de partilha de produção), com ou sem a atribuição a esse último diploma legislativo de intepretação conforme a Constituição (para efeito de considerar aplicáveis os critérios de distribuição de participações governamentais previstos pelas Leis nº 7.990/1989 e nº 9.478/1997 também às operações realizadas sob o regime de partilha

---

⁴²⁸ Como exposto, não houve determinação judicial pela suspensão da aplicação das modificações impressas pela Lei nº 12.734/2012 na Lei nº 12.351/2010 (que disciplina o regime de partilha de produção). Com efeito, o dispositivo da decisão liminar expressa que, "na esteira dos precedentes, em face da urgência qualificada comprovada no caso, dos riscos objetivamente demonstrados da eficácia dos dispositivos e dos seus efeitos, de difícil desfazimento", estava deferindo "a medida cautelar para suspender os efeitos dos arts. 42-B; 42-C; 48, II; 49, II; 49-A; 49-B; 49-C; §2º do art. 50; 50-A; 50-B; 50-C; 50-D; e 50-E da Lei Federal nº 9.478/1997, com as alterações promovidas pela Lei nº 12.734/2012", portanto de dispositivos aplicáveis tão somente ao regime de concessão". O que ocorreu foi que, ao tempo do ajuizamento daquelas ações de inconstitucionalidade, ainda não havia produção de petróleo e gás sob o regime de partilha de produção, o que teria conduzido o governador do Estado do Rio de Janeiro (autor da ADIN nº 4.917) a deixar de formular pedido de medida cautelar suspendendo a aplicação das modificações impressas pela Lei nº 12.734/2012 na Lei nº 12.351/2010. Destarte, à míngua da formulação de requerimento expresso no sentido de concessão de liminar também quanto à distribuição das participações governamentais recolhidas como resultado da exploração e produção de petróleo e gás sob o regime de partilha de produção, a ministra Carmen Lúcia não ingressou, naquele momento, nesse particular da *vexata quaestio*.
⁴²⁹ STF, ADIN 4.917-MS, Plenário, Relatora Ministra Carmen Lúcia. Decisão monocrática.

de produção), tem a potencialidade de provocar novo embate político-paramentar. Com efeito, é possível que os governadores de Estados não impactados pela exploração e produção de petróleo e gás, aliados aos prefeitos dos Municípios nessa mesma situação e aos parlamentares que os representam no Senado da República, na Câmara dos Deputados e até mesmo nas suas Assembleias Legislativas e Câmaras Municipais, procurem trabalhar junto Congresso Nacional para procurar induzir a reedição da opção político-normativa encartada na norma declarada inconstitucional, de modo a promover a distribuição das participações governamentais resultantes dessas atividades econômicas a todas as unidades federadas.[430] Até porque isso já foi feito antes.[431]

Porém, pelo menos dois elementos se contrapõem, no plano das ideias, à realização prática de semelhante expectativa.

O primeiro deles é de ordem prática. É fato público e notório que investida anterior dos Estados e Municípios não impactados afetou a segurança das relações jurídicas subjacentes à exploração e produção de petróleo e gás, ocasionando a retração da atividade econômica desenvolvida no segmento. Os investimentos caíram, assim como o número de empregos gerados no setor. Também houve redução nos montantes produzidos, o que prejudicou, de igual modo, a economia das unidades federadas, que passaram a arrecadar menos participações governamentais e tributos. Esse quadro certamente não aproveitou aos Estados e Municípios não impactados pela exploração e produção de petróleo e gás, que não foram em qualquer medida beneficiados por essa retração na atividade econômica.

Em rigor, ainda que essas unidades federadas tivessem logrado usufruir os efeitos dos dispositivos legais cuja exigibilidade foi suspensa pelo Supremo Tribunal Federal, o ganho financeiro das suas respectivas populações locais seria inexpressivo frente aos impactos

---

[430] Essa união das forças políticas se concretizou, muito recentemente, para cobrar do Supremo Tribunal Federal o julgamento das precitadas ações de inconstitucionalidade, que acabou sendo marcado para 20.11.2019, em movimento que se iniciou na Confederação Nacional de Municípios (Disponível em: https://www.cnm.org.br/comunicacao/noticias/royalties-cnm-e-governadores-nordestinos-unem-forcas-para-sensibilizar-o-stf. Acesso em: 13 jul. 2019), que, adiante, procurou unir forças com os governadores dos Estados do Nordeste (Disponível em: http://www.stf.jus.br/portal/cms/verNoticiaDetalhe.asp?idConteudo=402651. Acesso em: 13 jul. 2019).

[431] Conforme se pode verificar do contexto das discussões político-parlamentares que resultaram na edição da Lei nº 12.351/2010, na edição da Lei nº 12.734/2012 e, depois disso, na derrubada do veto aposto pela Presidência da República a esse último diploma legal.

experimentados pelos Estados e Municípios impactados. Segundo estimativa feita pelo Núcleo de Petróleo e Gás (Nupetro) da Secretaria de Estado da Fazenda do Estado do Espírito Santo (SEFAZ/ES) e pela Procuradoria de Petróleo, Mineração e Outros Recursos Naturas (PPETRO) da Procuradoria-Geral do Estado do Espírito Santo (PGE/ES), a reversão da medida liminar concedida pelo Supremo Tribunal Federal imporia aos Estados do Rio de Janeiro, de São Paulo e do Espírito Santo (que suportam noventa e três por cento da produção nacional) a devolução de R$ 28.964.440.283,14 (vinte e oito bilhões, novecentos e sessenta e quatro milhões, quatrocentos e quarenta mil, duzentos e oitenta e três reais e quatorze centavos). Se esse valor tivesse sido distribuído com base nos dispositivos cuja execução foram suspensos pelo Tribunal Constitucional, ter-se-ia, consideradas a população nacional e a população das demais unidades federadas,[432] a distribuição a cada cidadão residente nos Estados e Municípios não impactados não mais que R$ 2,65 (dois reais e sessenta e cinco centavos) ao mês. Enfim, a distribuição das participações governamentais majoritariamente aos Estados e Municípios não impactados pela exploração e produção de petróleo e gás (portanto, sem ter em consideração a situação peculiar vivenciada pelos Estados e Municípios impactados por essa atividade econômica), para além de reduzir Rio de Janeiro, São Paulo, Espírito Santo e seus respectivos Municípios a um Estado de penúria financeira, pouco aproveitaria (tendo em vista a pulverização dos recursos arrecadados) à população dos Estados e Municípios não impactados.

Na prática, talvez se possa cogitar até mesmo de prejuízo aos Estados e Municípios não impactados, visto que (conforme exposto) a indústria do petróleo e gás gera receitas para todas as unidades federadas, dada a incidência do disposto na alínea "b" do inciso X do §2º do seu artigo 155,[433] que torna das operações de saída com petróleo e derivados imunes para a tributação pelo ICMS. Assim, o imposto que seria originariamente arrecadado pelos Estados e Municípios

---

[432] Estimada pelo IBGE em 2018. Disponível em: https://www.ibge.gov.br/cidades-e-estados.html. Acesso em: 03 jul. 2019.
[433] CRFB/1988. "Art. 155. Compete aos Estados e ao Distrito Federal instituir impostos sobre: [...] II – operações relativas à circulação de mercadorias e sobre prestações de serviços de transporte interestadual e intermunicipal e de comunicação, ainda que as operações e as prestações se iniciem no exterior; [...] §2º O imposto previsto no inciso II atenderá ao seguinte: [...] X -- não incidirá: [...] b) sobre operações que destinem a outros Estados petróleo, inclusive lubrificantes, combustíveis líquidos e gasosos dele derivados, e energia elétrica."

impactados acaba transferido aos demais Estados-Membros (CRFB, art. 155, §2º, I)[434] e a seus respectivos Municípios (CRFB, art. 158, IV).[435] O outro elemento (de que nos ocuparemos nos tópicos que se seguem, com o propósito de delinear proposta científica para uma definitiva resolução do problema) é de ordem jurídica. Estamos convencidos de que o Direito Brasileiro, tal como positivado na Carta da República e nas leis editadas pelo próprio Congresso Nacional, impõe limites severos à implementação prática dos efeitos concretos de uma nova investida das forças políticas pela reedição da opção político-normativa encartada na Lei nº 12.734/2012, caso esse diploma legal venha a ser declarado inconstitucional pelo Supremo Constitucional Federal no contexto do julgamento das ADINs nº 4.916, 4.917, 4.918, 4.920 e 5.038.

7.2. Efeitos do julgamento sobre o ordenamento jurídico: eficácia *erga omnes* das decisões proferidas pelo Supremo Tribunal Federal em controle concentrado de constitucionalidade

A Constituição da República Federativa do Brasil consagra a independência dos Poderes Legislativo, Executivo e Judiciário, e recomenda a convivência harmônica entre eles (art. 2º).[436] Ocorre que nem sempre, na prática, essa convivência é harmoniosa. Em especial quando se tem em vista o paradoxo induzido pelo regime jurídico brasileiro, quando prevê a produção, pelo Parlamento, de atos legislativos que devem ser cumpridos por todos (inclusive pelos juízes), ao mesmo tempo em que admite a inaplicabilidade desses textos legais (mormente pelos juízes).[437] no contexto de atividade interpretativa dedicada à

---

[434] CRFB/1988. "Art. 155 [...] §2º - O imposto previsto no inciso II atenderá ao seguinte: [...] I – será não-cumulativo, compensando-se o que for devido em cada operação relativa à circulação de mercadorias ou prestação de serviços com o cobrado nas anteriores pelo mesmo ou outro Estado ou pelo Distrito Federal".

[435] CRFB/1988. "Art. 158. Pertencem aos Municípios: [...] IV – vinte e cinco por cento do produto da arrecadação do imposto do Estado sobre operações relativas à circulação de mercadorias e sobre prestações de serviços de transporte interestadual e intermunicipal e de comunicação".

[436] CRFB/1988. "Art. 2º São Poderes da União, independentes e harmônicos entre si, o Legislativo, o Executivo e o Judiciário".

[437] Também os intérpretes podem deixar de aplicar leis inconstitucionais, com destaque para a atuação da Administração Pública. A propósito, cf. MADUREIRA, Claudio. Legalidade

preservação da Supremacia da Constituição. Referi-mo-nos, neste ponto, ao que juridicamente se convencionou chamar controle da constitucionalidade das leis, que comporta, em apertada síntese, a investigação sobre se o ato legislativo controlado contraria Constituição ou se (por outro lado) é compatível com o seu texto.

Essa atividade se ancora na ideia de que a Constituição coloca-se em um plano hierárquico superior ao que se situam as demais normas que compõem o ordenamento jurídico, gestada e gerida no corpo dos estudos que embasaram a construção da Constituição dos Estados Unidos da América, colhidos da obra "O federalista", de Hamilton, Jay e Madison,[438] e sobretudo a partir do julgamento pela Suprema Corte daquele país do célebre caso *Marbury v. Madison*, relatado pelo juiz Marshall,[439] no curso do qual pela primeira vez se reconheceu ser próprio da atividade jurisdicional interpretar e aplicar a lei, de modo a que, havendo contrariedade entre a lei e a Constituição, deverá o julgador aplicar a Lei Maior.[440] Destarte, o controle de constitucionalidade das leis tem por escopo a preservação da Constituição, a defesa de seu texto e de seu espírito dos golpes porventura desferidos contra a sua eficácia, partam essas agressões do Poder Executivo ou do Poder Legislativo. Tecnicamente, as leis precisam ter a sua constitucionalidade controlada porque, como adverte José Joaquim Gomes Canotilho, "a maioria não pode dispor de toda legalidade, ou seja, não lhe está facultado, pelo simples facto de ser maioria, tornar disponível o que é indisponível", precisamente porque, em concreto, o direito da maioria pode entrar em conflito com o direito das minorias, notadamente quando se tem em vista os direitos, liberdades e garantias, e em geral a toda a disciplina constitucionalmente fixada, razão pela qual "o princípio da constitucionalidade sobrepõe-se ao princípio maioritário".[441]

é juridicidade: notas sobre a (i)legitimidade da aplicação de leis inconstitucionais pela Administração Pública. *A&C - Revista de Direito Administrativo e Constitucional*, n 75, p. 217-240, janeiro/março de 2019.

[438] HAMILTON; JAY; MADISON. Op. cit.

[439] FERREIRA FILHO, Manoel Gonçalves. *Curso de direito constitucional*. 5. ed. São Paulo: Saraiva, 1975. p. 40.

[440] A propósito, cf. cf.: (MORAES, Alexandre de. *Direito Constitucional*. 6. ed. São Paulo: Atlas, 1999. p. 541); (FERREIRA FILHO. Op. cit, p. 40); (BASTOS, Celso Ribeiro. *Curso de Direito Constitucional*. São Paulo: Celso Bastos Editora, 2002. p. 639-640).

[441] CANOTILHO. Op. cit. 2000. p. 329. Por isso é que, como observaram os federalistas Hamilton, Madson e Jay em passagem doutrinária citada, os Tribunais têm "o dever de declarar nulos todos os atos contrários ao manifesto espírito da Constituição", pois, se assim não for, "todas as restrições contra os privilégios ou concessões particulares serão inúteis" (HAMILTON; JAY; MADISON. Op. cit. p. 471).

No Brasil, o controle judicial da constitucionalidade das leis assume duas distintas modalidades de intervenção jurisdicional. Incide, por um lado, o controle difuso, dito incidental, recepcionado da tradição jurídica norte-americana[442] e efetivado no curso de processos judiciais mantidos entre particulares, ou entre eles e a Administração Pública, com a finalidade específica de promover a aplicação do Direito aos casos concretos, no corpo do qual o controle da constitucionalidade pode ser exercido por todo e qualquer magistrado difuso ao longo do território nacional, contexto em que a inconstitucionalidade será reconhecida (ou rejeitada) de forma incidental, figurando, assim, na fundamentação das decisões proferidas em ações judiciais que comportam pedidos específicos. Na face oposta, incide o controle concentrado, também denominado controle direto, reflexo da experiência constitucional austríaca,[443] exercido pelo Supremo Tribunal Federal[444] de forma abstrata, isto é, com o intuito de retirar do ordenamento jurídico aquelas normas que se mostrarem incompatíveis com a Lei Maior ou, quando menos, de modular a sua interpretação, conformando-as ao texto constitucional.[445]

Essas modalidades de controle de constitucionalidade se diferenciam porque, enquanto no controle difuso se postula (a título de exemplo) a condenação do fisco a devolver a contribuinte o valor de tributos indevidamente recolhidos, sob a alegação de que a lei que os instituiu é inconstitucional, no controle concentrado o que se requer é a declaração da inconstitucionalidade (ou da constitucionalidade) desse ato legislativo, com a sua consequente exclusão do ordenamento jurídico. Além do modo de exercício, distinguem-nas os seus efeitos, já que, diversamente do que ocorre no controle difuso, em que os efeitos da decisão via de regra operam-se exclusivamente entre as partes que litigam no processo (eficácia *inter partes*), no controle concentrado a eficácia da decisão proferida pelo Poder Judiciário, além de ser vinculante para os demais julgadores e para a Administração Pública, impõe-se a todos os homens (eficácia *erga omnes*).[446]

---

[442] SOUZA JÚNIOR, Cezar Saldanha. *A supremacia do Direito no Estado Democrático e seus modelos básicos.* Porto Alegre: [s.n.], 2002. p. 104.

[443] CAPPELLETTI. Op. cit. 1992. p. 108.

[444] E também pelos Tribunais de Justiça dos Estados, quando se tem em vista a investigação sobre a verificação da adequação de normas locais e estaduais às Leis Orgânicas dos Municípios e às Constituições de seus respectivos Estados.

[445] No ensejo, cf., por todos: MENDES. Op. cit. p. 346-349.

[446] MADUREIRA, Claudio; PAVAN, Luiz Henrique Miguel. Recurso extraordinário: admissibilidade e extensão da cognição. *Revista Dialética de Direito Processual*, v. 140. nov. 2014. p. 16-18.

As Ações Diretas de Inconstitucionalidade nº 4.916, 4.917, 4.918, 4.920 e 5.038 (propostas com a finalidade de obter a declaração de inconstitucionalidade das modificações impressas pela Lei nº 12.734/2012 nas Leis nº 9.478/1997 e 12.351/2012) suscitam o enfrentamento do tema em controle direto (ou concentrado) de constitucionalidade. Posto isso, é relevante descrever (com o propósito de induzir a compreensão de que o Supremo Tribunal Federal constitui arena deliberativa adequada à definitiva pacificação do conflito) a extensão dos efeitos do seu julgamento sobre o ordenamento jurídico e sobre novas iniciativas das forças políticas por procurar reeditar opção político-normativa declarada inconstitucional.

Neste ponto, o constituinte estabeleceu, no §2º do artigo 102 da Carta de 1988, que "as decisões definitivas de mérito, proferidas pelo Supremo Tribunal Federal, nas ações diretas de inconstitucionalidade e nas ações declaratórias de constitucionalidade produzirão eficácia contra todos e efeito vinculante", atingindo, inclusive, os "demais órgãos do Poder Judiciário" e a "Administração Pública direta e indireta, nas esferas federal, estadual e municipal".[447] No mesmo sentido se posicionou o legislador infraconstitucional, quando assentou, no parágrafo único do artigo 28 da Lei nº 9.868/1999, que a "declaração de constitucionalidade ou de inconstitucionalidade, inclusive a interpretação conforme a Constituição e a declaração parcial de inconstitucionalidade sem redução de texto têm eficácia contra todos" (eficácia *erga omnes*) e "efeito vinculante em relação aos órgãos do Poder Judiciário e à Administração Pública federal, estadual e municipal" (eficácia vinculante).

Esses dispositivos prescrevem que apenas ficam vinculados à decisão os Poderes Judiciário e Executivo (Administração Pública), dada a inexistência de menção, em seu corpo, ao Poder Legislativo. Porém, essa ressalva somente diz respeito ao efeito vinculante da decisão, visto que a sua eficácia contra todos (*erga omnes*) foi textualmente reconhecida pelo constituinte ("[...] produzirão *eficácia contra todos* e efeito vinculante, relativamente aos demais órgãos do Poder Judiciário e à Administração Pública [...]") e pelo legislador ("[...] têm *eficácia contra todos* e efeito vinculante em relação aos órgãos do Poder Judiciário e à Administração Pública[...]").

---

[447] Redação dada pela Emenda Constitucional nº 45, de 2004.

Destarte, mais do que apenas impor ao Judiciário e à Administração determinados padrões de comportamento (eficácia que, como se verá, foi conferida pelo legislador ao que a doutrina convencionou chamar precedentes normativos formalmente vinculantes)[448] que resultam de intepretação constitucional uniformizadora do Supremo Tribunal Federal, as decisões proferidas por essa Suprema Corte em controle concentrado de constitucionalidade, porque também ostentam eficácia *erga omnes*, impedem a utilização da norma declarada inconstitucional por quem quer que seja.

Porém, dela não resulta impedimento a que o Parlamento edite novo diploma legislativo com texto idêntico ao declarado inconstitucional. É que, diferentemente do efeito vinculante (que projeta a *ratio decidendi* do julgamento para a resolução de casos futuros pelo Judiciário e pela Administração), a eficácia *erga omnes* reporta-se exclusivamente ao dispositivo da decisão proferida pelo Tribunal Constitucional, que, em uma ação direta de inconstitucionalidade, induz, havendo acolhimento do pedido, tão somente a retirada da norma declarada inconstitucional do ordenamento.[449]

Não resulta, pois, da eficácia *erga omnes* das decisões proferidas pelo Excelso Pretório em controle concentrado de inconstitucionalidade a projeção da *ratio decidendi* do julgamento para a resolução de casos análogos, própria do seu efeito vinculante, que, contudo, encontra-se adstrito, por taxativa opção do constituinte e do legislador infraconstitucional, ao Poder Judiciário e à Administração Pública. A ser de outro modo, ter-se-ia, a prevalência do Judiciário, ou do Executivo, sobre o Legislativo, em evidente prejuízo à independência e harmonia

---

[448] Cf. ZANETI JÚNIOR, Hermes. *O valor vinculante dos precedentes: teoria dos precedentes normativos formalmente vinculantes.* 2. ed. Salvador: Juspodivm, 2016.

[449] A diferença entre o efeito vinculante da decisão e a sua eficácia *erga omnes* foi explicitada nos seguintes termos por Glauco Salomão Leite: "A eficácia *erga omnes*, assim como a coisa julgada, restringe-se apenas à parte dispositiva da decisão que reconheceu a constitucionalidade ou inconstitucionalidade de uma norma. Assim, declarada a nulidade de um preceito legal, a decisão apenas afeta esse efeito, não atingindo outros atos de teor semelhante àquele considerado ilegítimo. O efeito vinculante, uma vez entendido como algo diverso da eficácia *erga omnes*, não poderia ser tido como vinculação à parte dispositiva da decisão do STF. Há de ser algo diferente disso. A obrigatoriedade oriunda do efeito vinculante ultrapassa a parte dispositiva, abrangendo os chamados motivos ou fundamentos determinantes da decisão, ou seja, sua *ratio decidendi*, na linha do direito tedesco. Dessa maneira, a eficácia da decisão do Tribunal transcende o caso singular, de modo que os princípios dimanados da parte dispositiva e dos fundamentos determinantes sobre a interpretação hão de ser observados por todos os tribunais e autoridades nos casos futuros" (LEITE, Glauco Salomão. Comentários ao art. 102, §2º. *In*: BONAVIDES, Paulo; MIRANDA, Jorge; AGRA, Walber de Moura. *Comentários à Constituição Federal de 1988.* Rio de Janeiro: Forense, 2009. p. 1.308).

entre os Poderes da República (CRFB, art. 2º).[450] Assim, as decisões proferidas pelo Supremo Tribunal Federal em controle concentrado de constitucionalidade, para além de vincularem os julgadores e a Administração Pública na resolução de casos futuros (efeito vinculante), apenas incidem contra todos (*erga omnes*) para retirar a norma declarada inconstitucional do ordenamento jurídico.

7.3. Efeitos do julgamento sobre novas iniciativas do poder público e do Parlamento para induzir a distribuição das participações governamentais a todas as unidades federadas: eficácia vinculante dos precedentes e princípio constitucional da vedação de retrocesso

A questão que se coloca, posto isso, é saber se, havendo decisão do Supremo Tribunal Federal, proferida em controle concentrado de

---

[450] Neste ponto, o Supremo Tribunal Federal, no exercício da sua competência para julgar "reclamação para a preservação de sua competência e garantia da autoridade de suas decisões" (CRFB, art. 102, I), firmou entendimento no sentido de que "o efeito vinculante e a eficácia contra todos ('*erga omnes*')" não se estende, "em tema de produção normativa, ao legislador, que pode, em consequência, dispor, em novo ato legislativo, sobre a mesma matéria versada em legislação anteriormente declarada inconstitucional", dispondo, a propósito, que tal conduta não importa em desrespeito à autoridade das suas decisões. Eis o que consta, em literalidade, da Emenda do julgamento: "RECLAMAÇÃO – PRETENDIDA SUBMISSÃO DO PODER LEGISLATIVO AO EFEITO VINCULANTE QUE RESULTA DO JULGAMENTO, PELO SUPREMO TRIBUNAL FEDERAL, DOS PROCESSOS DE FISCALIZAÇÃO ABSTRATA DE CONSTITUCIONALIDADE – INADMISSIBILIDADE – CONSEQUENTE *POSSIBILIDADE DE O LEGISLADOR EDITAR LEI DE CONTEÚDO IDÊNTICO AO DE OUTRO DIPLOMA LEGISLATIVO DECLARADO INCONSTITUCIONAL, EM SEDE DE CONTROLE ABSTRATO, PELA SUPREMA CORTE* – INVIABILIDADE DE UTILIZAÇÃO, NESSE CONTEXTO, DO INSTRUMENTO PROCESSUAL DA RECLAMAÇÃO COMO SUCEDÂNEO DE RECURSOS E AÇÕES JUDICIAIS EM GERAL – RECURSO DE AGRAVO IMPROVIDO. - *O efeito vinculante e a eficácia contra todos ("erga omnes")*, que qualificam os julgamentos que o Supremo Tribunal Federal profere em sede de controle normativo abstrato, *incidem*, unicamente, *sobre os demais órgãos do Poder Judiciário e os do Poder Executivo, não se estendendo*, porém, *em tema de produção normativa, ao legislador, que pode*, em consequência, *dispor, em novo ato legislativo, sobre a mesma matéria versada em legislação anteriormente declarada inconstitucional* pelo Supremo, ainda que no âmbito de processo de fiscalização concentrada de constitucionalidade, sem que tal conduta importe em desrespeito à autoridade das decisões do STF. Doutrina. Precedentes. *Inadequação, em tal contexto, da utilização do instrumento processual da reclamação* (STF. Rcl 13.019-AgR. Relator(a): Min. CELSO DE MELLO. Tribunal Pleno. DJe-048 DIVULG 11.03.2014 PUBLIC 12.03.2014) (destaques pessoais). Nesse mesmo sentido, cf.: (STF, RTJ 157/773, Rel. Min. CELSO DE MELLO); (STF, RTJ 193/858, Rel. Min. CEZAR PELUSO); (STF, ADIn nº 864, Relator Ministro Moreira Alves); (STF, RTJ 150/726-727, Rel. Min. ILMAR GALVÃO); (STF, RTJ 151/416-417, Rel. Min. MOREIRA ALVES); (STF, RTJ 187/150-152, Rel. Min. CELSO DE MELLO); (STF, RTJ 190/221, Rel. Min. GILMAR MENDES); (STF, Rcl 1.880-AgR/SP, Rel. Min. MAURÍCIO CORRÊA).

constitucionalidade (portanto, com efeito vinculante e eficácia *erga omnes*), que declare a inconstitucionalidade dos dispositivos da Lei nº 12.734/2012 que modificaram a Leis nº 9.478/1997 (que disciplina a exploração e produção de petróleo e gás sob o regime de concessão) e a Lei nº 12.351/2012 (que disciplina a exploração e produção de petróleo e gás sob o regime de partilha de produção), fundada no reconhecimento da inconstitucionalidade da distribuição das participações governamentais majoritariamente aos Estados e Municípios não impactados pela exploração e produção de petróleo e gás (portanto, sem considerar a situação peculiar vivenciada pelos Estados e Municípios impactados por essa atividade econômica), o Direito brasileiro comporta mecanismos que impeçam, ou quando menos minorem os efeitos, de hipotéticas iniciativas das forças políticas por revigorar o tratamento normativo conferido ao tema pelo diploma declarado inconstitucional. Com o propósito de procurar respondê-la, buscaremos demonstrar, nos tópicos que se seguem, que a eficácia vinculante dos precedentes e o princípio constitucional da vedação de retrocesso, se não impedem (pelas razões expostas) o exercício de atividade político-parlamentar neste sentido, tem a funcionalidade de induzir a subtração dos efeitos da norma produzida, pela via da provocação do Poder Judiciário, quer em controle concentrado de constitucionalidade (mediante propositura de novas ações de inconstitucionalidade), quer mediante propositura de demandas individuais ou coletivas que impeçam a ANP (entre outros órgãos federais) de proceder à distribuição das participações governamentais em contrariedade ao que foi decidido (controle difuso).

7.3.1. A eficácia vinculante dos precedentes como elemento jurídico limitador da eficácia de nova normatização sobre o tema

O problema levantado pode ser superado, em concreto, pela utilização adequada da teoria dos precedentes, técnica de decisão que permite mitigar os efeitos do caráter flexível da aplicação do Direito de nosso tempo.[451] Sobretudo entre nós, dada a paulatina adoção, pelo legislador brasileiro, de um modelo de precedentes normativos formalmente vinculantes.[452]

---

[451] A propósito, cf. MADUREIRA, Claudio Penedo. *Advocacia Pública*. 2. ed. Belo Horizonte: Fórum, 2016. p. 282-287.
[452] Quanto ao particular, cf. ZANETI JÚNIOR. Op. cit.

7.3.1.1. Notas sobre o modelo brasileiro de precedentes

O Código de Processo Civil de 2015 confere singular importância aos precedentes judiciais.[453] Em seu artigo 926, determina que "os tribunais devem uniformizar sua jurisprudência e mantê-la estável, íntegra e coerente". Na sequência, estabelece, em seu artigo 927, que os julgadores devem observar, quando exaram suas decisões, sentenças ou acórdãos, as decisões proferidas pelo Supremo Tribunal Federal em controle concentrado de constitucionalidade e as suas súmulas vinculantes, os acórdãos proferidos em incidente de assunção de competência ou de resolução de demandas ou recursos repetitivos, as súmulas (não vinculantes) do Supremo Tribunal Federal em matéria constitucional e do Superior Tribunal de Justiça em matéria infraconstitucional e a orientação do Plenário ou Órgão Especial aos quais estiverem vinculados. Disso resulta a vinculação dos julgadores aos precedentes judiciais. Tamanha foi a importância conferida pelo legislador a esse dado do novo modelo de processo concebido pelo código de 2015, que o inciso VI do §1º do seu artigo 489 assenta que é desprovida de regular fundamentação a decisão/sentença/acórdão que "deixar de seguir enunciado de súmula, jurisprudência ou precedente invocado pela parte, sem demonstrar a existência de distinção no caso em julgamento ou a superação do entendimento".[454]

Essa opção do legislador brasileiro pela ampliação do espectro da incidência da vinculatividade das decisões proferidas pela Suprema Corte em controle de constitucionalidade, assim como daquelas proferidas pelo Superior Tribunal de Justiça no que se refere à unificação pretoriana acerca da interpretação e aplicação do Direito pátrio, denota a recepção pelo Direito brasileiro do princípio do *stare decisis*.[455]

Na precisa definição de Mauro Cappelletti, esse princípio "opera de modo tal que o julgamento de inconstitucionalidade da lei acaba, indiretamente, por assumir uma verdadeira eficácia *erga omnes*", e por isso não se limita "a trazer consigo o puro e simples efeito da não aplicação da lei a um caso concreto, com possibilidade, no entanto, de

---

[453] Sobre a argumentação que se segue, cf. MADUREIRA, Claudio Penedo. *Fundamentos do novo processo civil brasileiro: o processo civil do formalismo-valorativo*. Belo Horizonte: Fórum, 2017. p. 124-139.

[454] Retomaremos esse ponto na sequência.

[455] Cf. ZANETI JÚNIOR, Hermes. *Processo Constitucional: O modelo Constitucional do Processo Civil Brasileiro*. Rio de Janeiro: Lumen Juris, 2007. p. 50.

que em outros casos a lei seja, ao invés, de novo aplicada".[456] Segundo Cappelletti, por força desse princípio, "uma vez não aplicada pela *Supreme Court* por inconstitucionalidade, uma lei americana, embora permanecendo '*on the blocks*', é tornada '*a dead law*', uma lei morta".[457]

Hermes Zaneti Júnior, por sua vez, leciona que o "*stare decisis* é uma expressão latina que significa, literalmente, 'concordar com ou aderir a casos já decididos'", e acrescenta que "em Direito esta expressão está ligada ao respeito dos próprios tribunais aos casos-precedentes", num contexto em que, "quando um tribunal estabelece uma regra de direito aplicável a certos conjuntos de fatos considerados relevantes do ponto de vista jurídico, tal regra deverá ser seguida e aplicada em todos os casos futuros em que se identifiquem fatos ou circunstâncias similares".[458] Conforme Zaneti, "a prática judicial do *stare decisis* conduz aos precedentes judiciais, o que significa que as decisões dos tribunais adquirem um valor normativo de precedentes para os casos-futuros em que sejam identificadas as mesmas circunstâncias de fato e de direito".[459]

Nesse mesmo sentido se posicionam Fredie Didier Júnior, Paula Sarno Braga e Rafael Oliveira, quando observam, em doutrina, que o *stare decisis* se assenta na compreensão de que "o precedente judicial, sobretudo aquele emanado de Corte Superior, é dotado de eficácia vinculante não só para a própria Corte como para os juízos que lhe são hierarquicamente inferiores", e aludem, na sequência de sua obra, à "indiscutível força persuasiva que têm os precedentes judiciais na solução de casos concretos", notadamente em vista da "crescente força vinculativa que lhes vem dando o legislador brasileiro".[460]

---

[456] CAPPELLETTI. Op. cit. 1992. p. 81-82.
[457] CAPPELLETTI. Op. cit. 1992. p. 82.
[458] ZANETI JÚNIOR. Op. cit. 2016. p. 310-311.
[459] ZANETI JÚNIOR. *O valor vinculante dos precedentes: teoria dos precedentes normativos formalmente vinculantes*, p. 312. Zaneti observa, ainda, que "*stare decisis* e precedentes são costumeiramente utilizados como sinônimos em razão do seu sentido muito próximo", advertindo, entretanto, que "não se equivalem, da mesma forma que o *stare decisis* não equivale ao *common law*", pois o que ocorre é que "o princípio do *stare decisis* assegura um predicado – a estabilidade – para as decisões do tribunal, sendo especialmente voltado para as próprias cortes que estabelecem o precedente, forçando o cotejo racional das decisões dos casos-precedentes com os casos-atuais [enquanto] os precedentes judiciais [...] identificam-se mais com o processo seguido pelos tribunais como resultado do *stare decisis*, atingindo igualmente os tribunais e juízes de hierarquia inferior, os quais devem aplicar o conteúdo dos precedentes independentemente de suas razões" (ZANETI JÚNIOR. Op. cit. 2016. p. 313).
[460] DIDIER JÚNIOR, Fredie; BRAGA, Paula Sarno; OLIVEIRA, Rafael. *Curso de direito processo civil*, v. 2. Salvador: Juspodivm, 2008. p. 348-349.

7.3.1.1.1. Vinculações vertical e horizontal dos precedentes

Quando discorre sobre o modelo brasileiro de precedentes, Zaneti dispõe tratar-se de "um modelo de corte suprema, cortes de vértice, que tem a função de dar estabilidade interpretativa ao Direito", em um contexto em que "estas cortes são, antes de tudo, vinculadas aos próprios precedentes, para somente depois vincularem os juízes e tribunais hierarquicamente inferiores".[461] Nisso reside a distinção, proposta por Zaneti, entre a vinculação horizontal e a vinculação vertical dos precedentes.[462]

A vinculação horizontal se relaciona à imposição jurídico-normativa a que os Tribunais uniformizem a sua jurisprudência e que a mantenham estável, expressada no caput do artigo 926 do Código de Processo Civil de 2015, que "significa dizer que os tribunais deverão aplicar seus próprios precedentes, tendo um ônus argumentativo agravado em caso de modificação".[463] Assim, "a vinculação horizontal atinge o próprio tribunal que estabeleceu o precedente".[464]

Dela resulta, por exemplo, que, ressalvada a configuração de distinção ou superação (CPC-2015, art. 489, §1º, VI),[465] o Supremo Tribunal Federal não poderá deixar de aplicar, no contexto do julgamento das ADINs nº 4.916, 4.917, 4.918, 4.920 e 5.038, os precedentes ou decisões persuasivas que firmou anteriormente sobre o tema.[466] Quando menos,

---

[461] ZANETI JÚNIOR. Op. cit. 2016. p. 21.
[462] ZANETI JÚNIOR. *ibid*. Sobre a argumentação de que segue, cf.: MADUREIRA. Op. cit. 2017. p. 159-162.
[463] ZANETI JÚNIOR. Op. cit. 2016. p. 353-354.
[464] ZANETI JÚNIOR. Op. cit. 2016. p. 354.
[465] CPC-2015. "Art. 489 [...] §1º Não se considera fundamentada qualquer decisão judicial, seja ela interlocutória, sentença ou acórdão, que: [...] VI - deixar de seguir enunciado de súmula, jurisprudência ou precedente invocado pela parte, *sem demonstrar a existência de distinção no caso em julgamento ou a superação do entendimento*" (grifamos).
[466] É que o legislador processual também previu, no inciso VI do §1º do artigo 489 do CPC-2015, que é desprovida de regular fundamentação a decisão, sentença ou acórdão que "deixar de seguir *enunciado de súmula, jurisprudência* ou precedente *invocado pela parte*, sem demonstrar a existência de *distinção* no caso em julgamento ou a *superação* do entendimento". No que concerne aos precedentes elencados pelo artigo 927, o aludido dispositivo dispõe sobre a possibilidade de seu afastamento apenas quando for o caso de distinção ou superação, já que seu caráter vinculante resulta principalmente da formal previsão, na lei processual, no sentido de que "os juízes e os tribunais observarão" os provimentos jurisdicionais anteriormente mencionados. Entretanto, o legislador processual assentou, no corpo do dispositivo, que padece de vício de fundamentação a decisão, sentença ou acórdão que deixar de seguir, não apenas precedentes, mas também enunciados de súmula e jurisprudência invocados pela parte, "sem demonstrar a existência de distinção no caso em julgamento ou a superação do entendimento". Por óbvio, esses enunciados de

cumpre-lhe, nesse âmbito, enfrentar os argumentos adotados nos julgamentos antecedentes, notadamente quando invocados pelas partes (CPC-2015, art. 489, p. 1º, IV),[467] de modo a procurar demonstrar não apenas o seu posicionamento renovado, mas também as razões pelas quais passou a considerar equivocado (superação) ou inaplicável (distinção) o seu posicionamento anterior (ônus argumentativo agravado)[468]-[469].

A vinculação vertical, por sua vez, "atinge os tribunais e juízes hierarquicamente vinculados",[470] encontra previsão no artigo 927 da Lei Processual, que estabelece, textualmente, que os juízes e tribunais devem observar as decisões proferidas pelos Tribunais brasileiros.[471] Neste ponto, é relevante frisar que esse dispositivo processual vincula os juízes e tribunais à observância de precedentes, pois o verbo empregado pela lei processual não deixa espaço para que se veicule interpretação que atribua a eles eficácia meramente persuasiva. Com efeito, o legislador foi muito claro ao expressar, no texto legal, que "os juízes e os tribunais observarão" (art. 927, caput), como precedentes, (i) "as decisões do Supremo Tribunal Federal em controle concentrado de constitucionalidade" (art. 927, I), (ii) "os enunciados de súmula vinculantes" (art. 927, II), (iii) "os acórdãos em incidente de assunção de competência ou de resolução de demandas repetitivas e em julgamento de recursos extraordinário e especial repetitivos" (art. 927, III), (iv) "os enunciados das súmulas do Supremo Tribunal Federal em matéria constitucional e do Superior

---

súmula e essa jurisprudência referidos pelo legislador no inciso VI do §1º do artigo 489 do Código de 2015 não dizem respeito às hipóteses de julgados ou súmulas elencados no artigo 927. Quanto à obrigatoriedade desses últimos, o código já dispõe de regramento específico: o próprio art. 927. Assim, se é verdade que a lei não usa de palavras inúteis, ou tampouco as omite despropositadamente, julgadores encontram-se vinculados, além de aos precedentes, também a outros provimentos jurisdicionais que tenham sido invocados pelas partes em suas manifestações processuais (decisões persuasivas).

[467] CPC-2015. "Art. 489 [...]§1º Não se considera fundamentada qualquer decisão judicial, seja ela interlocutória, sentença ou acórdão, que: [...] IV - *não enfrentar todos os argumentos deduzidos no processo capazes de*, em tese, *infirmar a conclusão adotada* pelo julgador" (grifamos).

[468] Cf. ZANETI JÚNIOR. Op. cit. 2016. p. 353-354.

[469] Retomaremos esse ponto na sequência.

[470] ZANETI JÚNIOR. Op. cit. 2016. p. 354.

[471] CPC-2015. "Art. 927. Os juízes e os tribunais observarão: I - as decisões do Supremo Tribunal Federal em controle concentrado de constitucionalidade; II - os enunciados de súmula vinculante; III - os acórdãos em incidente de assunção de competência ou de resolução de demandas repetitivas e em julgamento de recursos extraordinário e especial repetitivos; IV - os enunciados das súmulas do Supremo Tribunal Federal em matéria constitucional e do Superior Tribunal de Justiça em matéria infraconstitucional; V - a orientação do plenário ou do órgão especial aos quais estiverem vinculados".

Tribunal de Justiça em matéria infraconstitucional" (art. 927, IV) e (v) às demais decisões proferidas pelo plenário ou órgão especial a que estiverem vinculados.[472]

Comentando o dispositivo, Zaneti observa que o legislador processual estabeleceu "uma hierarquia entre as Cortes Supremas brasileiras", conferindo vinculatividade plena às decisões proferidas pelo Supremo Tribunal Federal em matéria constitucional e àquelas prolatadas pelo Superior Tribunal de Justiça em matéria infraconstitucional,[473] que precisam ser respeitadas por todos os juízes e tribunais, e concebeu, ainda, uma vinculatividade mais restrita às decisões dos Tribunais de Segunda Instância, esclarecendo, quanto ao particular, que os juízes e tribunais somente estarão obrigados a observar a orientação do plenário ou órgão especial a que estiverem vinculados.[474] Por força dela, todo e qualquer juiz ou tribunal precisará seguir, em suas decisões posteriores, o que for decidido pelo Supremo Tribunal Federal em intepretação ao texto constitucional,[475] o que faz com que os pedidos formulados em eventuais demandas ajuizadas contra hipotética iniciativa das forças políticas por revigorar o texto de lei declarada inconstitucional (controle concentrado) ou que tenha a sua inconstitucionalidade reconhecida pelo Tribunal Constitucional (controle difuso) devam ser acolhidos pelo Poder Judiciário, privando de todo efeito novos consensos majoritários porventura formados em contrariedade à atividade de correção jurídica exercida pela Suprema Corte com propósito de proteger os interesses da minoria subjugada (função contramajoritária da atividade jurisdicional).[476]

---

[472] Cf. MADUREIRA. Op. cit. 2017. p. 124-177.

[473] Assim como os demais Tribunais de Cúpula em suas respectivas áreas de atuação.

[474] ZANETI JÚNIOR. Op. cit. 2016. p. 354. Essa distinção entre os níveis de vinculatividade entre as decisões proferidas pelos Tribunais de Cúpula e pelas Cortes de Apelação também é depreendida no Direito norte-americano; conforme expressa Zaneti nesta outra passagem doutrinária: "[...] É importante perceber que todas as decisões nos Estados Unidos da América do Norte formam precedentes vinculantes apenas para os tribunais e juízes vinculados hierarquicamente sob a mesma jurisdição, ou seja, juízes e tribunais da mesma estrutura judicial. Por exemplo, nos Estados Unidos, as decisões do *Fifth Circuit of Appels* são válidas como precedentes apenas nos Estados dentro da jurisdição territorial da corte (Texas, Lousiana e Mississipi). Da mesma forma, as decisões da Corte Suprema da Flórida são precedentes apenas para os casos decididos pelas cortes da Flórida. Por outro lado, as decisões da Suprema Corte do Estados Unidos (*U.S. Supreme Court*) são precedentes para todas as cortes americanas" (ZANETI JÚNIOR. *Idem*. p. 314).

[475] Assim como o que for decidido pelo Superior Tribunal de Justiça no que concerne à uniformização da intepretação do Direito Nacional.

[476] Ver Tópico 1.1 do Capítulo 1.

7.3.1.1.2. Compatibilidade entre o modelo de precedentes e o regime constitucional.

Disso não resulta, por óbvio, contrariedade ao regime constitucional.[477] Neste ponto, Hermes Zaneti Júnior destaca veiculação, no plano da Ciência, de questionamentos sobre a constitucionalidade do artigo 927 do Código de Processo Civil de 2015,[478] em especial do disposto nos seus incisos III, IV e V,[479] fundados na suposição de que a vinculatividade dos precedentes precisaria ser determinada pela Constituição,[480] sob pena e risco de que se configure ofensa à separação de poderes, ao princípio da legalidade e, enfim, à própria ideia de democracia.[481] Zaneti[482] reporta-se, nesse contexto, aos magistérios de José Rogério Cruz e Tucci[483] e de Nelson Nery Júnior e Rosa Maria Andrade Nery.[484]

Cruz e Tucci observa, no ensejo, que o dispositivo consigna lamentável equívoco quando "impõe aos magistrados, de forma cogente - 'os tribunais observarão' –, os mencionados precedentes, como se todos aqueles arrolados tivessem a mesma força vinculante vertical".[485] E considera que esse desacerto também consubstancia uma inconstitucionalidade, "visto que a Constituição Federal [...] reserva efeito

---

[477] Sobre a argumentação que se segue, cf. MADUREIRA. Op. cit. 2016. p. 139-158.
[478] CPC-2015. "Art. 927. Os juízes e os tribunais observarão: I - as decisões do Supremo Tribunal Federal em controle concentrado de constitucionalidade; II - os enunciados de súmula vinculante; III - os acórdãos em incidente de assunção de competência ou de resolução de demandas repetitivas e em julgamento de recursos extraordinário e especial repetitivos; IV - os enunciados das súmulas do Supremo Tribunal Federal em matéria constitucional e do Superior Tribunal de Justiça em matéria infraconstitucional; V - a orientação do plenário ou do órgão especial aos quais estiverem vinculados".
[479] Que vinculam os juízes e tribunais aos acórdãos proferidos em incidente de assunção de competência e na sistemática de julgamento de demandas ou recursos repetitivos, às súmulas não vinculantes do Supremo Tribunal Federal e do Superior Tribunal de Justiça e aos precedentes firmados pelos demais Tribunais.
[480] Os incisos I e II não tiveram a sua constitucionalidade impugnada porque tratam das decisões proferidas pelo Tribunal Constitucional em controle concentrado e das suas súmulas vinculantes, cuja vinculatividade foi afirmada pelo texto constitucional.
[481] ZANETI JÚNIOR. Op. cit. 2016. p. 367.
[482] Ibid.
[483] TUCCI, José Rogério Cruz e. O regime do precedente judicial no novo CPC. In: DIDIER JÚNIOR, Fredie; CUNHA, Leonardo Carneiro da; MACÊDO, Lucas Buril de; ATHAIDE JÚNIOR, Jaldemiro R. de [Coord.]. *Precedentes*. Salvador: Juspodivm, 2015.
[484] NERY JÚNIOR, Nelson; NERY, Rosa Maria de Andrade. *Comentários ao Código de Processo Civil*. São Paulo: Revista dos Tribunais, 2015.
[485] TUCCI. Op. cit. p. 454.

vinculante apenas e tão somente às súmulas fixadas pelo Supremo, mediante devido processo e, ainda, aos julgados originados de controle direto de constitucionalidade".[486]

Na mesma direção é o posicionamento Nelson Nery Júnior e Rosa Maria Andrade Nery, quando assentam que "no direito brasileiro somente a súmula vinculante, emitida pelo STF nos casos e na forma da CF 103-A, tem natureza de texto normativo geral e abstrato", alçando, assim, aplicação geral equivalente à da lei, para concluírem, na sequência, que "a vinculação do juiz nas hipóteses previstas no CPC 927 III, IV e V é inconstitucional, pois não existe autorização expressa na CF, como seria de rigor, para que haja essa vinculação".[487] Disso resulta a sua afirmação quanto a ser "exigível emenda constitucional para autorizar o Poder Judiciário a legislar", visto que "a jurisprudência não tem, *de lege lata*, força normativa maior do que a CF ou da lei", pelo que "somente nas hipóteses previstas no CPC 927, I e II a vinculação é possível, pois, para isso, há expressa autorização constitucional (art. 102, §2º e art. 103-A caput)".[488]

A crítica, todavia, é infundada. Em primeiro lugar, porque não se configura, na espécie, a alegada contrariedade ao princípio democrático, ao princípio da legalidade e ao princípio da separação de poderes. Em segundo lugar porque existem outras razões de ordem constitucional, fundadas na incidência dos princípios da igualdade e da segurança jurídica, a justificar a vinculatividade dos precedentes.

7.3.1.1.2.1. Inexistência de contrariedade ao princípio democrático, ao princípio da legalidade e ao princípio da separação de poderes.

Desde logo, registramos que é inadequado procurar atribuir caráter legislativo à atividade cognitiva desenvolvida pelos Tribunais no contexto da formação dos precedentes,[489] visto que, como cediço, a atividade cognitiva desenvolvida pelos julgadores no processo judicial é resultado do esforço de reconstrução normativa empreendido pelos

---

[486] *Ibid.*
[487] NERY JÚNIOR; NERY. Op. cit. p. 1.156.
[488] *Ibid.*
[489] Sobre a argumentação que se segue, cf.: MADUREIRA. Op. cit. 2011. p. 214-233.

intérpretes com o propósito de compreender e aplicar os enunciados que compõem o direito positivo.[490] Trata-se, sob certa óptica, de atividade normativa. Porém, não se pode atribuir a ela a conotação de atividade legislativa, a suscitar ofensa ao princípio democrático. É que os precedentes, notadamente aqueles firmados pelo Supremo Tribunal Federal com o propósito de uniformizar a intepretação e aplicação da Constituição, contêm atividade cognitiva que não se confunde com a atividade legislativa, na medida em que se destina, por concepção, à compatibilização da aplicação das leis ao texto constitucional, no qual se encontram positivados direitos fundamentais, muitos dos quais estabelecidos para a proteção de minorias, que não podem ser suprimidos, na casuística, pela incidência de escolhas políticas majoritárias adotadas pelo Parlamento. Nesse sentido, os precedentes não vão de encontro à ideia de democracia porque, como expressa Claudio Pereira de Souza Neto, "não há verdadeira democracia sem respeito aos direitos fundamentais".[491]

Essa atividade cognitiva também é compatível com o princípio democrático porque não corporifica invasão ao feixe de competências conferido pela Constituição ao Parlamento. Essa circunstância é sublinhada por Mauro Cappelletti na seguinte passagem de sua obra:

> Devemos inquirir se a criatividade judiciária, ou sua mais acentuada medida, torna o juiz legislador; se, em outras palavras, assumindo os juízes (ou alguns deles, como os constitucionais e comunitários) papel acentuadamente criativo, a função jurisdicional termina por se igualar à legislativa, e os juízes (ou aqueles outros juízes) acabam por

---

[490] Ver Tópico 1.2.2.1 do Capítulo 1.
[491] SOUZA NETO. Op. cit. p. 105. Confira-se, a propósito, a seguinte passagem da obra de Alexy: "Tudo isso explica porque em todos os estados, dotados com catálogo de direitos fundamentais e jurisdição constitucional, sobre a interpretação dos direitos fundamentais, não só é refletido com calma, mas também litigado na arena política. Pode falar-se de uma luta pela interpretação dos direitos fundamentais. Juiz arbitral nessa luta, porém, não é o povo, mas o tribunal constitucional respectivo. Isso é compatível com o princípio democrático, cujo núcleo, no artigo 1º, parágrafo único, da constituição brasileira, assim como no artigo 20 alínea 2, proposição 1, da lei fundamental, é expressado com a formulação clássica: "Todo poder estatal provém do povo"? Os direitos do homem parecem converter-se em um problema para a democracia quando eles são levados a sério e de um mero ideal transformados, por institucionalização, em algo real. É exata essa impressão? É o ideal, do qual se trata no preâmbulo da declaração dos direitos do homem universal, uma quimera que leva ao arrebatamento uma contradição entre direitos fundamentais e democracia?" (ALEXY, Robert. Direitos fundamentais no estado constitucional democrático. In: ALEXY, Robert. *Constitucionalismo discursivo*. Tradução de Luís Afonso Heck. Porto Alegre: Livraria do Advogado, 2007. p. 51-52).

invadir o domínio do poder legislativo. Na sua 'Holdsworth Lecture' de 1965, Lord Diplock disse que 'em razão de sua própria função, os tribunais estão constrangidos a agir como legisladores'. Desde logo, não estou absolutamente de acordo com essa assertiva: os argumentos desenvolvidos nos parágrafos precedentes e os resultados aí obtidos evidenciam que os juízes estão constrangidos a ser *criadores do direito, 'law-makers'*. Efetivamente, eles são chamados a interpretar e, por isso, inevitavelmente a esclarecer, integrar, plasmar e transformar, e não raro a criar *ex novo* o direito. Isto não significa, porém, que sejam legisladores. Existe realmente [...] essencial diferença entre os processos legislativo e jurisdicional.[492]

A propósito dessa distinção entre os processos legislativo e jurisdicional, Cappelletti acentua, adiante, "que o *judicial process*, diversamente do que ocorre nos procedimentos legislativo e administrativo, impõe atitude passiva, no sentido de que não pode ser iniciado *ex officio* pelo tribunal, necessitando de um autor, cuja *actio* constitui, exatamente, a condição sem a qual não pode o juiz exercer em concreto o poder jurisdicional".[493] Essas virtudes passivas, que se apresentam, em rigor, como limites processuais, "diferenciam o processo jurisdicional dos de natureza 'política'".[494]

Reforça essa conclusão de Cappelletti quanto a serem as decisões judiciais atos normativos, mas não legislativos, o magistério de Ronald Dworkin. Esse professor norte-americano observa que o ideal seria se os juízes pudessem "aplicar o direito criado por outras instituições" em vez de "criar um novo direito".[495] Mas reconhece que isso "não pode ser plenamente concretizado na prática", já que alguns casos "colocam problemas tão novos que não podem ser decididos nem mesmo se ampliarmos ou reinterpretarmos as regras existentes".[496] De todo modo, como Cappelletti, Dworkin rejeita a tese segundo a qual os juízes atuam como legisladores complementares, distinguindo o papel de legisladores e juízes com base na distinção entre argumentos de princípio e argumentos de política. Dworkin os diferencia pela

---

[492] CAPPELLETTI, Mauro. *Juízes Legisladores?* Tradução de Carlos Alberto Alvaro de Oliveira. Porto Alegre: SAFE. 1999. p. 73-74.
[493] CAPPELLETTI. *Idem*. p. 75.
[494] CAPPELLETTI. *Ibidem*. p. 75-76.
[495] DWORKIN, Ronald. *Levando os direitos a sério*. Tradução de Nelson Boeira. São Paulo: Martins Fontes, 2002. p. 128.
[496] DWORKIN. Op. cit. p. 128.

circunstância de os primeiros (argumentos de política) justificarem uma decisão mostrando que ela "fomenta ou protege algum objetivo coletivo da comunidade como um todo" (como se verifica, a título de exemplo, na opção por tributar pesadamente o comércio de bebidas alcoólicas e cigarros), ao passo que os outros (argumentos de princípio) justificam-na "mostrando que a decisão respeita ou garante um direito de um indivíduo ou de um grupo" (como ocorre, no mesmo exemplo, da decisão hipotética que considere abusiva a tributação cogitada, por identificar nela, por exemplo, efeito de confisco, ou ofensa à liberdade do cidadão em persistir consumindo tais produtos independentemente de serem prejudiciais à sua saúde).[497] E, assim, observa que se não foge "à competência do Poder Legislativo aderir a argumentos de política e adotar programas gerados por tais argumentos", na fase oposta "as decisões judiciais não originais, que apenas aplicam os termos claros de uma lei de validade inquestionável, são sempre justificadas por argumentos de princípio, mesmo que a lei em si tenha sido gerada por uma política".[498] Por isso Dworkin defende "que as decisões judiciais nos casos civis, mesmo em casos difíceis [...], são e devem ser, de maneira característica, gerados por princípios, e não por políticas",[499] estabelecendo, assim, a par da afirmação de Cappelletti no sentido de que distinguem a atividade normativa dos julgadores e a atividade legislativa as virtudes passivas (ou limites processuais) cogentes ao processo judicial,[500] que os juízes não são legisladores também porque, embora estejam autorizados a construir, em reconstrução ao direito positivo (composto por normas abstratas), as normas concretas que resolverão os litígios, quando o fazem, recorrem a argumentos de princípios, e não aos argumentos de política que designam e qualificam o exercício político-parlamentar como atividade legislativa.

Também não se cogita de contrariedade aos princípios da legalidade e da separação dos poderes. Com efeito, os "precedentes são normas gerais e concretas", enquanto as "leis são normas gerais e abstratas".[501]

---

[497] DWORKIN. OP. cit. p. 129.
[498] DWORKIN. Op. cit. p. 130-131.
[499] DWORKIN. Op. cit. p. 132.
[500] CAPPELLETTI. Op. cit. 1999. p. 75-76.
[501] ZANETI JÚNIOR. Op. cit. 2016. p. 368.

O caráter geral dos precedentes judiciais decorre da possibilidade de universalização da decisão proferida no caso precedente "para todos os casos análogos a partir das mesmas razões de decidir".[502] Mas eles ostentam, por outro lado, a conotação de normas concretas. Afinal, como adverte Zaneti, "os precedentes no direito brasileiro exigem, a partir do Código de 2015, a consideração do caso concreto", dada a imposição jurídico-normativa a que os juízes expliquem na motivação de decisão fundada em precedentes "a relação da causa ou questão decidida com os fundamentos determinantes do caso-precedente".[503]

Apenas a admissão de que os julgadores poderiam estabelecer normas gerais e abstratas feriria esses princípios constitucionais.[504] Disso resulta a conclusão de Zaneti no sentido de que "uma teoria de precedentes não afeta, pelo menos tendencialmente e se utilizada de forma correta, os postulados da legalidade ou da completude deôntica do ordenamento jurídico".[505]

7.3.1.1.2.2. Razões de ordem constitucional que justificam a vinculatividade dos precedentes: os precedentes na dimensão da igualdade e da segurança jurídica.

A adoção de precedentes como parâmetros para a aplicação do Direito traduz, em verdade, uma integração entre as funções exercidas pelo Poder Legislativo ("criar direito como legislador na moldura da Constituição") e pelo Poder Judiciário ("reconstruir direito como juiz dentro do processo de interpretação"), em um contexto em "que a vinculatividade formal dos precedentes reduz o espaço de discricionariedade dos juízes e ao mesmo tempo garante mais racionalidade, previsibilidade e igualdade no Direito".[506] Dado o caráter flexível da aplicação do Direito de nosso tempo, a necessidade de contenção da discricionariedade dos juízes faz com que a utilização de precedentes, nos moldes cogitados pelo Código de Processo Civil de

---

[502] ZANETI JÚNIOR. Op. cit. 2016. p. 291.
[503] ZANETI JÚNIOR. Op. cit. 2016. p. 347.
[504] ZANETI JÚNIOR. Op. cit. 2016. p. 368.
[505] ZANETI JÚNIOR. Op. cit. 2016. p. 291.
[506] ZANETI JÚNIOR, Op. cit. 2016. p. 370.

2015, apresente-se, num plano mais geral, como exigência do princípio constitucional da isonomia e, sobretudo, do princípio da segurança jurídica.[507]

Luiz Guilherme Marinoni, quando analisa os precedentes na dimensão da igualdade, denuncia que os juízes do *civil law* não se submetem a esse princípio "no momento de decidir, vale dizer, no instante de cumprir o seu dever, prestando a tutela jurisdicional", e adverte que eventual raciocínio tendente a "desculpar o Judiciário" por atuar desse modo "apenas seria admitido como válido caso lhe coubesse decidir de forma desigual casos iguais".[508] Neste ponto, Flávio Cheim Jorge recobra que é bastante comum no ambiente jurídico a formação interpretações diferentes sobre um mesmo enunciado prescritivo, aludindo, a propósito, a ações que encartam litígios mantidos por servidores públicos com vistas à percepção de diferenças salariais que alegadamente deveriam ter sido incorporadas às suas remunerações.[509] Em tais hipóteses, complementa o processualista, "é comum juízes concederem a incorporação dos benefícios e tantos outros não concederem, para servidores detentores da mesma realidade fático-jurídica", impondo a eles a situação inusitada de "uns recebem determinado salário para desempenhar uma função e outros outro salário, apesar de encontrarem-se disciplinados e regidos pela mesma legislação".[510]

Essa prática contém, conforme Marinoni, uma grave lacuna.[511] Com efeito, "vendo-se a decisão como fruto do sistema judicial e não como mera prestação atribuída a um juiz singularmente considerado, torna-se inevitável constatar que a racionalidade da decisão está ancorada no sistema e não apenas no discurso do juiz que a proferiu".[512]

---

[507] Sobre a argumentação de que segue, cf.: MADUREIRA. Op. cit. 2017. p. 153-158.
[508] MARINONI, Luiz Guilherme. O precedente na dimensão da igualdade. In: MARINONI, Luiz Guilherme (Coord.). *A força dos precedentes*. Salvador: Juspodivm, 2010. p. 227.
[509] JORGE, Flávio Cheim. *Teoria geral dos recursos cíveis*. Rio de Janeiro: Forense, 2003. p. 12.
[510] *Ibid.*
[511] Em suas próprias palavras: "Em que local está a igualdade diante das decisões judiciais? Ora, o acesso à justiça e a participação adequada no processo só tem sentido quando correlacionados com a decisão. Afinal, esta é o objetivo daquele que busca o Poder Judiciário e, apenas por isso, tem necessidade de participar do processo. Em outros termos, a igualdade de acesso, a igualdade à técnica processual e a igualdade de tratamento no processo são valores imprescindíveis para a obtenção de uma decisão racional e justa" (MARINONI. Op. cit. 2010. p. 230).
[512] MARINONI. Op. cit. 2010. p. 230.

Marinoni reconhece que "o problema da aplicação da lei não está propriamente no poder conferido ao juiz, mas na própria dicção da norma legal", dada a constatação de que "a compreensão da lei, e, portanto, o subjetivismo, varia na medida em que a letra da norma abre maior ou menor espaço para o magistrado atuar na definição do significado normativo".[513] Disso resulta, para esse professor paranaense, a necessidade de se conferir às decisões proferidas pelos Tribunais alcance geral obrigatório.[514]

Essa necessidade é inquestionável nos regimes que admitem o controle difuso da constitucionalidade, como no Brasil, contexto em que "não há como admitir que um juiz de primeiro grau de jurisdição, ou mesmo qualquer tribunal, possa decidir mediante uma concepção de direito fundamental destoante da que lhe tenha sido atribuída pelo Supremo Tribunal Federal".[515] Não se trata, aqui, de decisões que fazem "coisa julgada *erga ommes*, própria às ações em que o controle de constitucionalidade é concentrado, ou em súmula vinculante", mas da vinculatividade das decisões tomadas pelo Excelso Pretório em controle difuso, pois o "Judiciário não pode legitimamente conviver com concepções diversas e antagônicas acerca de um direito fundamental, máxime quando o seu significado já foi definido pelo Supremo".[516]

O mesmo raciocínio pode ser aplicado às decisões proferidas pelo Superior Tribunal de Justiça[517] no contexto da uniformização da jurisprudência quanto à aplicação do Direito infraconstitucional. No particular, Marinoni observa que não há racionalidade "na decisão ordinária que atribui à lei federal interpretação distinta da que lhe foi dada pelo órgão jurisdicional incumbido pela Constituição Federal de uniformizar tal interpretação, zelando pela unidade do direito federal", sendo que "a irracionalidade é ainda mais indisfarçável na decisão que se distancia de decisão anterior, proferida pelo mesmo órgão

---

[513] MARINONI. Op. cit. 2010. p. 234.
[514] MARINONI. Op. cit. 2010. p. 246.
[515] MARINONI. Op. cit. 2010. p. 256.
[516] MARINONI. Op. cit. 2010. p. 246-247. A isso Marinoni acrescenta que "imaginar que as decisões tomadas por este tribunal, apenas por serem produzidas em controle difuso, não obrigam os demais juízes, é desconsiderar a fragilidade do coeficiente de legitimidade democrática do Judiciário e esquecer-se da importância do discurso - visto como elemento componente da democracia - como via de legitimação do controle de constitucionalidade" (MARINONI. *Ibid.*).
[517] Assim como pelos demais Tribunais de Cúpula em suas respectivas áreas de atuação.

jurisdicional em caso similar" ou "em caso que exigiu a apreciação de questão jurídica que o órgão prolator da decisão já definira".[518] Nesse sentido, a atribuição de eficácia vinculante aos precedentes firmados pelo Poder Judiciário no campo da aplicação do Direito tem a funcionalidade de prevenir a prolação de decisões distintas para casos iguais, suprindo, com isso, a lacuna destacada por Marinoni quanto se reportou à fórmula de decisão tradicionalmente empregada nos regimes jurídicos do *civil law*, e, com isso, realizando o princípio da isonomia de forma mais adequada do que esse princípio seria realizado se pudesse prevalecer, mesmo em vista do caráter flexível da aplicação do Direito de nosso tempo, concepção teórica segundo a qual os juízes poderiam resolver as contentas sob a óptica introspectiva do seu livre convencimento pessoal.

Além de possibilitar uma melhor efetivação da igualdade entre os jurisdicionados, a vinculatividade dos precedentes também lhes confere maior segurança jurídica. No ensejo, Marinoni recobra que a tradição do *civil law* trabalha com a supremacia do Poder Legislativo, que traz na base a suposição de que "a lei e os códigos deveriam ser tão claros e completos que não poderiam suscitar quaisquer dúvidas ao juiz", mas adverte "que a codificação foi incapaz de dar conta ao que se propôs", dado o surgimento de "uma hiperinflação de leis especiais e de regras processuais de conteúdo aberto, destinadas a dar aos juízes oportunidade de considerar situações imprevisíveis ao legislador", o que tornou sem sentido "a ideia de que os juízes deveriam somente aplicar as leis".[519] Assim, a constatação dessas particularidades da aplicação do Direito de nosso tempo, que indicam que "a previsibilidade não depende da norma em que a ação se funda, mas da sua interpretação judicial", induz, ainda, a conclusão de que também "a segurança jurídica está ligada à decisão judicial e não à norma jurídica em abstrato".[520]

Afinal, se "há alguma preocupação, na ordem jurídica brasileira, com a previsibilidade", expressada nas "normas constitucionais que preveem as funções do Superior Tribunal de Justiça e do Supremo Tribunal Federal, respectivamente, de uniformizar a interpretação da lei federal e de 'afirmar' o sentido das normas constitucionais", e se é verdade que "a segurança jurídica é direito fundamental e subprincípio

---

[518] MARINONI. Op. cit. 2010. p. 230.
[519] MARINONI. Op. cit. 2010. p. 213-214.
[520] MARINONI. Op. cit. 2010. p. 214.

concretizador do princípio do Estado de Direito", essas decisões uniformizadoras proferidas por imposição constitucional não podem ser ignoradas no campo da aplicação do Direito.[521] Precisamente porque, "o que importa, no presente contexto, é demonstrar que a estabilidade não se traduz apenas na continuidade do direito legislado, exigindo, também a continuidade e o respeito às decisões judiciais, isto é, aos precedentes".[522]

Sendo assim, para além de não se contrapor à ideia de democracia e aos princípios da legalidade e da separação dos poderes, e de ser operativa na realização do princípio da isonomia, a ideia subjacente à atribuição de vinculatividade aos precedentes judiciais, tal como assimilada pelo ordenamento jurídico brasileiro, é também uma exigência do princípio da segurança jurídica. Disso resulta a sua compatibilidade com o regime constitucional. Por esse motivo, e porque o ordenamento jurídico deve ser interpretado em sua integridade (interpretação sistemática do Direito),[523] não se cogita de contradição entre o modelo de precedentes e o regime constitucional.

7.3.1.1.3. Limites conceituais à vinculatividade dos precedentes.

Definido, nesses termos, que os precedentes vinculam os tribunais que os formaram (eficácia horizontal dos precedentes) e os juízes ou tribunais que a eles se encontram submetidos (eficácia vertical dos precedentes), e que disso não resulta contrariedade ao regime constitucional, é importante compreender o *modus operandi* da aplicação de precedentes. Destacam-se, nesse âmbito, como conceitos jurídicos fundamentais, a razão de decidir (*ratio decidendi*), o *obiter dictum*, a distinção (*distinguishing*) e a superação (*overruled*).[524]

A *ratio decidendi* (ou *holding*, como a designam os norte-americanos), corresponde, na lição de Fredie Didier Júnior, Paula Sarno

---
[521] MARINONI. Op. cit. 2010. p. 216.
[522] MARINONI. Op. cit. 2010. p. 218.
[523] Sobre a interpretação sistemática, recobramos a lição de Carlos Maximiliano, que expõe que ela consiste na comparação do "dispositivo sujeito a exegese, com outros do mesmo repositório ou de leis diversas, mas referentes ao mesmo objeto", com vistas a que "por umas" se conheça "o espírito das outras" (MAXIMILIANO. Op. cit. p. 164).
[524] Sobre a argumentação que se segue, cf. MADUREIRA. Op. cit. 2017. p. 124-139.

Braga e Rafael Oliveira, aos fundamentos jurídicos que sustentam a decisão, que carregam a opção hermenêutica adotada no julgamento do caso paradigma.[525] E constitui-se, na precisa definição de José Rogério Cruz e Tucci, como a tese jurídica empregada para decidir o caso concreto.[526] Assim, diversamente do que se verifica na imposição de uma decisão judicial às partes envolvidas no conflito em que foi proferida, que se tornam vinculadas ao que se expressou na sua parte dispositiva, quando se cogita da aplicação de precedentes o que vincula os julgadores são os fundamentos do julgamento que solucionou o caso paradigma (*ratio decidendi*).

A propósito, Luiz Guilherme Marinoni refere-se ao conceito de eficácia transcendente da motivação, tal como desenvolvido pelo ministro Gilmar Mendes a partir do direito alemão,[527] que suscita a seguinte operacionalização no campo da aplicação do Direito:

> Com a expressão eficácia transcendente da motivação se pretende passar o significado de eficácia que, advinda da fundamentação, recai sobre situações que, embora especificamente distintas, tem grande semelhança com a já decidida e, por isto, reclamam as mesmas razões que foram apresentadas pelo tribunal ao decidir. Assim, se a norma constitucional 'X' foi considerada inconstitucional em virtude das razões 'Y', a norma constitucional 'Z', porém substancialmente idêntica a 'X', exige a aplicação das razões 'Y'.[528]

Dito isso, Marinoni observa que a expressão *motivos determinantes da decisão*, usualmente tomada como sinônima do conceito *eficácia transcendente da motivação*, "contém detalhe que permite a aproximação do seu significado ao de *ratio decidendi*", pois "há, nesta expressão, uma qualificação da motivação ou da fundamentação, a apontar para aspecto que estabelece claro *link* entre os motivos e a decisão".[529] Com efeito, "os motivos têm que ser determinantes para a decisão", de modo que "não é todo e qualquer motivo que tem eficácia vinculante ou transcendente", mas "apenas os motivos que são determinantes para

---

[525] DIDIER JÚNIOR, BRAGA; OLIVEIRA. Op. cit. p. 350.
[526] TUCCI. Op. cit. p. 175.
[527] MARINONI. Op. cit. 2010. p. 265.
[528] *Ibid.*
[529] *Ibid.*

a decisão".[530] Esses "motivos que determinam a decisão nada mais são do que as razões de decidir, isto é, a *ratio decidendi*".[531]

A propósito, deve estar claro, quanto ao particular, que, quando uma decisão judicial assume a forma de precedente, apenas a sua *ratio decidendi* vincula os juízes, que não são afetados por argumentos expostos apenas de passagem em sua motivação, "consubstanciando juízos acessórios, provisórios, secundários, impressões ou qualquer outro elemento que não tenha influência relevante e substancial para a decisão", que se qualificam, conforme Didier, Braga e Oliveira, como *obiter dictum*.[532] Também são *obiter dictum* "os pronunciamentos que dizem respeito a pedido não formulado e a causa de pedir não invocada", assim como os "fundamentos que, embora façam parte da causa de pedir, não foram alegados e discutidos pelas partes, e, assim, estariam sendo tratados no processo pela primeira vez", uma vez que "os pronunciamentos relativos a estes pontos são, em regra, não aprofundados e não decorrem de discussão entre todos os membros do colegiado,[533] sendo feitos de passagem ou lateralmente ao enfrentamento de outra questão".[534] Enfim, "tudo aquilo que não for essencial à decisão, que não constitui fundamentos determinantes, será *obiter dictum*", e, portanto, não terá efeito vinculante[535].

Porém, é importante ter em vista, ainda, que nem sempre a *ratio decidendi* de um caso paradigma pode ser aplicada aos casos concretos. É que a teoria dos precedentes também trabalha com a figura da distinção (*distinguishing*), método "pelo qual o juiz verifica se o caso em julgamento pode ou não ser considerado análogo ao paradigma",[536] e que ocorre quando há "distinção entre o caso concreto (em julgamento) e o paradigma", que pode se fundar na constatação

---

[530] *Ibid.*
[531] MARINONI. Idem. p. 266.
[532] DIDIER JÚNIOR, BRAGA; OLIVEIRA. Op. cit. p. 350.
[533] No ensejo, Zaneti observa que "somente serão considerados fundamentos determinantes aptos a formarem a *ratio decidendi* aqueles efetivamente debatidos ou incorporados pelo voto dos juízes em decisão colegiada" (ZANETI JÚNIOR. Op. cit. 2016. p. 353). Mas adverte que o voto vencido não deve ser confundido com o *obiter dictum*, pois, no regime do código de 2015, "o voto vencido integra o acórdão para todos os fins, inclusive para fins de pré-questionamento (art. 941, §3º)" (ZANETI JÚNIOR. Op. cit. 2016. p. 353-nota de rodapé).
[534] MARINONI. Op. cit. 2010. p. 272.
[535] ZANETI JÚNIOR. Op. cit. 2016. p. 352.
[536] TUCCI. Op. cit. p. 174.

de que "não há coincidência entre os fatos fundamentais discutidos e aqueles que serviram de base à *ratio decidendi* (tese jurídica)", ou, ainda, na verificação de que, "a despeito de existir uma aproximação entre eles, alguma peculiaridade no caso em julgamento afasta a aplicação do precedente".[537] Neste ponto, Hermes Zaneti Júnior observa que o Código de Processo Civil de 2015 "prevê a possibilidade de afastamento/distinção entre o caso atual e o caso-precedente atribuída a todos os juízes ou tribunais", destacando, em referência ao texto legal, que "o art. 489, §1º, VI, afirma que não será considerada fundamentada a decisão que deixar de seguir o precedente sem demonstrar a existência de distinção no caso em julgamento".[538]

Também se cogita da superação do precedente, técnica por meio da qual ele perde a sua força vinculante, sendo substituído por outro precedente.[539] Quanto ao particular, Zaneti leciona que "os precedentes não são imutáveis", podendo, contudo, "ser modificados, alterados, superados pelo tribunal que os estabeleceu ou por tribunal superior", e acrescenta que "a existência de uma nova lei, válida substancial e formalmente, determina o afastamento do precedente".[540] Nesse âmbito, "as Cortes Supremas podem, [...] mesmo diante da regra do *stare decisis*, superar o precedente [...], desde que considerem ser esta a melhor solução de direito".[541] Mas deve estar claro que os precedentes normativos formalmente vinculantes e os precedentes normativos formalmente vinculantes fortes, que são aqueles cuja vinculatividade decorre de taxativa previsão legal, somente podem ser superados pelos tribunais que os firmaram (a título de exemplo, um precedente firmado pelo Superior Tribunal de Justiça em incidente de julgamento de recursos repetitivos somente pode ser superado por essa Corte Superior de Justiça), sendo que, quanto a esses últimos (precedentes normativos formalmente vinculantes fortes), a superação está a exigir, ainda, o mesmo quórum aplicável à sua formação (ainda exemplificativamente, uma súmula vinculante adotada pelo Supremo Tribunal Federal só pode

---

[537] DIDIER JÚNIOR; BRAGA; OLIVEIRA. Op. cit. p. 353.
[538] ZANETI JÚNIOR. Op. cit. 2016. p. 355.
[539] DIDIER JÚNIOR; BRAGA; OLIVEIRA. Op. cit. p. 354. A superação também pode ser parcial, que ocorre quando o Tribunal apenas limita o âmbito da sua incidência, em função da superveniência de uma regra ou princípio legal (DIDIER JÚNIOR; BRAGA; OLIVEIRA. *Idem*, p. 355).
[540] ZANETI JÚNIOR. Op. cit. 2016. p. 355-356.
[541] *Ibid*.

ser superada por decisão desse mesmo Tribunal tomada por maioria de dois terços, quórum imposto pela Constituição à sua edição).[542-543]

Afastadas essas hipóteses (distinção e superação), o precedente, identificado a partir da sua *ratio decidendi* (portanto, com o afastamento das questões decididas em *obiter dictum*), deve, necessariamente, ser adotado pelos julgadores.[544] Enfim, a distinção (*distinguishing*) e a superação (*overruled*) configuram, na prática, limites conceituais à vinculatividade dos precedentes.

7.3.1.2. Extensão da vinculatividade dos precedentes também à Administração Pública

Não negamos que o Código de Processo Civil de 2015 somente dispõe sobre a vinculação dos julgadores aos precedentes. Porém, é equivocada a suposição de que a sua vinculatividade não se estende aos jurisdicionados e (sobretudo) à Administração Pública, com relação aos quais eles teriam (nessa perspectiva) eficácia meramente persuasiva. É que, muito embora a lei processual não traga disposição expressa nesse sentido, os precedentes firmados pelos Tribunais Brasileiros (art. 927),[545] também as súmulas e a jurisprudência invocada pelas

---

[542] CRFB/1988. "Art. 103-A. O Supremo Tribunal Federal poderá, de ofício ou por provocação, mediante decisão de dois terços dos seus membros, após reiteradas decisões sobre matéria constitucional, aprovar súmula que, a partir de sua publicação na imprensa oficial, terá efeito vinculante em relação aos demais órgãos do Poder Judiciário e à administração pública direta e indireta, nas esferas federal, estadual e municipal, bem como proceder à sua revisão ou cancelamento, na forma estabelecida em lei" (Incluído pela Emenda Constitucional nº 45, de 2004) (ver Lei nº 11.417, de 2006).

[543] ZANETI JÚNIOR. Op. cit. 2016. p. 325-326.

[544] Como acentua Zaneti, "o intérprete não é livre, uma vez que tem o dever de seguir o precedente" (ZANETI JÚNIOR. *Idem*. p. 361). E, quanto a isso, refere-se à necessidade de o regime jurídico "garantir o constrangimento normativo a partir dos textos legais e dos precedentes normativos formalmente vinculantes, para que se reduza a discricionariedade judicial e aumente a racionalidade das decisões judiciais [contexto em que] o Poder Judiciário, como instituição, exerce uma dupla função social", porque lhe compete decidir a controvérsia e enriquecer a oferta de normas jurídicas; o que "implica dois discursos possíveis a partir da decisão judicial", a discussão do caso, atinente à resolução da controvérsia, e o discurso do precedente, que comporta "a reconstrução do ordenamento jurídico a partir da interpretação operativa que acresce conteúdo normativo" (ZANETI JÚNIOR. *Ibidem*. p. 361-362). Sobre o assunto, ler também: MITIDIERO, Daniel. Fundamentação e precedente: dois discursos a partir da decisão judicial. In: MITIDIERO, Daniel; AMARAL, Guilherme Rizzo; FEIJÓ, Maria Angélica Echer Ferreira (Org.). *Processo civil: estudos em homenagem ao Professor Doutor Carlos Alberto Alvaro de Oliveira*. São Paulo: Atlas, 2012. p. 85-89 e 91.

[545] CPC-2015. "Art. 927. Os juízes e os tribunais observarão: I - as decisões do Supremo Tribunal Federal em controle concentrado de constitucionalidade; II - os enunciados

partes[546] (art. 489, §1º, VI)[547] estendem seus efeitos também aos jurisdicionados (a todos eles), por aplicação do disposto nos artigos 5º e 77, II, da Lei Processual Civil, em especial àqueles que se qualificarem como órgãos e entidades da Administração Pública, dada a incidência, juntamente com esses dispositivos processuais (arts. 5º e 77, II), dos princípios administrativos da legalidade e da eficiência (CRFB, art. 37, caput).

7.3.1.2.1. Inobservância de precedentes como contrariedade ao princípio da boa-fé e ao dever processual de não litigar contrariamente ao Direito

O artigo 5º do Código de Processo Civil de 2015 estabelece, textualmente, que "aquele que de qualquer forma participa do processo deve comportar-se de acordo com a boa-fé". Por sua vez, o inciso II do seu artigo 77, elenca entre os "deveres das partes, de seus procuradores e de todos aqueles que de qualquer forma participem do processo [...] não formular pretensão ou de apresentar defesa quando cientes de que são destituídas de fundamento" (dever processual de não litigar contrariamente ao Direito).

A conjugação desses dispositivos processuais à constatação (a partir do texto da lei processual) de que as decisões, sentenças ou acórdãos invariavelmente observarão os precedentes firmados pelos Tribunais brasileiros[548] não deixa alternativa aos jurisdicionados. Afinal, não se pode dizer que atua com boa-fé (art. 5º), ou que se abstém de

---

de súmula vinculante; III - os acórdãos em incidente de assunção de competência ou de resolução de demandas repetitivas e em julgamento de recursos extraordinário e especial repetitivos; IV - os enunciados das súmulas do Supremo Tribunal Federal em matéria constitucional e do Superior Tribunal de Justiça em matéria infraconstitucional; V - a orientação do plenário ou do órgão especial aos quais estiverem vinculados".

[546] Ainda que não configurem precedentes.
[547] CPC-2015. "Art. 489 [...] §1º Não se considera fundamentada qualquer decisão judicial, seja ela interlocutória, sentença ou acórdão, que: [...] VI - deixar de seguir enunciado de súmula, jurisprudência ou precedente invocado pela parte, sem demonstrar a existência de distinção no caso em julgamento ou a superação do entendimento".
[548] Como exposto, o legislador processual (art. 927) foi muito claro ao determinar aos julgadores que observem precedentes, visto que a locução verbal empregada (observarão) não deixa espaço para que se veicule interpretação que atribua a esses precedentes eficácia meramente persuasiva.

formular pretensão ou defesa destituídas de fundamento (at. 77, II), aquele se recusa a conferir cumprimento voluntário a pretensão fundada em precedente vinculante, ou que insiste em veicular ou manter pretensão refutada por precedente vinculante. Em rigor, somente é legítimo litigar, nesse contexto, enquanto houver dúvida sobre quem vai vencer o processo. Porém, se o deslinde da *vexata quaestio* estiver a depender exclusivamente da definição sobre se deve prevalecer, enquanto interpretação jurídica, a tese (pretensão do autor) ou a antítese (resistência do réu a essa pretensão), a simples invocação de precedente vinculante (ressalvada, evidentemente, a hipótese de configuração de distinção ou superação) afasta qualquer dúvida neste sentido (precedentes vinculam os julgadores, que, posto isso, precisam adotá-los em suas decisões, sentenças ou acórdãos), tornando ilegítimo o ato de litigar ou prosseguir litigando. O fato é que, presentes essas precondições, ter-se-á a certeza da derrota na demanda, o que faz com que o ato de litigar (ou prosseguir litigando) contraponha-se, ao mesmo tempo, aos deveres processuais de agir com boa-fé no processo (art. 5º) e de não litigar contrariamente ao Direito (art. 77, II).[549]

O mesmo raciocínio se aplica à Fazenda Pública, sobre a qual também incidem os precitados deveres processuais (agir com boa-fé no processo e não litigar contrariamente ao Direito). Porém, quanto a ela, são aplicáveis, ainda, os princípios administrativos da legalidade e da eficiência.[550]

7.3.1.2.2. Inobservância de precedentes como contrariedade ao princípio administrativo da legalidade

A legalidade administrativa distingue-se da legalidade comum por se qualificar como legalidade estrita.[551] Com efeito, o agente estatal, na lição de Hely Lopes Meirelles, "não pode [...] deixar de cumprir os deveres que a lei lhe impõe, nem renunciar a qualquer parcela dos

---

[549] Cf. MADUREIRA, Op. cit. 2017.
[550] Positivados, nos termos seguintes, no caput do artigo 37 da Constituição da República: "Art. 37. A administração pública direta e indireta de qualquer dos Poderes da União, dos Estados, do Distrito Federal e dos Municípios obedecerá aos princípios *legalidade*, impessoalidade, moralidade, publicidade e eficiência e, também, ao seguinte: (Redação dada pela Emenda Constitucional nº 19, de 1998)".
[551] Sobre a argumentação que se segue, cf. MADUREIRA. Op. cit. 2016. p. 36-40.

poderes e prerrogativas que lhes são conferidos", precisamente porque "os deveres, poderes e prerrogativas não lhe são outorgados em consideração pessoal, mas sim, para serem utilizados em benefício da comunidade administrada".[552] Daí falar-se em legalidade estrita, a vincular a Administração Pública e seus agentes, que, conforme observa Celso Antônio Bandeira de Mello, é "fruto da submissão do Estado à lei".[553]

Maria Sylvia Zanella Di Pietro destaca a absoluta importância da legalidade para o regime jurídico-administrativo, quando afirma que "este princípio juntamente com o de controle da Administração pelo Poder Judiciário, nasceu com o Estado de Direito e constitui uma das principais garantias de respeito aos direitos individuais".[554] Nesse mesmo sentido se posiciona Romeu Felipe Bacellar Filho, quando expõe que esse princípio decorre "do Estado de Direito, respeitadas as nuances da construção do significado desse conceito em cada país".[555] Trata-se, pois, como ensinam José Joaquim Gomes Canotilho e Vital Moreira, de "instrumento normativo de vinculação jurídico-constitucional da Administração".[556]

Por força desse princípio é que, na preciosa observação de Meirelles, "enquanto na administração particular é lícito fazer tudo o que a lei não proíbe, na Administração Pública só é permitido fazer o que a lei autoriza".[557] Ou, como expressa Bandeira de Mello, "ao contrário dos particulares, os quais podem fazer tudo que não lhes seja proibido, a Administração pode fazer apenas o que lhe seja de antemão permitido por lei".[558] Ou, ainda, como sintetiza Di Pietro, "a Administração Pública só pode fazer o que a lei permite".[559]

---

[552] MEIRELLES, Hely Lopes. *Direito Administrativo Brasileiro*. 16. ed. São Paulo: Revista dos Tribunais, 1991. p. 77.
[553] MELLO, Celso Antônio Bandeira de. *Curso de Direito Administrativo*. 27. ed. São Paulo: Malheiros, 2010. p. 100.
[554] DI PIETRO, Maria Sylvia Zanella. *Direito Administrativo*. 13. ed. São Paulo: Atlas, 2001. p. 67.
[555] BACELLAR FILHO, Romeu Felipe. A noção jurídica de interesse público no direito administrativo brasileiro. In: BACELLAR FILHO, Romeu Felipe; HACHEM, Daniel Wunder (Coord.). *Direito administrativo e interesse público*: estudos em homenagem ao Professor Celso Antônio Bandeira de Mello. Belo Horizonte: Fórum, 2010. p. 96.
[556] CANOTILHO, José Joaquim Gomes de; MOREIRA, Vital. *Fundamentos da Constituição*. Coimbra: Coimbra Editora, 1991. p. 84.
[557] MEIRELLES. Op. cit. p. 78.
[558] MELLO, Celso Antônio Bandeira de. Legalidade, discricionariedade: seus limites e controle. In: MELLO, Celso Antônio Bandeira de. *Grandes temas de direito administrativo*. São Paulo: Malheiros, 2010. p. 57. Sobre o assunto, consulte-se, ainda: MELLO. Op. cit. 2010b. p. 76 e 101.
[559] DI PIETRO. Op. cit. 2001. p. 68. Sobre o assunto, ler também: MADUREIRA. Op. cit. 2016. p. 36-41.

Orienta, de igual modo, a vinculação dos agentes estatais a uma correta aplicação do Direito, a necessidade que tem a Administração Pública de promover a realização do interesse público. A propósito, Bandeira de Mello expressa que "a noção de interesse púbico [...] impede que se incida no equívoco muito grave de supor que o interesse púbico é exclusivamente um interesse do Estado", lapso de compreensão "que faz resvalar fácil e naturalmente para a concepção simplista e perigosa de identificá-lo com quaisquer interesses da entidade que representa o todo".[560] Para esse professor paulista "o Estado, tal como os demais particulares, é, também ele, uma pessoa jurídica, que, pois, existe e convive no universo jurídico em concorrência com todos os demais sujeitos de direito", e que, por isso, "independentemente do fato de ser, por definição, encarregado de interesses públicos", pode ter, como qualquer outra pessoa, "interesses que lhe são particulares, individuais, e que, tal como os interesses delas, concebidas em suas meras individualidades, se encarnam no Estado enquanto pessoa".[561] Esses últimos interesses não são, conforme Bandeira de Mello, "interesses públicos", mas se qualificam, na verdade, como "interesses individuais do Estado" (por exemplo, cobrar tributos).[562] Esses interesses particulares do Estado só merecem proteção jurídica quando instrumentais ao interesse público[563] (por exemplo, cobrar tributos dentro dos limites legais, para tornar viável o fornecimento de serviços públicos). Por isso é que, na acepção teórica adotada por Bandeira de Mello, o interesse público consiste no interesse do Estado e da sociedade na observância da ordem jurídica estabelecida,[564] pressupondo, assim, uma correta aplicação do Direito.[565]

---

[560] MELLO, Celso Antônio Bandeira de. *A noção jurídica de "interesse público"*. In: MELLO, Celso Antônio Bandeira de. *Grandes Temas de Direito Administrativo*. São Paulo: Malheiros, 2010. p. 187. A propósito, cf., ainda: MELLO. Op. cit. 2010b. p. 65.

[561] MELLO. Op. cit. 2010a. p. 188. Sobre o assunto, ler também: MELLO. Op. cit. 2010b. p. 65-66.

[562] MELLO. Op. cit. 2010a. p. 188. Esses interesses designados por Bandeira de Mello como "interesses individuais do Estado" correspondem aos "interesses secundários" referidos por Alessi, ao passo que a "dimensão pública desses interesses individuais", que o professor paulista qualifica como "interesse público", corresponde ao que Alessi convencionou chamar "interesse primário" (ALESSI, Renato. *Sistema instituzionale Del Diritto Amministrativo Italiano*. 3 ed. Milão: Giuffrè Editore, 1960. p. 197).

[563] MELLO. Op. cit. 2010a. p. 188.

[564] MELLO Op. cit. 2010b. p. 72.

[565] No ensejo, cf., também: (MADUREIRA, Claudio Penedo. Poder público, litigiosidade e responsabilidade social. *Fórum Administrativo de Direito Público*, Belo Horizonte, ano 11, n.126, ago. 2011) e (MADUREIRA. *Advocacia Pública*, p. 45-96, passim).

Todavia, o Direito de nosso tempo tornou-se mais flexível, ou talvez mais "suave", como sugere Gustavo Zagrebelsky,[566] o que faz com que, conforme variam os intérpretes, da interpretação do Direito possa resultar diferentes soluções jurídicas para um mesmo problema. Com efeito, na precisa alegoria construída por Eros Roberto Grau, "dá-se na interpretação de textos normativos algo análogo ao que se passa na interpretação musical".[567] Grau observa, quanto a esse pormenor, que "não há uma única interpretação correta (exata) da Sexta Sinfonia de Beethoven", aduzindo, no ensejo, que "a Pastoral regida por Toscano, com a Sinfônica de Milão, é diferente da Pastoral regida por Von Karajan, com a Filarmônica de Berlim", e que "não obstante uma seja mais romântica, mais derramada, a outra mais longilínea, as duas são autênticas – e corretas".[568] Com essas considerações, esse professor paulista rejeita "a existência de uma única resposta correta (verdadeira, portanto) para o caso jurídico – ainda que o intérprete esteja, através dos princípios, vinculado pelo sistema jurídico".[569]

Os precedentes se apresentam, nesse contexto, como elementos que possibilitam o fechamento do sistema, de modo a conferir as necessárias segurança e isonomia aos jurisdicionados.[570] Por esse motivo é que, ressalvada a configuração de distinção ou superação, os precedentes vinculantes firmados pelos Tribunais brasileiros encerram, para a Administração Pública, a ideia de legalidade. É que, ao largo deles, não há espaço para uma vitória processual da Fazenda Pública na eventualidade de o prejudicado vir a se socorrer do Poder Judiciário. Afinal, os precedentes vinculam (pelas razões expostas) a atividade jurisdicional. Destarte, da sua contrariedade na esfera administrativa, sobretudo quando não se cogita da configuração de distinção ou superação, resulta ofensa ao princípio administrativo da legalidade.

---

[566] ZAGREBELSKY, Gustavo. *Il Diritto Mitte – Legge, Diritti, Giustizia*. Nuova edizione. Torino: Einaudi, 1992. Sobre o assunto, ler também: (MADUREIRA. Op. cit. 2016. p. 300-306, passim) e (MADUREIRA. Op. cit. 2017. p. 36-50, passim).
[567] GRAU, Eros Roberto. *Ensaio e discurso sobre a interpretação/aplicação do direito*. 3. ed. São Paulo: Malheiros, 2005. p. 36.
[568] *Ibid*.
[569] GRAU. *Idem*. p. 36.
[570] Ver Tópico 7.3.1.1.1.

7.3.1.2.3. Inobservância de precedentes da Administração Pública como contrariedade ao princípio administrativo da eficiência

Dela também decorre violação ao princípio da eficiência, que se destina, na lição de Maria Silvia Zanella Di Pietro, a "alcançar os melhores resultados na prestação do serviço público".[571] É que, se os precedentes vinculam os julgadores,[572] da iniciativa dos agentes estatais por lhes recusar observância na esfera administrativa pode resultar a condução ao Poder Judiciário de litígios com resultado claramente previsível, qual seja: a derrota do poder público.

Semelhante escolha administrativa por óbvio não traduz "o melhor resultado da prestação".[573] Em especial quando se considera que os custos do processo são suportados pela Administração Pública, que paga os salários de juízes, promotores e procuradores, bem como dos serventuários da Justiça, do Ministério Público e das procuradorias, além de arcar com as demais despesas inerentes à execução da função jurisdicional com relação à tramitação dos processos em que são partes os entes estatais (despesas com diligências de oficiais de justiça, honorários de advogado, honorários periciais etc.).

Como ressalta Di Pietro em outro trabalho, a Administração, quando posterga (inclusive quando deixa de seguir interpretações jurídicas uniformizadoras gravadas em precedentes) compromissos financeiros a seu cargo (por exemplo, "no afã de deixar para governos futuros o pagamento de precatórios judiciais"), sobrecarregará "os cofres públicos com todos os ônus decorrentes da demanda judicial",[574] incorrendo, destarte, em violação ao princípio administrativo da eficiência.

7.3.1.2.4. Extensão da vinculatividade dos precedentes à Administração Pública como efeito concreto da conjugação do modelo de precedentes com

---

[571] DI PIETRO. Op. cit. 2001. p. 83.
[572] E a lei processual deixou isso muito claro ao empregar, em seu artigo 927, a locução verbal "observarão".
[573] Cf. DI PIETRO. Op. cit. 2001. p. 83.
[574] DI PIETRO, Maria Sylvia. Advocacia Pública. *Revista Jurídica da Procuradoria Geral do Município de São Paulo*, São Paulo, n. 3, p. 11-30, dez 1996. p. 24.

o princípio processual da boa-fé, com o dever processual de não litigar contrariamente ao Direito e com os princípios administrativos da legalidade e da eficiência

Da junção do disposto no artigo 5º do Código de Processo Civil de 2015 (que estabelece que "aquele que de qualquer forma participa do processo deve comportar-se de acordo com a boa-fé") e no inciso II do seu artigo 77 (que elenca entre os "deveres das partes, de seus procuradores e de todos aqueles que de qualquer forma participem do processo [...] não formular pretensão ou de apresentar defesa quando cientes de que são destituídas de fundamento") com o conteúdo dos princípios administrativos da legalidade (conformado, entre nós, pelo modelo de precedentes, que funciona como metódica de fechamento do sistema) e da eficiência (que impede a opção pelo litígio quando se sabe, de antemão, dada a incidência do modelo de precedentes, que vai perder), resulta, sem qualquer margem a dúvidas, que os precedentes também vinculam a Administração Pública.

7.3.1.3. Ferramentas jurídicas disponíveis aos intérpretes para induzir a superação dos efeitos de nova normatização editada em contrariedade ao que for decidido pelo Supremo Tribunal Federal

As ferramentas jurídicas disponíveis aos intérpretes têm a funcionalidade de induzir, pela via da provocação do Poder Judiciário, a superação dos efeitos de nova normatização porventura editada em contrariedade à decisão uniformizadora proferida pelo Supremo Tribunal Federal no contexto do julgamento das ADINs nº 4.916, 4.917, 4.918, 4.920 e 5.038, não apenas o acolhimento dos pedidos formulados em ações de inconstitucionalidade (controle concentrado de constitucionalidade), mas também daqueles veiculados em demandas individuais ou coletivas propostas com a finalidade de impedir que a ANP (entre outros órgãos do Governo Federal) proceda à distribuição das participações governamentais com base nos parâmetros considerados inválidos pela decisão precedente (nas quais a questão constitucional será conhecida e haverá o controle difuso de constitucionalidade).

7.3.1.3.1. Superação dos efeitos de nova lei porventura editada pela via da propositura de ações de inconstitucionalidade

A primeira via de atuação aberta aos intérpretes ou operadores do Direito para superação dos efeitos de nova normatização porventura editada pelo Congresso Nacional em contrariedade ao que for decidido pelo Supremo Tribunal Federal no contexto do julgamento das ADINs nº 4.916, 4.917, 4.918, 4.920 e 5.035 é a do controle concentrado (ou direto) de constitucionalidade. Nesse âmbito, dada a eficácia vinculante (que resulta do inciso I do artigo 927 da Lei Processual) do precedente formado no contexto do julgamento das precitadas ações de inconstitucionalidade (eficácia vertical dos precedentes) e a imposição jurídico-normativa (que resulta do artigo 926 da Lei Processual) a que os Tribunais uniformizem sua jurisprudência e a mantenham estável, íntegra e coerente (eficácia horizontal dos precedentes), a tendência é que o Tribunal declare a inconstitucionalidade da *novatio legis*. Com efeito, uma decisão em sentido contrário somente seria admissível se o Tribunal entendesse que sua decisão anterior foi equivocada[575] (portanto, pela via da superação do precedente nela encerrado), ou se verificasse a configuração de distinção entre o caso julgado e o caso precedente (hipótese em que não se cogitaria da reedição da opção legislativa declarada inconstitucional).

Disso resulta que, na eventualidade de as forças políticas que se reuniram para induzir a edição da Lei nº 12.734/2012 virem a se reagrupar para editar novo diploma legislativo que desafie decisão do Supremo Tribunal pela inconstitucionalidade da distribuição das participações governamentais a todas as unidades federadas,[576] não apenas será cabível o ajuizamento de ações de inconstitucionalidade, como também se tornará impositivo (ressalvada a configuração de distinção ou superação) o acolhimento dos pedidos formulados. Essa iniciativa também tem a potencialidade de possibilitar o sobrestamento dos efeitos da *novatio legis*, dada a possibilidade da concessão, no corpo das ações de inconstitucionalidade, de medidas cautelares dotadas de

---

[575] O que não é esperado na hipótese analisada, dadas a consolidação da matéria em sua jurisprudência e a eficácia horizontal dos precedentes.

[576] Sobretudo se comportar a prevalência da destinação dessa receita pública aos Estados e Municípios não impactados pela exploração e produção de petróleo e gás, portanto, sem ter em consideração a situação peculiar vivenciada pelos Estados e Municípios impactados por essa atividade econômica.

eficácia *erga omnes* (das quais resulta a suspensão da aplicação do texto legal impugnado) e efeito vinculante para o Poder Judiciário e para Administração Pública (do qual resulta óbice jurídico à prolação de decisões judiciais e administrativas em sentido contrário).

7.3.1.3.2. Superação dos efeitos de nova lei porventura editada pela via da propositura de ações individuais ou coletivas que demandem do Poder Judiciário o exercício de controle difuso de constitucionalidade

O problema é que o ajuizamento de ações de inconstitucionalidade somente foi conferido a rol exaustivo e bastante restrito de legitimados.[577] A solução que se apresenta, quando configurado interesse jurídico de quem não se insere entre os legitimados para a sua propositura[578] é propor ações individuais ou coletivas que demandem do Poder Judiciário o sobrestamento dos efeitos de lei porventura editada com o propósito de procurar restabelecer o tratamento normativo declarado inconstitucional pelo Supremo Tribunal Federal. Nesse âmbito, a cognição será feita mediante exercício do controle difuso de constitucionalidade, pela via da veiculação de determinação à ANP (entre outros órgãos ou entidades federais) para que se abstenha de distribuir participações governamentais com base na *novatio legis*.

Podem se valer dessa ferramenta, por exemplo, os Estados e Municípios impactados pela exploração e produção de petróleo e gás (sendo que, quanto aos últimos, sequer se cogita da legitimação de agentes políticos para a propositura de ações de inconstitucionalidade), integrantes do Ministério Público (apenas o procurador-geral

---

[577] A propósito, cf. o disposto no artigo 103 da Constituição da República, vazado nos seguintes termos: "Art. 103 - Podem propor a ação direta de inconstitucionalidade e a ação declaratória de constitucionalidade: (Redação dada pela Emenda Constitucional nº 45, de 2004) I - o Presidente da República; II - a Mesa do Senado Federal; III - a Mesa da Câmara dos Deputados; IV - a Mesa de Assembleia Legislativa ou da Câmara Legislativa do Distrito Federal; (Redação dada pela Emenda Constitucional nº 45, de 2004) V - o Governador de Estado ou do Distrito Federal; (Redação dada pela Emenda Constitucional nº 45, de 2004) VI - o Procurador-Geral da República; VII - o Conselho Federal da Ordem dos Advogados do Brasil; VIII - partido político com representação no Congresso Nacional; IX - confederação sindical ou entidade de classe de âmbito nacional".

[578] Por exemplo, os Municípios impactados pela exploração e produção de petróleo e gás, cujos prefeitos e respectivas Casas Legislativas não detêm a necessária legitimação processual para o ajuizamento de ações de inconstitucionalidade.

da República é legitimado para a propositura de ações de inconstitucionalidade), associações civis regularmente constituídas (que, para a propositura de ações coletivas também precisariam atender ao disposto no inciso V do artigo 5º a Lei nº 7.347/1985)[579] e até o cidadão individualmente considerado (mediante propositura de ação popular). Havendo o ajuizamento de ações individuais, a conformação e a extensão dos pedidos formulados (e, bem assim, da tutela concedida) vai depender da legitimação processual do postulante e do seu interesse de agir, visto que (como cediço) a coisa julgada formada nesse âmbito opera-se exclusivamente *inter partes*. No entanto, os referidos atores também estão juridicamente autorizados a se valer da tutela coletiva, pela via da propositura de ações civis públicas (Estados, Municípios, Ministério Público e associações civis) e de ações populares (cidadão), que, por sua peculiar natureza, suscitam a prolação de decisões jurisdicionais com eficácia ampliada.

Como ocorre nas ações de inconstitucionalidade, também nesse âmbito (i) a tendência é que a pretensão autoral seja acolhida, porque o precedente formado quando do julgamento das ADINs nº 4.916, 4.917, 4.918, 4.920 e 5.035 vincula os julgadores (CPC-2015, art. 927, I),[580] que apenas poderão deixar de aplicá-los em suas decisões sobre casos futuros se demonstrarem a configuração de distinção e/ou superação (CPC-2015, art. 489, §1º, VI); (ii) é viável a concessão de tutela provisória (CPC-2015, arts. 294 e seguintes).

A diferença é que, enquanto no controle concentrado a tutela provisória consiste na suspensão da execução da lei, no controle difuso ela se assenta em providências concretas, reproduzidas em ordens de ação ou abstenção que impeçam a realização dos efeitos práticos da lei considerada inconstitucional. Porém, em um e em outro ambiente, a decisão uniformizadora proferida pelo Supremo Tribunal Federal deve prevalecer sobre eventual iniciativa das forças políticas de confrontá-la.

---

[579] Lei nº 7.347/1985. "Art. 5º - Têm legitimidade para propor a ação principal e a ação cautelar: (Redação dada pela Lei nº 11.448, de 2007) [...] V - a associação que, concomitantemente: (Incluído pela Lei nº 11.448, de 2007) a) esteja constituída há pelo menos 1 (um) ano nos termos da lei civil; (Incluído pela Lei nº 11.448, de 2007) b) inclua, entre suas finalidades institucionais, a proteção ao patrimônio público e social, ao meio ambiente, ao consumidor, à ordem econômica, à livre concorrência, aos direitos de grupos raciais, étnicos ou religiosos ou ao patrimônio artístico, estético, histórico, turístico e paisagístico (Redação dada pela Lei nº 13.004, de 2014)".

[580] CPC-2015. "Art. 927. Os juízes e os tribunais observarão: I - as decisões do Supremo Tribunal Federal em controle concentrado de constitucionalidade".

Do contrário, a função contramajoritária do Poder Judiciario[581] não terá qualquer utilidade teórica ou prática, do que resultaria, ainda, a negação da estratégia de freios e contrapesos[582] e (por consequência) do próprio Estado de Direito, que supõe a proteção dos direitos ou interesses da minoria oprimida contra avanços ilegítimos da maioria opressora.

7.3.1.3.3. A superação dos efeitos de lei nova porventura editada pela via da contenção da litigiosidade do poder público

Em um ou outro âmbito, ou seja, quer na hipótese da propositura de ações de inconstitucionalidade, que no caso de se verificar o ajuizamento de demandas individuais ou coletivas que provoquem uma atuação do Poder Judiciário em controle difuso de constitucionalidade, há, como exposto, a possibilidade da concessão de medidas liminares sustando a eficácia da *novatio legis*, o que, por si só, possibilitaria o restabelecimento da aplicação da Constituição, na intepretação que lhe conferiu a Suprema Corte. Porém, há, ainda, um outro elemento jurídico que não pode ser olvidado nesse contexto.

O que ocorre é que a defesa do texto legislativo impugnado, seja no corpo das ações de inconstitucionalidade (controle concentrado), seja nas demandas que suscitam o enfrentamento de temas em controle difuso, é feita, invariavelmente, por integrantes da Advocacia Pública, isto é, pelos advogados públicos (comumente chamados procuradores).[583] Como advogados,[584] esses profissionais encontram-se

---

[581] Ver Tópico 1.1 do Capítulo 1.
[582] Que constitui, nas palavras de Paulo Bonavides, a primeira correção essencial que se impôs ao princípio democrático, como decorrência, até certo ponto empírica, da prática constitucional (BONAVIDES. Op. cit. 2007. p. 74).
[583] Sobre o assunto, cf.: MADUREIRA. Op. cit. 2016.
[584] Condição que lhe é conferida pelo §1º do seu artigo 3º, do qual se extrai, textualmente, que exercem atividade de advocacia os integrantes da Advocacia Pública das três esferas federativas, isto é, da União, dos Estados e dos Municípios. Neste ponto, Clovis Beznos acentua que "a inscrição na Ordem dos Advogados do Brasil impõe ao inscrito a sujeição a uma situação estatutária", que o submete às regras emanadas do Estatuto da Advocacia, que conferem direitos e deveres ao advogado (BEZNOS, Clovis. Os honorários advocatícios dos Procuradores Públicos e a Lei de Responsabilidade Fiscal. *Revista Trimestral de Direito Público*, São Paulo: Malheiros, n. 29, 2000. p. 142). Nesse mesmo sentido, cf. (MACEDO, Rommel. A advocacia pública consultiva e a sustentabilidade jurídico-constitucional das políticas públicas: dimensões, obstáculos e oportunidades na atuação da Advocacia-Geral da União. In: GUEDES, Jefferson Carús; SOUZA, Luciane

vinculados a uma atuação conforme o Direito, porque a Constituição (art. 133)[585] e o Estatuto da Advocacia (art. 2º e §1º)[586] os definem como profissionais indispensáveis à realização da justiça, que prestam, portanto, um serviço público e exercem função social, e porque o regime disciplinar instituído pelo Estatuto lhes veda manifestarem-se contra literal disposição de lei (art. 34, VI),[587] prestar concurso a clientes ou a terceiros para realização de ato contrário à lei ou destinado a fraudá-la (art. 34, XVII)[588] e deturpar o teor de dispositivo de lei (art. 34, XIV)[589]-[590]. Além disso, também não lhes é admitido, por taxativa previsão do Código de Processo Civil de 2015, absterem-se, no curso do processo judicial, de se comportar com boa-fé (art. 5º),[591] inclusive para efeito de formular pretensão ou apresentar defesa que sabe serem destituídas de fundamento (art. 77, I).[592] De igual modo lhes impõe uma atividade compatível com o Direito a sua condição de agentes estatais, que se submetem, como decorrência da sua vinculação ao regime jurídico-administrativo, ao princípio da legalidade (CRFB, art. 37, caput)[593]-[594].

Moessa de (Coord.). *Advocacia de Estado*: questões institucionais para a construção de um Estado de justiça. Belo Horizonte: Fórum, 2009. p. 474) e (DI PIETRO. Op. cit. 1996. p. 12). Sobre o assunto, ler também: MADUREIRA. Op. cit. 2016. p. 241-242.

[585] CRFB/1988. "Art. 133. O advogado é indispensável à administração da justiça, sendo inviolável por seus atos e manifestações no exercício da profissão, nos limites da lei".

[586] Lei nº 8.906/1994. "Art. 2º O advogado é indispensável à administração da justiça. §1º No seu ministério privado, o advogado presta serviço público e exerce função social".

[587] Lei nº 8.906/1994. "Art. 34. Constitui infração disciplinar: [...] VI - advogar contra literal disposição de lei, presumindo-se a boa-fé quando fundamentado na inconstitucionalidade, na injustiça da lei ou em pronunciamento judicial anterior".

[588] Lei nº 8.906/1994. "Art. 34. Constitui infração disciplinar: [...] XVII - prestar concurso a clientes ou a terceiros para realização de ato contrário à lei ou destinado a fraudá-la".

[589] Lei nº 8.906/1994. "Art. 34. Constitui infração disciplinar: [...] XIV - deturpar o teor de dispositivo de lei, de citação doutrinária ou de julgado, bem como de depoimentos, documentos e alegações da parte contrária, para confundir o adversário ou iludir o juiz da causa".

[590] MADUREIRA. Op. cit. 2016. p. 270.

[591] CPC-2015. "Art. 5º Aquele que de qualquer forma participa do processo deve comportar-se de acordo com a boa-fé.".

[592] CPC-2015. "Art. 77. Além de outros previstos neste Código, são deveres das partes, de seus procuradores e de todos aqueles que de qualquer forma participem do processo: [...] II - não formular pretensão ou apresentar defesa quando cientes de que são destituídas de fundamento".

[593] CRFB/1988. "Art. 37. A administração pública direta e indireta de qualquer dos Poderes da União, dos Estados, do Distrito Federal e dos Municípios obedecerá aos princípios *legalidade*, impessoalidade, moralidade, publicidade e *eficiência* e, também, ao seguinte: (Redação dada pela Emenda Constitucional nº 19, de 1998)".

[594] Como exposto, a legalidade administrativa distingue-se da legalidade comum por se qualificar como legalidade estrita. É que, por força dela, nas palavras de Hely Lopes

Posto isso, e considerando que os precedentes integram o conceito de legalidade[595], e que a sua desconsideração na esfera administrativa induz, ainda, ofensa ao princípio da eficiência[596], a simples constatação (na hipótese analisada) da existência de precedente vinculante do Supremo Tribunal Federal relativo ao tema tem a potencialidade de conduzir, em concreto, ao reconhecimento (pela Advocacia Pública) da procedência do pedido formulado (CPC-2015, art. 487, III, "a"),[597] a suscitar o definitivo restabelecimento dos efeitos da intepretação conferida pelo Excelso Pretório ao texto constitucional.

Disso resulta o que em doutrina se convencionou chamar contenção da litigiosidade do poder público, exercitável não apenas por meio do reconhecimento da procedência do pedido, mas também pela sua abstenção em apresentar defesa e recursos, pela manifestação de desistência em ações judiciais propostas, pela renúncia do direito em que se funda o litígio e mesmo pela celebração de acordos no processo.[598]

Meirelles, "enquanto na administração particular é lícito fazer tudo o que a lei não proíbe, na Administração Pública só é permitido fazer o que a lei autoriza" (na preciosa observação de Hely Lopes Meirelles (MEIRELLES. Op. cit. p. 78); ou, como expressa Celso Antônio Bandeira de Mello, "ao contrário dos particulares, os quais podem fazer tudo que não lhes seja proibido, a Administração pode fazer apenas o que lhe seja de antemão permitido por lei" (MELLO. Op. cit. 2010b. p. 76 e 101); ou, ainda, como sintetiza Di Pietro, "a Administração Pública só pode fazer o que a lei permite" (DI PIETRO. Op. cit. 2001. p. 68). Sobre o assunto, ler também: MADUREIRA. Op. cit. 2016. p. 36-41.

[595] Neste ponto, observa-se, ainda, que os precedentes se apresentam como elementos que possibilitam o fechamento do sistema, de modo a conferir as necessárias segurança e isonomia aos jurisdicionados. E que, por esse motivo, ressalvada a configuração de distinção (*distinguishing*) ou superação (*overruled*), eles guardam, para a Administração Pública, a ideia de legalidade. Afinal, ao largo deles, não há espaço para uma vitória processual da Fazenda Pública na eventualidade de o prejudicado vir a se socorrer do Poder Judiciário, visto que, pelas razões expostas, os precedentes vinculam a atividade jurisdicional. Destarte, da sua contrariedade na esfera administrativa, sobretudo quando não se cogitar da configuração de distinção ou superação, resultará ofensa ao princípio administrativo da legalidade.

[596] Esse princípio se destina, na lição de Maria Silvia Zanella Di Pietro, a "alcançar os melhores resultados na prestação do serviço público" (DI PIETRO. Op. cit. 2001. p. 83). Destarte, se é verdade que os precedentes vinculam os julgadores, da iniciativa dos agentes estatais por lhes recusar observância na esfera administrativa pode resultar a condução ao Poder Judiciário de litígios com resultado claramente previsível, consistente na derrota do poder público – escolha administrativa que, por óbvio, não traduz "o melhor resultado da prestação" – em especial quando se considera que os custos do processo são suportados pela Administração Pública, que paga os salários de juízes, promotores e procuradores, bem como dos serventuários da Justiça, do Ministério Público e das procuradorias, além de arcar com as demais despesas inerentes à execução da função jurisdicional com relação à tramitação dos processos em que são partes os entes estatais (despesas com diligências de oficiais de justiça, honorários de advogado, honorários periciais etc.).

[597] CPC-2015. "Art. 487. Haverá resolução de mérito quando o juiz: [...] III - homologar: a) o reconhecimento da procedência do pedido formulado na ação ou na reconvenção".

[598] A propósito, cf. MADUREIRA. Op. cit. 2016. p. 339-351.

Sabe-se que a Constituição da República (arts. 131 e 132)[599] confere aos advogados públicos a representação jurídica do ente federal (atividade contenciosa) e a orientação da Administração Pública daquela esfera da Federação sobre como deve se dar a aplicação do Direito (atividade consultiva).

A atividade de consultoria jurídica destina-se à orientação dos agentes estatais sobre como deve se dar a aplicação do Direito. Afinal, como leciona Ricardo Marcondes Martins, "o Estado de Direito [...] veda o arbítrio dos agentes públicos", vinculando a atuação estatal à aplicação de normas jurídicas, o que faz com que, em concreto, o exercício da função pública pressuponha a concretização do ordenamento posto por esses agentes estatais.[600] Nessa sua atividade consultiva, os advogados públicos são chamados a se manifestar em processos administrativos instaurados para a prática de atos cuja confecção dependa de prévia análise jurídica, como ocorre, por exemplo, nos processos que demandem a análise de minutas de editais de licitação, contratos, acordos, convênios ou ajustes, de que trata o parágrafo único do artigo 38 da Lei nº 8.666/1993.[601] Cumpre-lhes, ainda, responder a consultas jurídicas que lhes são formuladas pela Administração Pública, como se verifica, ainda exemplificativamente, quando deles se demanda o esclarecimento de dúvida relativa a direitos subjetivos manifestados por servidores públicos, ou à concessão de aposentadorias e pensões, ou, ainda, à correta incidência de tributos, entre outras situações concretas. Também lhes é remetida, com frequência, a análise da constitucionalidade de minutas de projetos de lei e de outros atos normativos (decretos, resoluções, portarias etc.).[602]

---

[599] CRFB. "Art. 131. A Advocacia-Geral da União é a instituição que, diretamente ou através de órgão vinculado, representa a União, judicial e extrajudicialmente, cabendo-lhe, nos termos da lei complementar que dispuser sobre sua organização e funcionamento, as atividades de consultoria e assessoramento jurídico do Poder Executivo. [...] Art. 132. Os Procuradores dos Estados e do Distrito Federal, organizados em carreira, na qual o ingresso dependerá de concurso público de provas e títulos, com a participação da Ordem dos Advogados do Brasil em todas as suas fases, exercerão a representação judicial e a consultoria jurídica das respectivas unidades federadas. (Redação dada pela Emenda Constitucional nº 19, de 1998)".

[600] MARTINS, Ricardo Marcondes. Regime estatutário e estado de direito. *Revista Trimestral de Direito Público*, São Paulo: Malheiros, n. 55, 2011. p. 141-142. Sobre o assunto, cf., também: MARTINS, Ricardo Marcondes. *Efeitos dos vícios do ato administrativo*. São Paulo: Malheiros, 2008. p. 64-102.

[601] Lei 8.666/1993. "Art. 38 [...] Parágrafo único. As minutas de editais de licitação, bem como as dos contratos, acordos, convênios ou ajustes devem ser previamente examinadas e aprovadas por assessoria jurídica da Administração. (Redação dada pela Lei nº 8.883, de 1994)".

[602] Cf. MADUREIRA. Op. cit. 2016. p. 100-107.

No contencioso judicial, por sua vez, os advogados públicos atuam como partícipes da atividade cognitiva desenvolvida pela comunidade de intérpretes no campo da aplicação do Direito.[603] Sua missão nesse âmbito é procurar convencer o Poder Judiciário de que as posturas defendidas pela Administração Pública encontram amparo no ordenamento jurídico-positivo. Em regra, essas posturas são lícitas, ou dotadas de juridicidade, precisamente porque, por concepção, a sua produção pressupõe a observância da ordem jurídica estabelecida. É que a Administração Pública e seus agentes têm sua atuação vinculada aos ditames da legalidade,[604] e por isso devem se preordenar, na esfera administrativa, a uma correta aplicação do Direito.[605] Além disso, esses profissionais devem promover, em suas atividades cotidianas, a realização do interesse público, compreendido como interesse do Estado e da sociedade na observância da ordem jurídica estabelecida,[606] o que pressupõe uma correta aplicação do Direito.[607] Disso resulta o que em doutrina se convencionou chamar presunção de legitimidade dos atos administrativos.[608] Essa presunção, todavia, é relativa, admitindo prova em contrário; em especial quando questionada em juízo.[609] Com efeito, podem ocorrer, na prática, equívocos na aplicação do Direito pela Administração Pública, preordenados, sobretudo, pela circunstância de nem todos os agentes estatais terem sido formados para aplicar as regras e princípios que compõem o ordenamento jurídico-positivo. Esses equívocos devem ser corrigidos pela Advocacia Pública quando do exercício da sua atividade consultiva, sob a invocação do instituto da autotutela.[610] Porém, ressalvada a hipótese de decadência do direito de rever o ato praticado,[611] tais equívocos não se convalidam, em concreto,

---

[603] A propósito, cf. MADUREIRA. Op. cit. 2011. p. 117-268.
[604] Aqui entendida em um sentido mais amplo, como juridicidade, de modo a também abranger o cumprimento das regras e princípios que compõem o regime constitucional.
[605] Cf. MADUREIRA. Op. cit. 2016. p. 36-40.
[606] Cf. MELLO. 2010b. Op. cit. p. 72.
[607] Cf. MADUREIRA. Op. cit. 2016. cit., p. 54-61.
[608] Neste ponto, recobre-se, ainda, a seguinte passagem da obra de Hely Lopes Meireles: "Os atos administrativos, qualquer que seja a sua categoria ou espécie, nascem com a presunção de legitimidade, independentemente de norma legal que a estabeleça. Essa presunção decorre do princípio da legalidade da Administração, que, nos Estados de Direito, informa a atuação governamental (MEIRELLES. Op. cit. p. 135).
[609] Cf. MELLO. Op. cit. 2010b. p. 419.
[610] No ensejo, cf., por todos: MELLO. Op. cit. 2010b. p. 71.
[611] Que se opera após cinco anos da sua realização, conforme se depreende do texto do artigo 54 da Lei Federal nº 9.784/1999 ("Art. 54. O direito da Administração de anular

se essa atividade corretiva não for exercida ao tempo oportuno. Daí que, quando os advogados públicos depreenderem, no exercício de sua atividade contenciosa, que o ato impugnado foi praticado em desrespeito ao Direito pátrio, cumpre-lhes promover a realização de autocomposição no processo ou abster-se da apresentação de defesas e recursos.[612] Assim, a exemplo da atividade consultiva, também essa função típica deve ser exercida, num Estado de Direito, como forma de controlar a juridicidade da atuação da Administração Pública.[613]

O que ocorre é que os advogados públicos, quando exercem a consultoria jurídica e o contencioso judicial, culminam por realizar uma terceira atividade típica, que consiste no controle da aplicação do Direito pela Administração Pública.[614] Essa particularidade da atuação dos procuradores não escapou à arguta observação de Maria Sylvia Di Pietro, quando anotou, em trabalho publicado no ano de 1996, que "o advogado público participa, de forma intensa e ativa, do controle da Administração Pública", dispondo, a propósito, que "além do controle externo, exercido pelo Poder Judiciário e pelo Legislativo, este último com o auxílio do Tribunal de Contas, a Administração Pública sujeita-se a um controle interno, administrativo", a ser "exercido no interesse da Administração, por autoridades e órgãos da própria Administração", entre os quais se inserem "os que exercem advocacia pública."[615].

Trata-se, em rigor, de atividade de controle interno.[616] Nesse campo, a incidência da legalidade administrativa, somada à imposição

---

os atos administrativos de que decorram efeitos favoráveis para os destinatários decai em cinco anos, contados da data em que foram praticados, salvo comprovada má-fé"). Esse dispositivo disciplina a decadência do direito de a Administração Pública Federal rever os seus atos, mas também pode ser aplicável aos Estados e Municípios, na falta de lei estadual ou municipal, como já decidiu o Superior Tribunal de Justiça (STJ, AGA 506167, Relatora Ministra Maria Thereza de Assis Moura, Sexta Turma, Fonte DJ/DATA: 26.03.2007).

[612] Cf. MADUREIRA. Op. cit. 2016. p. 342-345.
[613] Cf. MADEIRA, Danilo Cruz. O papel da Advocacia Pública no Estado Democrático de Direito. *Revista Virtual da AGU*, ano 10, n. 107, dez. 2010. Disponível em: http://www.agu.gov.br/sistemas/site/TemplateImagemTextoThumb.aspx?idConteudo=152998&id_site=1115&ordenacao=1. Acesso em: 23 dez. 2012. p. 16.
[614] Para Cláudio Grande Júnior, essa atividade de controle decorre naturalmente das atividades consultiva a contenciosa, "por ser desempenhada no exercício daquelas" (GRANDE JÚNIOR, Cláudio. Advocacia pública: estudo classificatório de direito comparado. In: GUEDES, Jefferson Carús; SOUZA, Luciane Moessa de (Coord.). *Advocacia de Estado*: questões institucionais para a construção de um Estado de justiça. Belo Horizonte: Fórum, 2009. p. 64).
[615] DI PIETRO. Op. cit. 1996. p. 17.
[616] Como cediço, a Constituição da República trata da fiscalização contábil, financeira, orçamentária, operacional e patrimonial do poder público entre os seus artigos 70 e 75.

do regime jurídico-administrativo a que a Administração Pública e seus agentes preordenem-se à realização do interesse público, conferem aos advogados públicos (e somente a eles) o controle interno da juridicidade do agir administrativo. Conforme Seabra Fagundes, esse controle administrativo (ou autocontrole) "tem por objetivos corrigir os defeitos de funcionamento interno do organismo administrativo, aperfeiçoando-o no interesse geral", bem como "ensejar reparação a direitos ou interesses individuais que possam ter sido denegados ou preteridos em consequência do erro ou omissão na aplicação da lei".[617] Seu exercício decorre, então, da circunstância de o poder público dever "agir, em todas as suas instâncias, com o objetivo de manter a ordem constitucional", como expressa Fabiano André de Souza Mendonça em comentários aos artigos 131 e 132 da Constituição.[618]

Mendonça observa, a propósito, que a Carta de 1988 inovou na concepção tradicional segundo a qual "um direito só tem proteção na medida em que há um procedimento adequado a ele no Judiciário", porque promoveu "um acréscimo nos mecanismos estatais que têm esse objetivo controlador".[619] Nesse campo, destaca-se a atuação dos Tribunais de Contas, que passaram a assumir "composição mais democrática e novas atribuições", além da "criação de um Ministério Público voltado à atividade fiscalizatória", da incorporação da Defensoria Pública, assim como da Advocacia Privada, ao texto constitucional e, no que interessa mais especificamente ao meu objeto de análise, ao "estabelecimento de

---

Esses dispositivos constitucionais são dirigidos *prima facie* à União Federal, mas devem ser aplicados, por simetria, também aos Estados e Municípios, ainda que assim não o disponham textualmente as suas respectivas Constituições Estaduais e Leis Orgânicas (STF, ADI 4416-MC/PA, Relator Ministro Ricardo Lewandowski, Tribunal Pleno, DJe-207 DIVULG 27.10.2010 PUBLIC 28-10-2010 LEXSTF v. 32, n. 383, 2010, p. 84-96 RT v. 100, n. 905, 2011, p. 178-184). Essa atividade fiscalizatória é desempenhada por dois modos distintos: o controle externo, exercido pelo Poder Legislativo, com o auxílio dos Tribunais de Contas, e o controle interno, realizado pelos mecanismos de controle instituídos em cada órgão ou poder (art. 70). Em uma e outra modalidade de controle, a fiscalização deve abranger critérios de legalidade (ter o ato assento em lei), legitimidade (se o dinheiro público foi ou não bem aplicado) e economicidade (controle da eficiência na gestão financeira) (Cf.: ROSA JR., Luiz Emidgio Franco da. *Direito tributário e financeiro*. Rio de Janeiro: Renovar, 2001. p. 109).

[617] FAGUNDES, Miguel Seabra. *O Controle dos Atos Administrativos pelo Poder Judiciário*. 4. ed. Rio de Janeiro: Forense, 1967. p. 108.

[618] MENDONÇA, Fabiano André de Souza. Comentários aos arts. 131 e 132. In: BONAVIDES, Paulo; MIRANDA, Jorge; AGRA, Walber de Moura. *Comentários à Constituição Federal de 1988*. Rio de Janeiro: Forense, 2009. p. 1.657-1.658.

[619] MENDONÇA. *Idem*. p. 1.658.

um caráter mais interno à Advocacia Pública".[620] Nessa nova ordem constitucional, cabe aos advogados públicos desempenhar, com exclusividade, e inclusive com precedência sobre o controle externo ulteriormente realizado pelos Tribunais de Contas e pelo Ministério Público, o controle jurídico das posturas administrativas.[621] Posto isso, além da consultoria jurídica e do contencioso judicial, também se qualifica como atividade típica de advocacia pública o controle interno da juridicidade do agir administrativo, que é realizado, em concreto, quando do exercício, pelos procuradores, dessas duas primeiras funções típicas (a consultoria e o contencioso).[622]

Como incide, na atividade administrativa, o princípio administrativo da legalidade (CRFB, art. 37, caput), e considerando que esse princípio impõe à Administração e aos seus agentes uma correta aplicação do Direito, conformando, destarte, o próprio conceito de interesse público,[623] é dever da Advocacia Pública atuar para o restabelecimento do adequado cumprimento do Direito na esfera administrativa.

Posto isso, aos advogados públicos é assegurada a liberdade (inerente à sua interdependência técnica como advogados)[624] de se posicionarem nos processos em que atuam com base na sua ciência e consciência. Essa sua liberdade é condicionada, no campo da aplicação do Direito, pelas balizas impostas pelos textos legislativos (como cediço, o intérprete deve sempre partir das leis e da Constituição) e (mais recentemente) pelo modelo de precedentes (pelas razões dantes expostas, não apenas os julgadores, mas também os jurisdicionados, e em especial a Fazenda Pública, precisam observar precedentes). Porém, se não puderem alegar ou demonstrar a existência de distinção ou superação, não lhes restará outra alternativa, na hipótese aventada (edição de novo ato legislativo com o propósito de recobrar tratamento normativo declarado inconstitucional pelo Supremo Tribunal Federal) que não o reconhecimento da procedência do pedido, nos termos a alínea "a" do inciso II do artigo 487 do Código de Processo Civil de 2015.

---

[620] MENDONÇA. *Ibidem*. p. 1.658-1.659.
[621] MENDONÇA. *Ibidem*. p. 1.659.
[622] MADUREIRA. Op. cit. 2016. 109-113.
[623] MADUREIRA. *idem*, p. 45-98.
[624] Cf. MADUREIRA. Op. cit. 2016. p. 241-265.

7.3.2. O princípio constitucional da vedação de retrocesso como elemento jurídico limitador da eficácia de nova normatização sobre o tema

Definido, nesses termos, que o modelo brasileiro de precedentes funciona como elemento limitador da eficácia de nova legislação que disponha sobre a distribuição de participações governamentais às unidades federadas em contrariedade à interpretação jurídica veiculada pelo Supremo Tribunal Federal no contexto do julgamento das ADINs nº 4.916, 4.917, 4.918, 4.920 e 5.038, uma última questão que se coloca é saber se a modificação do texto constitucional, mediante aprovação, pelo Parlamento, de proposta de Emenda à Constituição que suprima, ou altere os dispositivos constitucionais invocados pelo Tribunal Constitucional, em hipotética decisão pela declaração da inconstitucionalidade dos dispositivos da Lei nº 12.734/2012, que modificaram a Lei nº 9.478/1997 (que disciplina a exploração e produção de petróleo e gás sob o regime de concessão) e a Lei nº 12.351/2012 (que disciplina a exploração e produção de petróleo e gás sob o regime de partilha de produção), fundada no reconhecimento da inconstitucionalidade da distribuição da sua destinação majoritariamente aos Estados e Municípios não impactados pela exploração e produção de petróleo e gás (portanto, sem ter em consideração a situação peculiar vivenciada pelos Estados e Municípios impactados por essa atividade econômica) é elemento suficiente a obstar, pela via de nova provocação ao Poder Judiciário, a subtração dos efeitos da *novatio legis*. A resposta a esse questionamento deve ser negativa, visto que o princípio constitucional da vedação de retrocesso impede a construção de normatização que contrarie direito fundamental do cidadão a que as participações governamentais resultantes da atividade exploração e produção de petróleo e gás sejam efetivamente empregadas na cobertura dos impactos dessa atividade econômica.

Na lição de Luís Roberto Barroso, o princípio constitucional da vedação de retrocesso enuncia que "se uma lei, ao regulamentar um mandamento constitucional, instituir determinado direito, ele se incorpora ao patrimônio jurídico da cidadania e não pode ser arbitrariamente suprimido".[625] Por força dele, prossegue o professor fluminense,

---

[625] BARROSO, Luís Roberto. *O direito constitucional e a efetividade de suas normas: limites e possibilidades da Constituição brasileira.* 5. ed. Rio de Janeiro: Renovar, 2001. p. 158.

"uma lei posterior não pode extinguir um direito ou uma garantia, especialmente os de cunho social, sob pena de promover um retrocesso, abolindo um direito fundamental na Constituição".[626]

Posto isso, e considerando que (como exposto) as participações governamentais decorrentes da exploração e produção de petróleo e gás, para além de corporificarem recursos financeiros destinados pelos constituintes aos cofres das unidades federadas impactadas (no que reside a sua feição patrimonial), qualificam-se, em rigor, como receita pública indispensável ao atendimento das necessidades básicas de suas respectivas populações (com saúde, educação, moradia, saneamento básico, infraestrutura viária etc.), portanto, de direitos fundamentais assegurados pela Carta da República ao cidadão, não há dúvidas de que a preservação dessa arrecadação financeira transcende ao mero caráter patrimonial, para abarcar, ainda, a realização de interesse difuso de cunho social, consistente na necessária cobertura dos impactos da extração desses recursos naturais, de modo a que não se verifiquem prejuízos a direitos fundamentais das populações impactadas.

Disso resulta a incidência, como limite à eficácia de nova normatização sobre o tema, do princípio constitucional da vedação de retrocesso. Por força dele, sequer se cogita da validade da incorporação ao texto constitucional de dispositivos que possam desnaturar a interpretação jurídica firmada pelo Supremo Tribunal Federal no contexto do julgamento das precitadas ações de inconstitucionalidade. Destarte, se semelhante opção político-normativa vier a ser exercitada, poderá ser desafiada e superada pelas mesmas ferramentas (anteriormente minudenciadas) disponíveis aos intérpretes para obter a sustação dos efeitos de modificações legislativas que procurem superar essa interpretação constitucional.

---

[626] *Ibid.*

CONCLUSÕES

Analisando detidamente a legislação que disciplina a exploração e produção de petróleo e gás no Brasil, a conclusão a que se chega é que o legislador, conquanto tenha instituído um novo modelo para exploração desses recursos naturais quando da edição da Lei nº 12.351/2010 (designado como regime de partilha de produção), não logrou estabelecer, com definitividade (em razão do veto presidencial oposto à matéria), regra jurídica disciplinadora da distribuição aos Estados e Municípios impactados por essa atividade econômica das participações governamentais que lhes foram atribuídas pelo §1º do artigo 20 da Constituição. Essa lacuna acabou sedo suprida (embora apenas formalmente) por ocasião da edição da Lei nº 12.734/2012. No entanto, esse diploma legal não encarta critérios válidos para a distribuição dessa receita pública às unidades federadas.

Com efeito, as modificações legislativas introduzidas pela Lei nº 12.734/2012 na Lei nº 9.478/1997 (que disciplina a exploração e produção de petróleo e gás sob o regime de concessão) e na Lei nº 12.351/2012 (que disciplina a exploração e produção de petróleo e gás sob o regime de partilha de produção) reservam a maior parte dos royalties e da participação especial aos Estados e Municípios não impactados por essa atividade econômica. Essa opção político-legislativa viola o §1º do artigo 20 da Constituição, porque esse dispositivo constitucional, na opinião dos constituintes (*mens legislatoris*) e na interpretação que correntemente lhe é atribuída pela doutrina jurídica e pela jurisprudência do Supremo Tribunal Federal (*mens legis*), tem por finalidade a compensação (ou indenização) das unidades federadas impactadas pela exploração e produção do petróleo e do gás natural (e também de recursos minerais e de recursos hídricos para a produção de energia elétrica) pelos reflexos do exercício dessa atividade econômica sobre suas contas públicas e sobre o modo de vida das suas respectivas populações. E não prospera, no ensejo, o argumento segundo o qual as participações governamentais devam ser distribuídas a todas as unidades federadas, como forma de evitar que a ampliação da base produtiva desses recursos naturais (proporcionada pela descoberta de jazidas no pré-sal) enriqueça desmesuradamente os Estados e Municípios impactados, criando, com isso, desequilíbrios regionais, visto que, como também restou demonstrado neste trabalho, os Estados e Municípios não impactados também auferem recursos financeiros como decorrência da exploração e produção de petróleo e gás, consistentes na tributação da atividade pelo ICMS, sendo que parte considerável dessa receita tributária acaba transferida dos Estados impactados para os Estados não impactados (CRFB, art. 155, §2º, X, "b") e aos seus Municípios (CRFB, art. 158, IV). Assim, considerando que essa receita tributária, na apuração dos economistas, supera o dobro dos royalties e da participação especial atualmente distribuídos aos Estados e Municípios impactados, e que tanto o ICMS quanto essas participações governamentais são calculadas pela aplicação de percentual (alíquota) sobre a base produtiva do petróleo e do gás natural, é forçoso que se reconheça que, mesmo se mantidos os critérios atuais de distribuição de receitas, todas as unidades federadas serão igualmente beneficiadas pela ampliação projetada para a produção desses recursos naturais.

Essa escolha política é, ainda, ofensiva ao princípio da isonomia. A Lei nº 12.734/2012 tencionou distribuir os royalties e a participação especial em maior proporção a unidades federadas que não são impactadas pela exploração e produção de petróleo e gás, privando, com isso, os Estados e Municípios impactados do recebimento de parte considerável da retribuição financeira que o §1º do artigo 20 da Constituição da República lhes atribuiu. Como a finalidade desses recursos, na opinião dos constituintes e na interpretação correntemente atribuída a esse dispositivo constitucional pela doutrina e pela jurisprudência do Supremo Tribunal Federal, é compensar (ou indenizar) os Estados e Municípios impactados pela exploração e produção do petróleo e do gás natural pelos reflexos dessa atividade econômica sobre suas contas públicas e sobre o modo de vida de suas respectivas populações, a adoção de semelhante opção político-legislativa corresponderia a atribuir de tratamento privilegiado a unidades federadas que não necessitam desse tratamento e desprivilegiado àquelas que dele necessitam, em clara ofensa à igualdade material.

Também se infere, nesse contexto, ofensa ao princípio federativo, visto que, dada a distribuição de parte considerável dos royalties e da participação especial a Estados e Municípios não impactados, os Estados e Municípios impactados serão obrigados a lançar mão de suas receitas ordinárias, destinadas ao custeio das necessidades básicas de suas respectivas populações (com educação, saúde, moradia, saneamento básico, infraestrutura viária etc.), para cobrir os riscos e custos inerentes à atividade de exploração e produção do petróleo e do gás natural, o que afeta as suas autonomias administrativa e financeira, com reflexos sobre o equilíbrio federativo. Esse desequilíbrio no pacto federativo é agravado pela circunstância de o Poder Constituinte haver privado os Estados impactados da tributação pelo ICMS das operações de saída de petróleo e derivados para outras unidades federadas (CRFB, art. 155, §2º, X, "b"), que também prejudica os Municípios neles situados (CRFB, art. 158, IV).

Além disso, a Lei nº 12.734/2012 se dispõe a modificar as regras de distribuição dos royalties e da participação especial também para o regime de concessão, inclusive para as operações incidentes sobre áreas de petróleo e gás já licitadas e que já se encontram em operação. E, por isso, avança sobre receitas já comprometidas pelos Estados e Municípios impactados, seja em razão da sua afetação quando da construção dos seus respectivos orçamentos e planos plurianuais, seja em razão da sua indicação, por algumas unidades federadas, como garantia a empréstimos tomados junto à União. Disso se verifica que o que se deseja, no pormenor, é a modificação das regras "no meio do jogo", em clara ofensa ao princípio da segurança jurídica.

Essas considerações põem em evidência que a Lei nº 12.734/2012, editada ao fim e ao cabo da discussão político-parlamentar inaugurada no contexto da edição da Lei nº 12.351/2010 e do subsequente veto presidencial ao seu artigo 64 (que previa a distribuição das participações governamentais em mesma proporção entre os Estados e Municípios impactados e não impactados), é inconstitucional, por contrariedade ao disposto no §1º do artigo 20 da Carta de 1988, ao princípio da isonomia, ao princípio federativo e ao princípio da segurança jurídica. Posto isso, e considerando que a Constituição condiciona a exploração e produção de petróleo e gás ao pagamento de participações governamentais às unidades federadas (art. 20, §1º) e que a Lei nº 12.351/2010 (dada a aposição do veto presidencial) não comporta parâmetros para a distribuição dessa receita pública quando a extração ocorrer sob o regime de partilha de produção, a conclusão que se impõe, em primeira análise, é que também esse diploma legislativo padeceria de vício de constitucionalidade, o que impediria o exercício da atividade extrativista sob o regime de partilha de produção, inclusive das áreas já licitadas e em operação (como exposto, atualmente operam sob esse regime de produção os campos de Mero, Sudoeste de Sapinhoá, Noroeste de Sapinhoá e Nordeste de Sapinhoá, situados na Bacia de Santos e que pagam participações governamentais aos Estados do Rio de Janeiro e de São Paulo). Por esse motivo, e porque incumbe à Ciência Jurídica sistematizar as normas que compõem o ordenamento, buscando conferir a necessária operatividade à legislação que disciplina a exploração e produção de petróleo e gás no país, procurou-se identificar critério objetivo que permita, concomitantemente, a sua extração sob o regime de partilha de produção e o pagamento de participações governamentais aos Estados e Municípios impactados pela exploração e produção desses recursos naturais, o que nos conduziram a propor, neste estudo, a atribuição de interpretação conforme a Constituição à Lei nº 12.351/2010, de modo que as regras estabelecidas pela Lei nº 7.990/1989 e Lei nº 9.478/1997 (originariamente incidentes tão somente sob o regime de concessão e, por extensão, sob o regime de cessão onerosa) também sejam aplicadas às operações realizadas sob os regimes de concessão e partilha.

Por fim, observou-se que a matéria está submetida ao Supremo Tribunal Federal, no curso das Ações Diretas de Inconstitucionalidade 4.916 (proposta pelo governador do Estado do Espírito Santo), 4.917 (proposta pelo governador do Estado do Rio de Janeiro), 4.918 (proposta pela Mesa Diretora da Assembleia Legislativa do Estado do Rio de Janeiro), 4.920 (proposta pelo governador do Estado de São Paulo) e 5.038 (proposta pela Associação Brasileira dos Municípios com Terminais Marítimos, Fluviais e Terrestres de Embarque e Desembarque de Petróleo e Gás Natural – Abramt), contexto em que procurou-se demostrar que a tendência é que os pedidos formulados nessas ações de inconstitucionalidade sejam julgados procedentes pelo Tribunal Constitucional, de modo a que seja declarada a inconstitucionalidade dos critérios de distribuição de participações governamentais previstos na Lei nº 12.734/2012. Espera-se, inclusive, que o Excelso Pretório realize intepretação conforme à Constituição (de modo a fazer incidir sob esse regime de produção os critérios de distribuição aplicáveis ao regime de concessão, previstos na Lei nº 7.990/1989 e na Lei nº 9.478/1994), com o propósito de preservar o regime de partilha de produção e, sobretudo, os contratos assinados sob a égide da Lei nº 12.351/2010. Porém, como é possível que uma decisão nesse sentido venha a induzir a recondução do tema ao Congresso Nacional pelas mesmas forças políticas que no passado se conjugaram para obter aprovação da opção político-normativa impugnada, procurou-se estruturar arcabouço jurídico que possibilite a superação da incerteza que resultará da realização prática dessa expectativa. A proposta teórica que, nete ponto, apresentamos à avaliação do leitor, é que o Direito brasileiro contém mecanismos capazes de obstar a realização dos efeitos concretos de hipotética normatização a ser editada em contrariedade à decisão do Supremo Tribunal Federal. Em especial, esperamos haver induzido a compreensão (i) de que o modelo brasileiro de precedentes e o princípio constitucional da vedação ao retrocesso se apresentam, frente à hipótese analisada, como elementos jurídicos limitadores da eficácia de nova normatização sobre o tema, e (ii) de que, na eventualidade de o Parlamento pretender interferir na interpretação constitucional realizada pelo Excelso Pretório (ainda que mediante aprovação de proposta de Emenda à Constituição), os legitimados constitucionais para a propositura de ações de inconstitucionalidade, e também os Estados e Municípios impactados pela exploração e produção de petróleo e gás, os membros do Ministério Público, as associações civis regularmente constituídas e até o cidadão individualmente considerado poderão buscar ou obter (no contexto do controle concentrado ou do controle difuso de constitucionalidade) o sobrestamento dos efeitos de nova lei porventura editada em contrariedade ao que for decidido nas precitadas ações de inconstitucionalidade.

    Não desejamos, contudo, apresentar respostas definitivas às indagações formuladas no corpo deste trabalho, ou construir uma única via interpretativa capaz de solucionar o problema. Nossa intenção, na verdade, é procurar suscitar o debate público sobre o tema, transportando-o também para o âmbito das preocupações dos juristas e dos aplicadores do Direito.

REFERÊNCIAS

AFONSO, José Roberto; CASTRO, Kleber Pacheco de. *Carga tributária sobre petróleo no Brasil*: evidências e opções. Disponível em: http://iepecdg.com.br/uploads/artigos/111101_tributacao_petroleo_v6.pdf. Acesso em: 20 nov. 2011.

ALESSI, Renato. *Sistema instituzionale Del Diritto Amministrativo Italiano*. 3 ed. Milão: Giuffrè Editore, 1960.

ALEXY, Robert. A institucionalização da razão. In: ALEXY, Robert. *Constitucionalismo discursivo*. Tradução de Luís Afonso Heck. Porto Alegre: Livraria do Advogado, 2007a.

ALEXY, Robert. *Constitucionalismo discursivo*. Tradução de Luís Afonso Heck. Porto Alegre: Livraria do Advogado, 2007b.

ALEXY, Robert. Direitos fundamentais no estado constitucional democrático. In: ALEXY, Robert. *Constitucionalismo discursivo*. Tradução de Luís Afonso Heck. Porto Alegre: Livraria do Advogado, 2007c.

ALLEMAND, Luiz Cláudio (Coord.). *Relatório da Comissão de Análise do Projeto de Lei do marco regulatório do pré-sal*. Vitória: OAB/ES, 2010. Disponível em: http://www.oabes.org.br/arquivos/legislacao/legislacao_47.pdf. Acesso em: 02 dez. 2010.

BACELLAR FILHO, Romeu Felipe. A noção jurídica de interesse público no direito administrativo brasileiro. In: BACELLAR FILHO, Romeu Felipe; HACHEM, Daniel Wunder (Coord.). *Direito administrativo e interesse público*: estudos em homenagem ao Professor Celso Antônio Bandeira de Mello. Belo Horizonte: Fórum, 2010.

BACELLAR FILHO, Romeu Felipe; HACHEM, Daniel Wunder (Coord.). *Direito administrativo e interesse público*: estudos em homenagem ao Professor Celso Antônio Bandeira de Mello. Belo Horizonte: Fórum, 2010.

BANDEIRA DE MELLO, Celso Antônio. *Ato administrativo e o direito dos administrados*. São Paulo: Revista dos Tribunais, 1981.

BARROSO, Luís Roberto. *Federalismo, isonomia e segurança jurídica*: inconstitucionalidade das alterações na distribuição de *royalties* do petróleo. 16 jun. 2010. Parecer. Disponível em: http://www.luisrobertobarroso.com.br/wpcontent/themes/LRB/pdf/*royalties*_do_petroleo.pdf. Acesso em: 02 dez. 2010.

BARROSO, Luís Roberto. *O direito constitucional e a efetividade de suas normas: limites e possibilidades da Constituição brasileira*. 5, ed. Rio de Janeiro: Renovar, 2001.

BASTOS, Celso Ribeiro. *Curso de Direito Constitucional*. São Paulo: Celso Bastos Editora, 2002.

BENJAMIN, Antonio Herman; IRIGARAY, Carlos Teodoro; LECEY, Eladio; CAPPELI, Sílvia (Org.). Congresso Internacional de Direito Ambiental – florestas, mudanças climáticas e serviços ecológicos: Homenagem ao Professor Leonardo Boff. 15., 2010. São Paulo: Imprensa Oficial do Estado de São Paulo, 2010. v. 2.

BOBBIO, Luigi. As arenas deliberativas. *Revista Brasileira de Estudos Constitucionais – RBEC*, Belo Horizonte, ano 1, n. 1, jan./mar. 2007.

BONAVIDES, Paulo. *Do Estado liberal ao Estado social*. 8. ed. São Paulo: Malheiros, 2007.

BONAVIDES, Paulo; MIRANDA, Jorge; AGRA, Walber de Moura. *Comentários à Constituição Federal de 1988*. Rio de Janeiro: Forense, 2009.

BORGES, Orlindo Francisco. A utilização dos royalties do petróleo na gestão de riscos ambientais decorrentes da atividade petrolífera: uma ponderação a partir da problemática envolvendo "manchas órfãs". In: BENJAMIN, Antonio Herman et al. (Org.). Congresso Internacional de Direito Ambiental– florestas, mudanças climáticas e serviços ecológicos: homenagem ao professor Leonardo Boff. 15., 2010. São Paulo: Imprensa Oficial do Estado de São Paulo, 2010. v. 2.

BRASIL. *Diário da Assembleia Nacional Constituinte*. Brasília: Câmara dos Deputados. Disponível em: http://imagem.camara.gov.br/constituinte_principal.asp. Acesso em: 02 dez. 2010.

CANOTILHO, José Joaquim Gomes de; MOREIRA, Vital. *Fundamentos da Constituição*. Coimbra: Coimbra Editora, 1991.

CANOTILHO, José Joaquim Gomes. *Direito constitucional e teoria da Constituição*. 7. ed. Coimbra: Almedina, 2000.

CAPPELLETTI, Mauro. *Juízes Legisladores?* Tradução de Carlos Alberto Alvaro de Oliveira. Porto Alegre: SAFE. 1999.

CAPPELLETTI, Mauro. *O controle judicial de constitucionalidade das leis no direito comparado*. Tradução de Aroldo Plinio Goncalves. 2. ed. Porto Alegre: Sergio Antonio Fabris, 1992.

CARDOSO, Luiz Cláudio. *Petróleo*: do poço ao posto. Rio de Janeiro: Qualitymark, 2005.

COOLEY, Thomas. *Princípios gerais do direito constitucional nos Estados Unidos da América*. Campinas: Russell, 2002.

CORDEIRO, António Manuel da Rocha e Menezes. *Da boa-fé no direito civil*. Coimbra: Almedina, 1984.

DALLARI, Dalmo de Abreu. *Elementos de teoria geral do Estado*. 20. ed. São Paulo: Saraiva, 1998.

DE GIORGI, Raffaele. *Direito, democracia e risco*: vínculos com o futuro. Porto Alegre: Sergio Antonio Fabris, 1998.

DI PIETRO, Maria Sylvia. Advocacia Pública. *Revista Jurídica da Procuradoria Geral do Município de São Paulo*, São Paulo, n. 3, p. 11-30, dez. 1996.

DI PIETRO, Maria Sylvia Zanella. *Direito Administrativo*. 13. ed. São Paulo: Atlas, 2001.

DIDIER JÚNIOR, Fredie; BRAGA, Paula Sarno; OLIVEIRA, Rafael. *Curso de direito processo civil*, v. 2. Salvador: Juspodivm, 2008.

DIDIER JÚNIOR, Fredie; CUNHA, Leonardo Carneiro da; MACÊDO, Lucas Buril de; ATHAIDE JÚNIOR, Jaldemiro R. de (Coord.). *Precedentes*. Salvador: Juspodivm, 2015.

DINIZ. Maria Helena. *Curso de direito civil brasileiro, direito de família*. 22. ed. São Paulo: Saraiva, 2007. v. 5.

DINIZ. Maria Helena. *As lacunas no direito*. 9. ed. São Paulo: Saraiva, 2009a.

DINIZ. Maria Helena. *Código Civil anotado*. 14. ed. São Paulo: Saraiva, 2009b.

DINIZ. Maria Helena. *Compêndio de introdução à ciência do direito*: introdução à teoria geral do direito, à filosofia do direito, à sociologia jurídica e à lógica jurídica. Norma jurídica e aplicação do direito. 20. ed. São Paulo: Saraiva, 2009c.

DWORKIN, Ronald. *Levando os direitos a sério*. Tradução de Nelson Boeira. São Paulo: Martins Fontes, 2002.

FAGUNDES, Miguel Seabra. *O Controle dos Atos Administrativos pelo Poder Judiciário*. 4. ed. Rio de Janeiro: Forense, 1967.

FERRARI, Regina Maria Macedo Nery. O ato jurídico perfeito e a segurança jurídica no controle de constitucionalidade. *In*: ROCHA, Cármen Lúcia Antunes (Coord.). *Constituição e segurança jurídica*: direito adquirido, ato jurídico perfeito e coisa julgada. Estudos em homenagem a José Paulo Sepúlveda Pertence. 2. ed. Belo Horizonte: Fórum, 2009.

FERRAZ JR., Tércio Sampaio. *Conceito de direito no sistema*. São Paulo: Revista dos Tribunais, 1976.

FERRAZ JR., Tércio Sampaio. *Introdução ao estudo do direito*. 6. ed. São Paulo: Atlas, 2008.

FERRAZ JR., Tércio Sampaio. *Teoria da norma jurídica*: ensaio de pragmática na comunicação normativa. 4. ed. Rio de Janeiro: Forense, 2009.

FERREIRA FILHO, Manoel Gonçalves. *Curso de direito constitucional*. 5. ed. São Paulo: Saraiva, 1975.

FILGUEIRAS, Sofia Varejão. A vinculação dos Municípios aos direitos sociais e os royalties do petróleo. 2006. 122 f. Dissertação (Mestrado em Direito) – Orientador: Daury Cézar Fabriz, Faculdade de Direito de Vitoria, 2006.

FISS, Owen. O correto grau de independência. *In*: FISS, Owen. *Um novo processo civil*: estudos norte-americanos sobre Jurisdição, Constituição e Sociedade. Tradução de Daniel Porto Godinho da Silva e Melina de Medeiros Rós. Coordenação da tradução de Carlos Alberto de Salles. São Paulo: Revista dos Tribunais, 2004a.

FISS, Owen. *Um novo processo civil*: estudos norte-americanos sobre jurisdição, Constituição e sociedade. Tradução de Daniel Porto Godinho da Silva e Melina de Medeiros Rós. Coordenação da tradução de Carlos Alberto de Salles. São Paulo: Revista dos Tribunais, 2004b.

GODOY, Arnaldo Sampaio de Moraes. Arbitragem internacional nos contratos de cessão onerosa de petróleo nas camadas de Pré-Sal. *Revista de Arbitragem e Mediação*, São Paulo, ano 8, n. 28, jan./mar. 2011. Parecer.

GRANDE JÚNIOR, Cláudio. Advocacia pública: estudo classificatório de direito comparado. In: GUEDES, Jefferson Carús; SOUZA, Luciane Moessa de (Coord.). *Advocacia de Estado*: questões institucionais para a construção de um Estado de justiça. Belo Horizonte: Fórum, 2009.

GRAU, Eros Roberto. *Ensaio e discurso sobre a interpretação/aplicação do direito*. 3. ed. São Paulo: Malheiros, 2005.

GRINOVER, Ada Pellegrini; DINAMARCO, Cândido Rangel; WATANABE, Kazuo (Coord.). *Participação e processo*. São Paulo: Revista dos Tribunais, 1988.

GUEDES, Jefferson Carús; SOUZA, Luciane Moessa de (Coord.). *Advocacia de Estado*: questões institucionais para a construção de um Estado de justiça. Belo Horizonte: Fórum, 2009.

GUTMAN, Amy; THOMPSON, Dennis. *Why deliberative democracy?*. Princeton: Princeton University Press, 2004.

GUTMAN, Amy; THOMPSON, Dennis. O que significa democracia deliberativa. Tradução de Bruno Oliveira Maciel. *Revista Brasileira de Estudos Constitucionais – RBEC*, Belo Horizonte, ano 1, n. 1, jan./mar. 2007.

HABERMAS, Jürgen. *Direito e democracia entre facticidade e validade*. Tradução de Flávio Beno Siebeneichler. Rio de Janeiro: Tempo Brasileiro, 2003. v. 2.

HAMILTON, Alexander; MADISON, James; JAY, John. *O federalista*. Belo Horizonte: Líder, 2003.

HARADA, Kiyoshi. *Direito financeiro e tributário*. 18. ed. São Paulo: Atlas, 2009.

HESSE, Konrad. *A força normativa da Constituição*. Tradução de Gilmar Ferreira Mendes. Porto Alegre: Sergio Antonio Fabris, 1991.

HOLANDA, Sérgio Buarque de. *Raízes do Brasil*. 26. ed. São Paulo: Companhia das Letras, 1995.

JAYME, Fernando Gonzaga. Comentários aos arts. 18 e 19. In: BONAVIDES, Paulo; MIRANDA, Jorge; AGRA, Walber de Moura. *Comentários à Constituição Federal de 1988*. Rio de Janeiro: Forense, 2009.

JORGE, Flávio Cheim. *Teoria geral dos recursos cíveis*. Rio de Janeiro: Forense, 2003.

KELSEN, Hans. *Teoria pura do Direito*. Tradução de João Baptista. Machado. 7. ed. São Paulo: Martins Fontes, 2006.

LEITE, Glauco Salomão. Comentários ao art. 102, §2º. In: BONAVIDES, Paulo; MIRANDA, Jorge; AGRA, Walber de Moura. *Comentários à Constituição Federal de 1988*. Rio de Janeiro: Forense, 2009.

LOUREIRO, Gustavo Kaercher. *Participações governamentais na indústria do petróleo*: evolução normativa. Porto Alegre: SAFE, 2012.

MACEDO, Rommel. A advocacia pública consultiva e a sustentabilidade jurídico-constitucional das políticas públicas: dimensões, obstáculos e oportunidades na atuação da Advocacia-Geral da União. In: GUEDES, Jefferson Carús; SOUZA, Luciane Moessa de (Coord.). *Advocacia de Estado*: questões institucionais para a construção de um Estado de justiça. Belo Horizonte: Fórum, 2009.

MACHADO, Luiz Henrique Travassos. Federalismo e os *royalties* do petróleo. *Revista Tributária e de Finanças Públicas*, São Paulo, ano 19, n. 98, maio/jun. 2011.

MADEIRA, Danilo Cruz. O papel da Advocacia Pública no Estado Democrático de Direito. *Revista Virtual da AGU*, ano 10, n. 107, dez. 2010. Disponível em: http://www.agu.gov.br/sistemas/site/TemplateImagemTextoThumb.aspx?idConteudo=152998&id_site=1115&ordenacao=1. Acesso em: 23 dez. 2012.

MADUREIRA, Claudio Penedo. *Advocacia Pública*. 2. ed. Belo Horizonte: Fórum, 2016.

MADUREIRA, Claudio Penedo. *Direito, processo e justiça*: o processo como mediador adequado entre o direito e a justiça Salvador: JusPodivm, 2011. No prelo.

MADUREIRA, Claudio Penedo. *Fundamentos do novo processo civil brasileiro: o processo civil do formalismo-valorativo*. Belo Horizonte: Fórum, 2017.

MADUREIRA, Claudio Penedo. Licitações sustentáveis e royalties de petróleo. *Interesse Público*, v. 83, p. 153-193, 2014.

MADUREIRA, Claudio Penedo. Legalidade é juridicidade: notas sobre a (i)legitimidade da aplicação de leis inconstitucionais pela Administração Pública. *A&C - Revista de Direito Administrativo e Constitucional*, n 75, p. 217-240, janeiro/março de 2019.

MADUREIRA, Claudio Penedo. Poder público, litigiosidade e responsabilidade social. *Fórum Administrativo de Direito Público*, Belo Horizonte, ano 11, n.126, ago. 2011.

MADUREIRA, Claudio Penedo; PAVAN, Luiz Henrique Miguel. Recurso extraordinário: admissibilidade e extensão da cognição. *Revista Dialética de Direito Processual*, v. 140. nov. 2014.

MAGALHÃES, José Luiz Quadros de. Comentários ao art. 1º. In: BONAVIDES, Paulo; MIRANDA, Jorge; AGRA, Walber de Moura. *Comentários à Constituição Federal de 1988*. Rio de Janeiro: Forense, 2009.

MARINONI, Luiz Guilherme (Coord.). *A força dos precedentes*. Salvador: Juspodivm, 2010.

MARINONI, Luiz Guilherme. Elaboração dos conceitos de *ratio decidendi* (fundamentos determinantes da decisão) e *obter dictum* no Direito Brasileiro. In: MARINONI, Luiz Guilherme (Coord.). *A força dos precedentes*. Salvador: Juspodivm, 2010.

MARINONI, Luiz Guilherme. O precedente na dimensão da igualdade. In: MARINONI, Luiz Guilherme (Coord.). *A força dos precedentes*. Salvador: Juspodivm, 2010.

MARINONI, Luiz Guilherme. O precedente na dimensão da segurança jurídica. In: MARINONI, Luiz Guilherme (Coord.). *A força dos precedentes*. Salvador: Juspodivm, 2010.

MARTINS, Ricardo Marcondes. *Efeitos dos vícios do ato administrativo*. São Paulo: Malheiros, 2008.

MARTINS, Ricardo Marcondes. Regime estatutário e estado de direito. *Revista Trimestral de Direito Público*, São Paulo: Malheiros, n. 55, 2011.

MARTINS-COSTA, Judidth. *A boa-fé no direito privado*: sistema e tópica no processo obrigacional. São Paulo: Revista dos Tribunais, 1999.

MAXIMILIANO, Carlos. *Hermenêutica e aplicação do direito*. 6. ed. Rio de Janeiro: Freitas Bastos, 1957.

MEIRELLES, Hely Lopes. *Direito Administrativo Brasileiro*. 16. ed. São Paulo: Revista dos Tribunais, 1991.

MELLO, Celso Antônio Bandeira de. *A noção jurídica de "interesse público"*. In: MELLO, Celso Antônio Bandeira de. *Grandes Temas de Direito Administrativo*. São Paulo: Malheiros, 2010a.

MELLO, Celso Antônio Bandeira de. *Curso de Direito Administrativo*. 27. ed. São Paulo: Malheiros, 2010b.

MELLO, Celso Antônio Bandeira de. *Grandes temas de direito administrativo*. São Paulo: Malheiros, 2010c.

MELLO, Celso Antônio Bandeira de. Legalidade, discricionariedade: seus limites e controle. In: MELLO, Celso Antônio Bandeira de. *Grandes temas de direito administrativo*. São Paulo: Malheiros, 2010d.

MENDES, Gilmar Ferreira. *Jurisdição constitucional*: o controle abstrato de normas no Brasil e na Alemanha. 5. ed. São Paulo: Saraiva, 2007.

MENDONÇA, Fabiano André de Souza. Comentários aos arts. 131 e 132. In: BONAVIDES, Paulo; MIRANDA, Jorge; AGRA, Walber de Moura. *Comentários à Constituição Federal de 1988*. Rio de Janeiro: Forense, 2009.

MITIDIERO, Daniel Francisco. *Colaboração no processo civil*: pressupostos sociais, lógicos e éticos. São Paulo: Revista dos Tribunais, 2009.

MITIDIERO, Daniel Francisco. Fundamentação e precedente: dois discursos a partir da decisão judicial. In: MITIDIERO, Daniel; AMARAL, Guilherme Rizzo; FEIJÓ, Maria Angélica Echer Ferreira (Org.). *Processo civil: estudos em homenagem ao Professor Doutor Carlos Alberto Alvaro de Oliveira*. São Paulo: Atlas, 2012.

MONTENEGRO FILHO, Misael. Comentários ao artigo 5º, incisos XXXIV ao XXXVII. *In*: BONAVIDES, Paulo; MIRANDA, Jorge; AGRA, Walber de Moura. *Constituição Federal de 1988*. Rio de Janeiro: Forense, 2009.

MORAES, Alexandre de. *Direito Constitucional*. 6. ed. São Paulo: Atlas, 1999.

NASCIMENTO, Carlos Valder do; PORTELLA, André. Comentários aos arts. 157 ao 162. *In*: BONAVIDES, Paulo; MIRANDA, Jorge; AGRA, Walber de Moura. *Comentários à Constituição Federal de 1988*. Rio de Janeiro: Forense, 2009.

NERY JÚNIOR, Nelson; NERY, Rosa Maria de Andrade. *Comentários ao Código de Processo Civil*. São Paulo: Revista dos Tribunais, 2015.

NOGUEIRA, Roberto Wagner Lima. *Direito financeiro e justiça tributária*. Rio de Janeiro: Lumen Juris, 2004.

OLIVEIRA, Regis Fernandes de. *Curso de direito financeiro*. São Paulo: Revista dos Tribunais, 2007.

PETRY, Rodrigo Caramori. Compensações financeiras, participações e outras cobranças estatais sobre empresas dos setores de mineração, energia, petróleo e gás. *Revista Tributária e de Finanças Públicas*, São Paulo, ano 17, n. 89, nov./dez. 2009.

REALE, Miguel. *Teoria tridimensional do direito*. São Paulo: Saraiva, 1968.

REALE, Miguel. *Lições preliminares de direito*. 24. ed. São Paulo: Saraiva, 1998.

ROCHA, Cármen Lúcia Antunes (Coord.). *Constituição e segurança jurídica*: direito adquirido, ato jurídico perfeito e coisa julgada: estudos em homenagem a José Paulo Sepúlveda Pertence. 2. ed. Belo Horizonte: Fórum, 2009.

SADDI, Jairo. A capitalização da Petrobrás no advento do Pré-sal. *Revista de Direito Bancário e do Mercado de Capitais*, São Paulo, ano 12, n. 46, out./dez. 2009.

SCHMITT, Carl. *A crise da democracia parlamentar*. Tradução de Inês Lohbauer. São Paulo: Scritta, 1996.

SILVA, José Afonso da. *Comentário contextual à Constituição*. São Paulo: Malheiros, 2005.

SILVA, José Afonso da. Constituição e segurança jurídica. *In*: ROCHA, Cármen Lúcia Antunes (Coord.). *Constituição e segurança jurídica*: direito adquirido, ato jurídico perfeito e coisa julgada: estudos em homenagem a José Paulo Sepúlveda Pertence. 2. ed. Belo Horizonte: Fórum, 2009.

SOUZA JÚNIOR, Cezar Saldanha. *A supremacia do Direito no Estado Democrático e seus modelos básicos*. Porto Alegre: [s.n.], 2002.

SOUZA NETO, Claudio Pereira de. Deliberação pública, constitucionalismo e cooperação democrática. *Revista Brasileira de Estudos Constitucionais – RBEC*, Belo Horizonte, ano 1, n. 1, jan./mar. 2007.

TAVARES, André Ramos. Democracia deliberativa: elementos, aplicações e implicações. *Revista Brasileira de Estudos Constitucionais – RBEC*, Belo Horizonte, ano 1, n. 1, jan./mar. 2007.

TEMER, Michel. *Elementos de direito constitucional*. 5. ed. São Paulo: Revista dos Tribunais, 1988.

THOMÉ, Romeu. A função socioambiental da CFEM (compensação financeira por exploração de recursos minerais). *Revista de Direito Ambiental*, São Paulo, ano 14, n. 55, jul./set. 2009.

TORRES, Ricardo Lobo. *Curso de direito financeiro e tributário*. Rio de Janeiro: Renovar, 2005.

TUCCI. O regime do precedente judicial no novo CPC. *In*: DIDIER JÚNIOR, Fredie; CUNHA, Leonardo Carneiro da; MACÊDO, Lucas Buril de; ATHAIDE JÚNIOR, Jaldemiro R. de (Coord.). *Precedentes*. Salvador: Juspodivm, 2015.

VIANNA, Luiz Werneck; MELO, Manuel Palácios Cunha; BURGOS, Marcelo Baumann. *A judicialização da política e das relações sociais no Brasil*. Rio de Janeiro: Revan, 1999.

VILANOVA, Lourival. *Estruturas lógicas e o sistema de direito positivo*. São Paulo: Noeses, 2005.

WATANABE, Kazuo. O acesso à justiça e a sociedade moderna. In: GRINOVER, Ada Pellegrini; DINAMARCO, Cândido Rangel; WATANABE, Kazuo (Coord.). *Participação e processo*. São Paulo: Revista dos Tribunais, 1988.

ZAGREBELSKY, Gustavo. *Il Diritto Mitte – Legge, Diritti, Giustizia*. Nuova edizione. Torino: Einaudi, 1992.

ZANETI JÚNIOR, Hermes. *O valor vinculante dos precedentes: teoria dos precedentes normativos formalmente vinculantes*. 2. ed. Salvador: Juspodivm, 2016.

ZANETI JÚNIOR, Hermes. *Processo Constitucional: O modelo Constitucional do Processo Civil Brasileiro*. Rio de Janeiro: Lumen Juris, 2007.